新编21世纪高等职业教育精品教材·法律类

实用法律文书写作

（第五版）

主　编◎李向珍　杜雨桐
副主编◎张晓丹　徐晓光

中国人民大学出版社
·北京·

图书在版编目（CIP）数据

实用法律文书写作 / 李向珍，杜雨桐主编 . -- 5 版. -- 北京：中国人民大学出版社，2025.2. -- （新编 21 世纪高等职业教育精品教材）. -- ISBN 978-7-300-33770-8

Ⅰ.D926.13

中国国家版本馆 CIP 数据核字第 2025E2C779 号

新编 21 世纪高等职业教育精品教材·法律类
实用法律文书写作（第五版）
主　编　李向珍　杜雨桐
副主编　张晓丹　徐晓光
Shiyong Falü Wenshu Xiezuo

出版发行	中国人民大学出版社			
社　　址	北京中关村大街 31 号		邮政编码	100080
电　　话	010-62511242（总编室）		010-62511770（质管部）	
	010-82501766（邮购部）		010-62514148（门市部）	
	010-62515195（发行公司）		010-62515275（盗版举报）	
网　　址	http://www.crup.com.cn			
经　　销	新华书店			
印　　刷	北京密兴印刷有限公司			
开　　本	787 mm×1092 mm　1/16		版　次	2009 年 6 月第 1 版
				2025 年 2 月第 5 版
印　　张	17		印　次	2025 年 2 月第 1 次印刷
字　　数	416 000		定　价	45.00 元

版权所有　　侵权必究　　印装差错　　负责调换

第五版前言

随着我国社会主义法治建设进程的加快和法律制度的日益完善，诉讼活动信息透明度不断增强，公民的法律意识也在逐渐提高，这些都对法律文书的制作提出了更高、更新的要求。为了适应新形势，切实提高法律文书的制作质量，充分发挥法律文书的作用，最高人民法院、最高人民检察院、公安部、司法部等部门在认真调查研究、悉心听取专家学者意见的基础上，各自对原有的法律文书格式和制作规范作了多次较大的修订，从而形成了较为完善的法律文书样式体系。

本次修订在文书格式的细微调整与法律条文的全新修订的基础上，加入了习近平新时代中国特色社会主义思想的相关内容，并围绕党的二十大做出的新部署、提出的新要求，从政法部门的主要机关职能入手，添加了法律工作者应具备的职业素养，主要涵盖了思想遵循、价值取向、职能目标等，以确保本书内容切实适应新形势，更好地为司法实践服务。

本次修订中，思政教师柳晴、王艺璇负责增编习近平法治思想相关内容；吴丹、杨航、宋雪嫣、张丽丽负责公安机关、检察机关、人民法院、司法行政各系统文书部分的更新及校对工作，冯立瑶负责资料整理及文字编辑工作。

编者

2025 年 1 月

目 录

第一章　法律文书概述 ··· 1
　　第一节　法律文书的概念与特点 ································· 1
　　第二节　法律文书的作用与分类 ································· 5
　　第三节　法律文书的制作要素 ····································· 7
　　第四节　法律文书的表达方式 ···································· 11

第二章　公安机关刑事法律文书 ······································ 17
　　第一节　公安机关刑事法律文书概述 ····························· 17
　　第二节　立案、破案文书 ·· 20
　　第三节　强制措施文书 ·· 24
　　第四节　侦查终结文书 ·· 30
　　第五节　复议复核文书 ·· 36

第三章　检察机关法律文书 ·· 42
　　第一节　检察机关法律文书概述 ·································· 42
　　第二节　起诉书 ·· 43
　　第三节　不起诉决定书 ·· 50
　　第四节　公诉意见书 ··· 56
　　第五节　刑事抗诉书 ··· 60
　　第六节　民事（行政）抗诉书 ····································· 65
　　第七节　纠正违法通知书 ·· 68

第四章　人民法院刑事法律文书 ······································ 73
　　第一节　人民法院刑事法律文书概述 ····························· 73
　　第二节　一审刑事判决书 ·· 73
　　第三节　二审刑事判决书 ·· 79
　　第四节　刑事附带民事判决书 ····································· 84
　　第五节　刑事裁定书 ··· 90

第五章　人民法院民事法律文书 …… 99
第一节　人民法院民事法律文书概述 …… 99
第二节　一审民事判决书 …… 100
第三节　二审民事判决书 …… 111
第四节　民事调解书 …… 116
第五节　民事裁定书 …… 119

第六章　人民法院行政法律文书 …… 124
第一节　人民法院行政法律文书概述 …… 124
第二节　行政判决书 …… 125
第三节　二审行政判决书 …… 133
第四节　行政赔偿调解书 …… 137

第七章　监狱管理文书 …… 143
第一节　监狱管理文书概述 …… 143
第二节　提请减刑建议书 …… 144
第三节　对罪犯刑事判决提请处理意见书 …… 147
第四节　监狱起诉意见书 …… 149

第八章　公证、仲裁文书 …… 154
第一节　公证、仲裁文书概述 …… 154
第二节　公证申请书 …… 156
第三节　婚姻状况公证书 …… 157
第四节　亲属关系公证书 …… 159
第五节　保全证据公证书 …… 160
第六节　合同（协议）公证书 …… 162
第七节　继承公证书 …… 165
第八节　仲裁申请书 …… 167
第九节　仲裁答辩书 …… 170

第九章　律师实务文书 …… 174
第一节　律师实务文书概述 …… 174
第二节　民事起诉状 …… 175
第三节　民事答辩状 …… 189
第四节　民事反诉状 …… 199
第五节　民事上诉状 …… 202
第六节　民事再审申请书 …… 206
第七节　刑事自诉状 …… 209
第八节　刑事附带民事起诉状 …… 212
第九节　行政起诉状 …… 214

第十节	行政上诉状	217
第十一节	行政答辩状	220
第十二节	辩护词	223
第十三节	代理词	228
第十四节	支付令申请书	232
第十五节	强制执行申请书	234
第十六节	管辖异议申请书	236
第十七节	遗嘱	239

第十章 司法笔录 ... **244**

第一节　司法笔录概述 ... 244
第二节　讯问笔录 ... 246
第三节　调查笔录 ... 249
第四节　法庭审理笔录 ... 251
第五节　合议庭评议笔录 ... 258

参考文献 ... 263

第一章 法律文书概述

【学习目标】
1. 了解法律文书的特点。
2. 掌握法律文书的制作要素。
3. 掌握法律文书的常用叙述方法和语言要求。

第一节 法律文书的概念与特点

一、法律文书的概念

党的二十大报告指出：全面依法治国是国家治理的一场深刻革命，要在法治轨道上全面建设社会主义现代化国家；要建设中国特色社会主义法治体系、建设社会主义法治国家，全面推进国家各方面工作法治化。加强法律文书制作的规范化和严谨性，是推进公正司法的必然要求，是提升法治化水平的重要体现，是推进国家治理体系和治理能力现代化的应有之义。

法律文书是国家司法机关、公证和仲裁机构以及诉讼当事人及其代理人等，在进行诉讼和非诉讼活动中依法制作和使用的具有法律效力或法律意义的文书。

法律文书的概念有广义和狭义之分。广义的法律文书包括规范性法律文书和非规范性法律文书两大类别。规范性法律文书是指国家权力机关依照职权制定并颁布的法律、行政法规和地方性法规等，是要求人们普遍遵守的行为规范，具有普遍的约束力，如宪法、民法、刑法、行政法等均属规范性法律文书范畴。非规范性法律文书是指只对特定对象具有约束力的文书，包括诉讼文书、公证文书、仲裁文书、律师代理文书等。在我国现有法律体制下，没有建立判例的效力制度，因而这类文书的效力仅及于特定案件或相关的主体、客体及行为。狭义的法律文书，是专指非规范性法律文书。本书所说的法律文书是狭义的法律文书。

理解法律文书的概念，应把握以下几个要件。

(一) 制作的指导思想

法律文书的制作，要以习近平法治思想为指导，以依法治国为统领，以坚持和完善中国特色社会主义法治体系为目标，坚持中国共产党的领导，坚持人民主体地位，坚持法律面前人人平等。

（二）制作的主体

法律文书的制作主体是行使国家司法权的各级司法机关，包括公安机关、国家安全机关、人民检察院、人民法院、监狱管理机关、公证机构、仲裁机构，以及诉讼当事人及其代理人。

（三）制作的范围

法律文书的制作只限于诉讼活动和非诉讼活动。诉讼活动是指在司法机关的主持下查明案件事实真相，分清孰是孰非、责任大小，解决纠纷双方争议的活动。具体是指立案、侦查、起诉、审判和执行的刑事诉讼活动，解决民事权益纠纷的民事诉讼活动，解决行政争议案件的行政诉讼活动。非诉讼活动主要是指依法对某些法律事实或法律关系予以确认的公证活动，依法裁决法律纠纷的仲裁活动，以及律师或法律工作者对某项法律事务予以见证、提出法律意见等。

（四）制作的依据

法律文书必须依法制作，这是由法律文书的根本属性决定的。它制作的依据既包括《中华人民共和国刑事诉讼法》《中华人民共和国民事诉讼法》《中华人民共和国行政诉讼法》《中华人民共和国监狱法》《中华人民共和国公证法》《中华人民共和国仲裁法》《中华人民共和国律师法》等相关的法律、法规，也包括最高司法机关的司法解释。任何超出或者违背以上依据所制作的法律文书，从法理上来说都是不具备法律效力的。

（五）制作的内容

法律文书的制作内容包括客观真实的案件事实、争议的焦点和与之相适应的法律、法规，以及解决问题的办法、结论等，并按照固定的格式要求。

（六）文书的效力

法律文书作为具体实施法律的工具，不同于一般的应用性文书，它有着特定的法律效力或法律意义。如人民法院的裁判文书，一经作出生效后，当事人必须执行，否则要承担相应的法律后果。《中华人民共和国刑法》（以下简称《刑法》）第三百一十三条规定："对人民法院的判决、裁定有能力执行而拒不执行，情节严重的，处三年以下有期徒刑、拘役或者罚金；情节特别严重的，处三年以上七年以下有期徒刑，并处罚金。单位犯前款罪的，对单位判处罚金，并对其直接负责的主管人员和其他直接责任人员，依照前款的规定处罚。"有些法律文书如诉状、代理词、辩护词等，是对某一法律事实的如实反映，并能引起一定的法律后果，因而具有一定的法律意义。

综上，不难看出，法律文书是忠实记载、如实反映有关法律活动的专用文书，是法学理论、法律知识和基础写作理论等综合运用的文字形式。法律文书的核心是法律规则，导向是法律思维，具体形式表现为法律语言。从法学角度分析，法律文书是实施法律的重要工具，是运用法律处理诉讼案件或非诉讼事务的文字表现形式。从写作学的角度判断，法律文书又属于应用性很强的实用文体，它的制作要遵循写作的基本理论，运用写作的基本技巧。从这个意义讲，要写好法律文书，必须具备丰富、扎实的法学理论、法律知识和语言学、逻辑学、基础写作等理论，掌握一定的写作技巧，具有一定的驾驭文字的能力，同时还要积极探索法律文书的写作规律，不断强化法律文书的写作训练。只有这样，才能在司法实践中制作出高质量、高水平的法律文书，才能充分发挥法律文书的作用。

二、法律文书的制作原则

法律文书制作的基本原则贯穿法律文书制作的始终，对法律文书的制定、修改、实施、遵守等起指导作用，集中反映了规范权力运行、保障公民权利的基本精神，体现了社会主义法治的根本性质。

（一）坚持党的领导原则

中国共产党是中国特色社会主义事业的领导核心。党的领导是人民当家作主的根本保证，是中国特色社会主义最本质的特征，是中国特色社会主义制度的最大优势。中国共产党执政就是党领导、支持、保证人民当家作主，最广泛地动员和组织人民群众依法管理国家和社会事务，管理经济和文化事业，维护和实现最广大人民的根本利益。

（二）尊重和保障人权原则

我国宪法将"国家尊重和保障人权"规定为一项基本原则，对公民的基本权利作出全面规定，依法保障公民的生存权和发展权。法律文书的制作要以尊重和保障人权为原则，以完善人权保障法律体系、依法行政保障公民合法权益、有效提升人权司法保障水平等为目的，不断推动人权事业的进步。

（三）社会主义法治原则

我国宪法明确规定实行依法治国，建设社会主义法治国家。社会主义法治原则要求法律文书的制作必须坚持宪法法律至上、法律面前人人平等，推进国家各级司法工作法治化，维护社会公平正义，维护社会主义法治的统一、尊严、权威。

三、法律文书的特点

（一）制作的合法性

法律文书是依据法定的诉讼活动而产生的文书，因此它必须依照法律规定，按照不同的文种、要求和时限来制作。在诉讼活动的每一环节应该制作何种文书，在什么时限内制作文书等都有法律规定，而不是随心所欲、任意为之的。《中华人民共和国刑事诉讼法》（以下简称《刑事诉讼法》）第九十一条规定："公安机关对被拘留的人，认为需要逮捕的，应当在拘留后的三日以内，提请人民检察院审查批准。在特殊情况下，提请审查批准的时间可以延长一日至四日。对于流窜作案、多次作案、结伙作案的重大嫌疑分子，提请审查批准的时间可以延长至三十日。人民检察院应当自接到公安机关提请批准逮捕书后的七日以内，作出批准逮捕或者不批准逮捕的决定。人民检察院不批准逮捕的，公安机关应当在接到通知后立即释放，并且将执行情况及时通知人民检察院。对于需要继续侦查，并且符合取保候审、监视居住条件的，依法取保候审或者监视居住。"上述规定明确了公安机关制作《提请批准逮捕书》的时间，规定了人民检察院答复批捕文书的时限，即制作《批准逮捕决定书》或《不批准逮捕决定书》的时限。《刑事诉讼法》第一百六十二条规定："公安机关侦查终结的案件，应当做到犯罪事实清楚，证据确实、充分，并且写出起诉意见书，连同案卷材料、证据一并移送同级人民检察院审查决定；同时将案件移送情况告知犯罪嫌疑人及其辩护律师。"这一规定不仅明确了起诉意见书制作的基本前提，而且明确了送达的机关、告知对象以及附送的材料。

制作的合法性还体现在，法律文书要符合规定的法律程序，履行一定的法律手续。《刑事诉讼法》第一百二十二条规定："讯问笔录应当交犯罪嫌疑人核对，对于没有阅读能力的，应当向他宣读。如果记载有遗漏或者差错，犯罪嫌疑人可以提出补充或者改正。犯罪嫌疑人承认笔录没有错误后，应当签名或者盖章。侦查人员也应当在笔录上签名。"这样的讯问笔录才具有法律意义。

（二）形式的规范性

法律文书制作形式的规范性，是由法律文书在诉讼活动及非诉讼活动中所处的地位，以及它具有执法性质和属于特殊实用文体所决定的。它要求法律观点明确、规格有矩、条理清晰、事理分明、事项齐备、文字精当，让人们能够准确无误地理解它的主旨，便于执行。因此，它的结构、内容要素、语言等都具有鲜明的格式化特点，具体表现如下。

1. 结构固定

法律文书的结构一般由首部、正文、尾部三部分组成。首部内容依次为制作文书的机关名称、文书名称、文书编号、当事人身份事项等；正文一般要写明犯罪事实或争议、纠纷的事实，适用法律解决问题的理由以及结论三项内容；尾部须交代清楚文书送达的机关名称、落款、附注等项内容。

2. 事项固定

法律文书不同文种的事项有不同的规定和要求，并固定不变。人民法院的诉讼文书对案由、案件来源、审理经过等都有一定的要求，而在刑事裁判文书中则更明确了被告人的身份事项及排列顺序：姓名、性别、出生年月日、出生地、民族、受教育程度、职业或工作单位和职务、住址、犯罪经历以及因本案被采取强制措施情况等。人民法院裁判文书对审判程序的简缩语也是固定的，一审用"初"字，二审用"终"字，复核用"核"字，提起再审用"监"字，变更执行内容的减刑、假释案件用"执"字。

3. 称谓固定

法律文书中当事人的称谓必须严格依照法律规定来表述，不得混淆。如对一审民事、行政案件当事人的称谓为"原告""被告"，对一审刑事自诉案件当事人的称谓为"自诉人""被告人"，而对一审刑事公诉案件当事人的称谓则是"被告人""被害人"等。

4. 用语固定

为了确保法律文书更好地为司法实践服务，保障法律文书的质量，法律文书中的许多用语基本固定。如裁判文书的案由、案件来源、审判组织、审判方式、当事人到庭情况等，格式中都规范了固定用语。一审民事判决书事实部分层次用语也固定为"原告诉称""被告辩称""第三人述称""经审理查明"。在公安机关的刑事法律文书样式中，对提请批准逮捕书、起诉意见书等文字叙述类文书的理由部分都规定了固定用语，如提请批准逮捕书的理由部分规定为："综上所述，犯罪嫌疑人×××……（根据犯罪构成简要说明罪状），其行为已触犯《中华人民共和国刑法》第×条之规定，涉嫌××罪，有逮捕必要。根据《中华人民共和国刑事诉讼法》第八十一条、第八十七条之规定，特提请批准逮捕。"

（三）执行的强制性

归根结底，法律文书是为具体实施法律而制作的，文字是表现形式，而法律才是它的核心，同法律规范本身一样，法律文书也是以法律的强制性为其基本保障的。因此，就文书的效力而言，法律文书具有鲜明的强制性特点。这种强制性主要体现在两个方面：一是法律文书一经依法制作并发生法律效力之后，任何单位和个人都必须遵守、执行，不得违抗，否则就要承担相应的法律后果。如逮捕证是公安机关执行逮捕时使用的法律凭证，不仅具有证明执行逮捕的侦查人员身份和执行逮捕活动的合法性，而且具有严厉的法律强制性。持逮捕证执行逮捕的侦查人员对抗拒逮捕的犯罪嫌疑人可以采取相应的强制措施，必要时可以使用械具（包括武器）。对阻挠执行逮捕的其他人员也可采取相应的防范措施，在紧急情况下，可以凭逮捕证对犯罪嫌疑人的人身、住所及其他相关场所进行搜查。二是法律文书一旦制定，非经法定程序不得任意改变。若认为法律文书在认定事实、适用法律方面确有错误，必须严格依照一定的法律程序，经有关司法机关复核审定才能依法变更，其他任何部门、个人都无权改变。如若出现误写、误算和其他笔误现象，相关部门对其改正也有明确规定，不得随意涂改。如《沈阳市中级人民法院民事裁判文书制作试行规则》第七条规定：凡裁判文书中出现误写、误算，诉讼费用漏写、误算和其他笔误的，未送达的应重新履行签批手续后重新制作，已送达的应予以裁定补正，禁止使用校对印章。

（四）制作的时效性

法律文书是诉讼活动的如实反映，诉讼活动有时限的要求，法律文书的制作与使用也有严格的时效限定。例如，公安机关对同级人民检察院不批准逮捕、不起诉决定认为有错误时，依法要求同级人民检察院对其原决定重新进行审议时所制作的《要求复议意见书》，应在收到人民检察院相关决定文书的五日内送出。再如，《刑事诉讼法》第二百零二条的规定："宣告判决，一律公开进行。当庭宣告判决的，应当在五日以内将判决书送达当事人和提起公诉的人民检察院；定期宣告判决的，应当在宣告后立即将判决书送达当事人和提起公诉的人民检察院。判决书应当同时送达辩护人、诉讼代理人。"同样，被告人、自诉人和他们的法定代理人，不服地方各级人民法院第一审的判决、裁定，有权用书状或者口头向上一级人民法院上诉。被告人的辩护人和近亲属，经被告人同意，可以提出上诉。附带民事诉讼的当事人和他们的法定代理人可以对地方各级人民法院第一审的判决、裁定中的附带民事诉讼部分提出上诉。逾期未提出的，则视为不上诉，原判决即发生法律效力。办案贵在及时，诉讼不能拖延，法律对侦查、起诉、审判等诉讼阶段都明确了时限要求，体现诉讼环节的法律文书也必须遵守这一时限规范。

第二节　法律文书的作用与分类

一、法律文书的作用

法律文书作为国家司法机关代表国家行使司法权力，以及诉讼当事人及其代理人维护当事人合法权益的表现形式和工具，在建设中国特色社会主义法治体系，保障国家法律的正确实施，维护司法公正和社会正义，保护自然人、法人和非法人组织的合法权益，加强法治教育，促进社会和谐等诸多方面均发挥着极其重要的作用。具体表现为以下几个方面。

（一）法律文书是深化全面依法治国的重要实践

党的十八大明确提出"加快建设社会主义法治国家"，把"全面推进依法治国"作为政治改革和政治发展的重要目标和重要任务。党的十九大进一步指出，"全面依法治国是中国特色社会主义的本质要求和重要保障"。党的二十大又指出，"坚持全面依法治国，推进法治中国建设"。

全面依法治国的总目标是建设中国特色社会主义法治体系，建设社会主义法治国家。作为具体法律实施而制作的法律文书，是推进科学立法、严格执法、公正司法、全民守法，推进中国特色社会主义法治体系建设，深化全面依法治国的重要实践。

（二）法律文书是实现法律职能的文书凭证

法律文书是国家司法机关为实施法律的职能而制作和使用的文书凭证，凭借各种法律文书的使用以实现其具体的法律效能。《刑事诉讼法》对公安机关在刑事诉讼活动中的侦查职能，人民检察院的法律监督职能以及人民法院的审判职能等都作了具体规定，而要实现它们的职能，必然得在各个诉讼活动中制作相应的文书，并将它作为具体实施法律的凭证。如检察机关对公安机关呈送的《提请批准逮捕书》审查后，认为犯罪嫌疑人符合逮捕的法定条件，则应作出批准逮捕的决定，并用《批准逮捕决定书》通知公安机关对犯罪嫌疑人实施逮捕。再如，人民检察院认为人民法院的刑事判决或裁定确有错误时，应及时用《刑事抗诉书》向人民法院提出抗诉意见。所有这些都是为了保障国家法律的正确实施，在这方面法律文书无疑起着十分重要的文书凭证的作用。

（三）法律文书是反映诉讼活动的忠实记录

国家司法机关、诉讼当事人及其代理人在诉讼活动中所处的地位、应履行的职责、所起的作用等，法律都有明确的规定，并要求用法律文书予以如实记载。有的是司法机关依法实施各种活动的实录，如调查笔录、讯问笔录、询问笔录、搜查笔录等；有的是司法机关对诉讼活动依法作出的结论，如各种决定书等；有的是引起下一诉讼活动的凭证和依据，如起诉书等；有的是启动诉讼程序的凭据，如各类诉状等。总之，在所有的诉讼活动中，都是通过制作和使用相应的法律文书来如实记载和反映诉讼活动内容的，它完整地记录着诉讼活动的每一程序、每一内容。可以说，若想了解某一案件的全部诉讼过程，通过查阅这一案件的法律文书材料即可。

（四）法律文书是反映办案质量的书面材料

法律文书既然是司法机关履行法律职责、参加诉讼活动的忠实记录，那么它也必然真实地反映着办案的质量。如果司法机关在诉讼活动的每一阶段、每一环节都严格遵循了法律规定，那就应该有相应的法律文书作为佐证；如果司法机关的办案质量较高，那么它所制作的法律文书不仅形式规范，而且事实叙述清楚、证据说明确实充分、理由阐述深刻有力、法律适用正确具体。因此，衡量司法机关案件办理质量的高低也应包括法律文书制作的质量在内。从这个意义上讲，在加强社会主义法治建设的过程中，在不断提高办案质量的同时，也应重视对法律文书的制作。

（五）法律文书是考核司法人员的重要尺度

法律文书既然是国家机关办案质量的集中体现和如实反映，自然也就成为考核具体制作文书的司法人员综合素质的重要尺度，特别是文字叙述类的法律文书，如公安机关的起诉意见书，检察机关的起诉书、不起诉决定书、抗诉书，人民法院的刑事、民事、行政判决书等。要想制作出合乎要求的此类文书，不仅需要具备扎实的法学理论、较高的法律专业水平和丰富的基础写作知识，还要有一定的政治理论水平、严谨的逻辑分析能力和较为丰富的工作经验。因此，法律文书是对司法人员政治素质、工作责任心、工作作风、业务能力和文字表达能力的综合检验，也是考核司法人员水平和业绩的有效尺度。早在1986年9月，最高人民检察院办公厅就在《印发全国刑事检察文书座谈会两个文件的通知》中明确指出：要把刑检文书制作质量列为考核、任命、提升法律职称应具备的基本条件之一。考核检查的重点是"四书"（起诉书、免予起诉决定书、不起诉决定书、抗诉书）和"二词"（公诉词、抗诉词）及其他重点文书。现在，随着国家法律的完善和诉讼制度的改革，各机关文书格式发生了一些变化，但我国司法制度依然传承了新中国成立以来的固有原则和宗旨。作为国家司法工作人员，应该充分认识法律文书的重要作用，认真对待法律文书的制作，不断提高政治素质和业务素质，增强工作的责任心，以切实提高法律文书的制作质量，充分发挥法律文书的职能。

（六）法律文书是进行法治教育的生动教材

宣传法律、法规，教育、警示公民遵纪守法，是司法机关的重要工作，也是诉讼活动的一项重要内容。法律文书是司法机关依据事实和法律处理各类案件的具体生动的反映，也是正确适用法律的结果。法律文书，特别是公开对外的法律文书，如起诉书、公诉意见书、抗诉书等，生动地告诫人们哪些行为是违法行为，哪些行为属于犯罪行为，哪些行为是民事侵权行为，不同的行为应该承担什么样的法律责任，若是自己的合法权益受到侵害，应当通过什么程序、以何种方式寻求法律的保护等。随着我国社会主义法治建设进程的加快和法律制度的不断完善，有些诉讼活动信息透明度的增强，法律文书的宣传教育作用更加明显。它通过发生在人们身边的实实在在的案件，生动直观地告诉人们要知法懂法、守法用法，警示人们无论权有多大、位有多高，只要触犯法律，势必会受到法律的惩罚，正所谓法网恢恢，疏而不漏。总之，法律文书的宣传教育作用是不可小视的，国家司法人员应该重视通过法律文书的规范制作来充分发挥其应有的宣传、教育和警示作用。

二、法律文书的分类

法律文书的分类依据不同，其种类也不尽相同。常见的分类方法有以下几种：

（1）依据文书的制作主体分类，可分为公安机关法律文书、人民检察院的检察文书、人民法院的诉讼文书、监狱管理文书、公证文书、仲裁文书，以及律师诉讼文书等。

（2）依据诉讼性质分类，可分为刑事诉讼文书、民事诉讼文书、行政诉讼文书以及非诉讼文书。

（3）依据文书的性质分类，可分为公安机关的侦查预审类文书、人民检察院的审查起诉类文书、人民法院的裁判类文书、各机关单位通用的决定类文书和笔录类文书等。

（4）依据文书的制作方法分类，可分为表格类文书、填充类文书、文字叙述类文书和笔录类文书等。

为了让法律文书更好地为司法实践服务，我国各最高司法机关对各自的法律文书种类作出了具体规定，如《公安机关刑事法律文书格式》《人民检察院法律文书格式（样本）》《法院诉讼文书样式》《监狱执法文书格式》《要素式公证书格式》等。

第三节　法律文书的制作要素

尽管每一法律文书用途不同，样式有别，篇幅长短不一，但其构成要素却大体相同，主要包括主旨、材料、语言等几个要素。

一、法律文书的主旨

所谓法律文书的主旨，是指文书的制作者在法律文书中所反映出来的制作目的和解决问题的基本观点。它与一般文章中的中心思想、主题、中心论点等意义大体相同。

法律文书的主旨是文书的制作者依据案件事实，正确适用法律法规而形成的解决诉讼争议的核心观点，它贯穿于法律文书制作的始终，是法律文书制作的灵魂，也是法律文书制作的统帅。法律文书的主旨一旦确立，文书的写作重点也就确定了，材料的使用、叙述的详略也就明确了。如公安机关的起诉意见书，其主旨表明犯罪嫌疑人的行为已经涉嫌犯罪，而且应当追究其刑事责任，所以文书的重点是写明有确实充分的证据证明应当追究刑事责任的犯罪事实是犯罪嫌疑人实施的，而犯罪嫌疑人的应受党纪政纪处分的事实等不符合本文书主旨的材料则不能写进文书。

法律文书的主旨具有合法性、鲜明性和单一性的特点。它的合法性要求制作者要依据事实、有关法律规定，正确地提出解决诉讼中某一环节的意见。它的鲜明性要求法律文书要依法明确地表明对案件性质的认识以及评判孰是孰非的观点，惩治犯罪，追究刑事责任，观点鲜明，不得含糊；维护哪方利益，不能支持哪方诉讼请求，态度明朗，不能含蓄。它的单一性要求在不同的诉讼阶段，依照不同的诉讼程序，为了解决不同的诉讼争议问题，要制作相应的法律文书，而且每一文书的制作目的是单一而集中的，如提请批准逮捕书旨在提请同级人民检察院对应当逮捕的犯罪嫌疑人批准逮捕；起诉书旨在将被告人交付人民法院以追究其刑事责任；刑事判决书则是对被告人的行为是否构成犯罪，是否应该追究刑事责任以及如何追究等内容的宣告。我国最高司法机关发布实施的种类细致、具体的法律文书样式，正是为确保法律文书主旨的单一集中，以便更好地发挥法律文书的作用。

二、法律文书的材料

材料是一切文章观点形成的基础，又反过来支撑文章的观点。观点是文章的灵魂，材料是文章的血肉，法律文书的制作也必须要遵循这一写作的基本规律。法律文书的主旨不是空穴来风，不能想象臆造，而是建立在具体、丰富、客观存在的材料基础上的。法律文书的材料包括以下几种。

（一）诉讼当事人及其他诉讼参与人的自然情况等基本材料

这是制作法律文书首部内容所需的材料。比如诉讼当事人的姓名、性别、出生年月日、民族、出生地、职业或工作单位及职务、现住址等自然情况，还有犯罪嫌疑人、被告人的违法犯罪经历以及因本案被采取强制措施的情况。

（二）事实证据材料

这是法律文书正文中叙述案件事实或者是叙述诉讼双方争议焦点部分所使用的材料，包括案件的事实要素材料和相关的证据材料。

（三）论证说理材料

这是法律文书正文中依据案件事实，分析案件证据，论证案件性质，阐明处理意见部分所使用的材料，包括法学理论、法律规范、有关政策等。

（四）法律条款材料

这是法律文书正文中结论部分所使用的材料，也就是据以定罪量刑或是解决争议问题等所依据、引用的法律条文以及司法解释等。

在法律文书中使用材料，应注意以下几点：

一是材料的使用要符合法律规范性要求。法律文书的材料如何使用都有法律规范性的要求，制作者不得依主观意愿随意取舍。如一审民事判决书的事实部分，在叙述"原告诉称"和"被告辩称"及"第三人述称"部分的事实时，要严格依照当事人所陈述的事实、所提供的证据以及诉讼请求来客观叙述，如实写明，不得改变当事人的意思表示。

二是写入法律文书中的事实必须是客观存在的，不得夸大或缩小，更不允许虚构，即所谓"一是一，二是二"，实事求是，不得弄虚作假，否则要承担相应的法律后果。《刑事诉讼法》第五十三条规定："公安机关提请批准逮捕书、人民检察院起诉书、人民法院判决书，必须忠实于事实真象。故意隐瞒事实真象的，应当追究责任。"

三是适用的法律条款要准确、完整、具体、有针对性。以事实为根据，以法律为准绳，法律文书同样需严格遵循这一基本原则。因此法律文书中无论是引用有关定罪量刑、解决案件实体问题的实体法，还是引用制作依据、有关程序问题的程序法，都要做到准确、完整，引用的法律法规名称要准确，要使用全称，同时要具体，涉及条、款、项的，要写明条、款、项，不能随意省略。

三、法律文书的语言

古人云："言为心声"。文章的思想内容是要通过语言这一特定的形式来表达的，而语言运用能力的强弱直接关系到文章的成败与优劣。作为具体实施法律工具的法律文书，对语言的要求则更加严格。

（一）语言的准确

所谓语言准确，是指所使用的概念和判断能正确地反映事物的本质。语言准确是对一切文章的最基本要求，也是法律文书最显著、最重要的特点，是法律文书的生命。法律文书的内容往往涉及对当事人的生杀予夺或当事人一生的福祸荣辱，关系到法律的正确实施。因此，法律文书中无论是对当事人身份事项的说明，还是对案件事实的叙述，无论是依据事实、法学理论阐明论证适用法律的正确，还是表明对案件的处理结果，都必须做到语言的准确，而不能含糊其词、似是而非、语义两歧。具体应注意以下几点。

1. 选用词语要注意单义性

内容的法律性要求法律文书的语言必须具备单义性的特点。所谓单义性，是指一定的词语必须表示特指的含义，适于此而绝不同时适于彼，也就是说，对词语的解释是唯一的。汉语言文字的表述内涵比较丰富，经常会出现一语双关甚至一语多义的现象，这在语言学领域通常称为歧义。法律文书词语的单义性主要体现在专业术语的单义性上。专业术语的单义性决定了对术语解释的严谨周密、理解的角度单一以及含义的确定，避免了误解和歧义。比如"罚金"和"罚款"，从词的构成上看，都是动宾式合成词，构词形式相同，在日常生活用语中，二者区别也不大，但作为法律术语，二者却有着本质区别，各有特定的含义，是两个截然不同的法律概念，在任何情况下都不能互相代替、混淆使用。此外，"审查"和"审理"，"抢劫"和"抢夺"，"讯问"和"询问"等都有着不同的内涵，不可混用。

2. 选用近义词要恰当

有些近义词基本含义相同，但适用对象有别，若不区分其细微差别而随意使用，会造成概念不明确。如"抚养""扶养""赡养"都有养活的意思，但适用对象不同，《中华人民共和国宪法》（以下简称《宪法》）第四十九条第三款规定："父母有抚养教育未成年子女的义务，成年子女有赡养扶助父母的义务。"《中华人民共和国民法典》（以下简称《民法典》）第一千零五十九条第一款规定"夫妻有互相扶养的义务"，可见其适用对象有别。有些近义词基本含义相同，但词义有轻重之分，法律文书中叙述事实、陈述理由时，要注意掂量词义的轻重，准确使用，做到用词轻重与事实相吻合，与法律规范相一致，该轻则轻，当重则重。法律文书里十分注意区别犯罪情节的轻重，使用含义明确的词语。比如"情节轻微""情节显著轻微""情节特别严重""情节特别恶劣""后果严重""后果特别严重"等。有些词语本身显示程度和轻重，如"利用""滥用""杀害""虐杀"等，有的则用附加词语规定、限定轻重。有些近义词虽然都指同一类事物，但词义的大小有别，有些词义范围宽泛，有些则相对窄小，使用时要注意区别。

3. 法律常用词语要规范

立法语言是法律文书语言的重要组成部分。立法语言表述不当，会造成法律解释的困难，令司法者无所适从，甚至导致社会规范的混乱。因此，法律文书的制作者应当理解法律语言的精髓，保证法律常用词汇的使用规范。如"依照""按照""参照"，规定以法律法规为依据的，一般用"依照"，"按照"一般用于对约定、章程、份额、比例等的表述。"参照"一般用于没有直接纳入法律调整范围，但是又属于该范围逻辑内涵自然延伸的事项。又如规范年龄、期限、尺度、重量等数量关系，涉及"以上""以下""以内""不满""超过"的规定时，"以上""以下""以内"均含本数，"不满""超过"均不含本数。

（二）语言的精练

语言的简约、精练是古今中外一切具有实用特点的文字材料皆具备的一大特点。它是指以最精练的文字、最严谨短小的篇幅，表达最丰富的内容，即"言简意赅"。《文心雕龙·书记》载："意少一字则义阙，句长一言则辞妨。"语言的精练，就是所谓的文约而事丰，用较少的语言表达较为丰富的内容，体现在法律文书中则是叙述案件事实简明完备，简而清楚，简而明白；论证说理，提出处理意见精辟透彻，简而得要点，不遗不缺。震惊某省的"三号公案"的主犯王某一人实施杀人、强奸、抢劫犯罪34起，杀害45人。他的律师说："王某这个案子，别看起诉书只有9页，案卷却有37本。"这正是法律文书语言精练的具体体现。

法律文书语言的精练要做到以下几点。

1. 避免重复

重复使用含义大体相同的词语，势必会造成语句的啰唆，所以法律文书中凡是本身意义明确的词语，就不应加修饰、限制成分，以防重复。如"被告人张京华用脚猛踢被害人腹部，又用手掐住被害人脖子致其昏迷"，踢人当然用脚，掐脖子当然用手，所以这段文字中的"用脚""用手"完全可以省略。又如"被告人起床后，乘刘某（系被告人岳父）熟睡之机，持木棒猛击其头部数下，见刘某尚未断气，还在呼吸，即灌入两勺卤水，合并致刘某死亡"这段文字中，"尚未断气"与"还在呼吸"有重复之嫌，取其一便可表述清楚。

2. 言简意赅

法律文书中无论是叙述案件事实还是阐述理由，都应注意选择含义丰富、确定的词语，做到言简意赅。我国1950年的《婚姻法》中有如下规定："夫对于其妻所抚养与前夫所生的子女或妻对于其夫所抚养与前妻所生的子女，不得虐待或歧视。"《民法典》则概括为"继父母与继子女间，不得虐待或歧视"。修改后的条文可谓语言简洁，意义却完备、周延。

3. 多用短句

在语句的运用上，法律文书有别于理论性文章，多使用简短的句子。短句干脆利落，表意清晰，易读易记易懂，不易产生歧义，而长句则显得拗口，理解起来也不如短句便捷。如下列一段文字："被王某一棍打倒在地，口鼻出血的被害人刘某正欲从地上再次爬起时，手持自制尖刀、脚穿大头鞋的李某又飞起右脚踢在刘某头上并将刘某踢昏倒在地上。"这段文字中心词前的附加成分过长，从而使句子显得拖泥带水，表述不清晰，若改成"被害人刘某被王某一棍打倒在地，口鼻出血，正欲爬起来时，又被脚穿大头鞋的李某用右脚踢中头部，昏倒在地"，则明白、清楚、易懂。

当然，精练不能苟简，精练是简洁利落的行文中包含丰富的内容，而苟简则是草率敷衍、随便、简陋，是文字与内容两方面的缺失。有一份法律文书中是这样叙述案件事实的："犯罪嫌疑人董某于2020年3月至11月间对婆婆于某（80岁）用打骂、不给吃饭的方式进行虐待，致使于某于11月20日上午10时许乘人不备从自家8楼跳下身亡。"这段文字，犯罪嫌疑人董某的犯罪动机、目的、情节、手段等过于概括，有些要件甚至未提及，这不是精练而是苟简。简约是语言的一种最高境界，做到简约精练实属不易，因为精练是由详博孕育出来的，又反过来很好地表现详博。所以就法律文书而言，只有对文书中涉及的事实材料、证据材料、当事人身份等材料及法律法规十分清楚，并且有较为深厚的法学理论功底，具有较强的文字表达能力和逻辑分析能力，同时掌握了丰富的词汇以后，才能做到精练、简约。

（三）语言的平实

语言的平实，是指语言质朴无华，通俗易懂，不夸张渲染，不晦涩难解，不矫揉造作，不追求辞藻的华丽。法律文书语言的平实是由其实用性的特点所决定的，和语言的准确性异曲同工。制作法律文书的目的在于客观准确地反映案件事实，以事实为依据，正确地适用法律规定，客观公正地依法处理案件。因此，法律文书中要使用普通的、常见的、易读易懂的字词，使用语意具体、表意明确的语言，而不应说大话、空话、套话，不用或少用形容词，不用或少用比喻、拟人等修辞方法。叙述事实要开门见山，直来直去，要件齐备，不用铺陈；阐述道理、说明依据要据实依法，逻辑清晰，一语中的，不用曲笔。

（四）语言的庄重

语言的庄重，是指语言要严肃、持重，不随便，不轻佻。法律文书毕竟是实施法律的工具，司法机关的法律文书是司法机关代表国家行使司法权的表现形式，是具有法律效力的文书，既有向广大群众宣传法律的教育作用，更有对犯罪分子惩戒和震慑的作用。因此，法律文书的语言一定要体现庄重、严肃的特点，要使用规范的书面语言、法言法语，语意持重、严谨，语言文明、健康，不得出现方言、土语、口语。笔录类文书中使用行话、黑话、暗语等也要适度，而且应注意概括，不应原话照录。法律文书中还应不用或少用代词，以防指代不明、人物混淆，原告、被告、被害人、自诉人、第三人等称谓在一份法律文书中可能会多次出现，目的是明确他们在诉讼中的法律地位，以体现法律文书语言的庄重。

第四节 法律文书的表达方式

文章中的表达方式，常见的有叙述、议论（说理）、描写、抒情和说明五种。受严肃性和实用性等特点的限制，法律文书一般不使用描写和抒情的表达方式，而主要是综合运用叙述、说理、说明的表达方式，以完成对法律文书内容的制作，也就是用叙述的方法交代案件事实，用说理分析论证案件性质，分清是非曲直，明晰责任大小，进而得出结论，提出处理意见，用说明的方式介绍当事人身份事项等要素，解释某些事项等。

一、叙述

叙述，是指把人物的经历或事物的发生、发展、变化的过程表述出来的表达方式，是最常见的、最基本的表达方式。在现实生活中，任何事件的发生、发展都有一定的原因，各种事物间又有较为复杂的联系，我们通过叙述，要把事件的过程和结局交代清楚，要揭示事件发展变化的原因以及事物间的内在联系，使人们对整个事件有全面、完整的印象。叙述的这一作用，正是法律文书所必需的，法律文书是具体实施法律的表现形式，它的制作也必然要遵循"以事实为依据，以法律为准绳"的基本原则，如此看来，叙述质量的高低直接关系到"依据"是否客观、扎实，进而直接影响到法律适用的正确与否，切实关系到对案件的处理。因此，掌握叙述的方法、技巧，对于规范地制作法律文书是十分必要的。法律文书主要是以当事人的活动为线索进行叙述的，因而主要采用顺叙的叙述方法。各类案件有简有繁，情况不同，因此叙述的线索、方法也不尽相同。总结起来，司法实践中常用的叙述方法主要有以下几种。

（一）自然顺序法

自然顺序法也称时间顺序法，是指按照时间顺序，将案件的发生、发展直至结局的情况依次进行叙述的方法。这是法律文书中最基本的叙述方法，无论是民事案件还是刑事案件，无论案件是简单还是复杂，只要叙述事实，就必须用到这种方法。一般来说，刑事案件中，这种方法单独适用于记叙一人一次一罪或者一人一次多罪的刑事案件事实叙述，对于民事案件，则应围绕民事权益纠纷产生、发展变化的情况来叙述。

（二）突出主罪法

突出主罪法是指在刑事案件犯罪嫌疑人或被告人有数罪，民事纠纷有几件事实的情况下，为了突出主要罪行或者主要事实，而将其提前并具体叙述，将次要罪行或次要事实移后并概括叙述的方法。这种方法往往以罪行轻重为叙述线索，打破时间上的自然顺序。其特点是重点突出、主次清晰、数罪分明，在叙述一人多次一罪或一人多次多罪的案情事实时常采用此方法。

（三）突出主犯法

突出主犯法是指在共同犯罪的刑事案件有多个案犯或民事案件有多个当事人的情况下，以主犯或主要当事人的行为为主线，紧紧围绕主犯的犯罪行为或主要当事人的侵权行为来具体叙述的方法。这种叙述方法突出主犯或主要当事人的地位和作用，同时把从犯的行为作为分支，写明从犯参加的犯罪活动和犯罪中的具体行为，兼顾了从犯或次要当事人的次要地位和作用，从而明确了案犯的罪责和当事人的责任。一般在叙述多人一次一罪、多人一次多罪、多人多次一罪、多人多次多罪的刑事案件事实时用此方法。刑事案件中案犯还有单独犯罪行为的，应在叙述清楚共同犯罪事实后再单独叙述。

（四）综合归纳法

综合归纳法，是指对案犯多次实施的手段大体相同、时间有一定连续性的同类犯罪事实进行归纳并概括叙述的方法。这种方法适用于对次要犯罪行为的叙述，常常与突出主罪法结合使用，是辅助的叙述方法，一般不应单独使用。如果单独使用，会造成要素不明、事实不清、难以定性的结果，势必会影响法律文书的制作质量。

上述几种叙述方法，是法律文书梳理案情事实脉络、理清叙述头绪、合理安排材料的基本方法。选择哪一种叙述方法应因案而异。在案情复杂的法律文书中，常常将几种叙述方法有机结合，如"总分结合法"和"罪名标题法"，就属于法律文书的复杂记叙或称为"多种写法并用的记叙"。无论是单独使用还是综合应用，法律文书中叙述事实都要符合其基本要求，具体表现为以下几点。

1. 叙述的要素要齐全、清楚、具体

法律文书中叙述的要素，也就是案件事实的构成要素，它是案件本身所显现出来并有证据能够证明的事实要件。案件性质不同，反映出来的事实要素也不尽相同。刑事案件的事实要素通常是指刑事案件发生的具体时间、地点，案件的起因，故意行为中案犯的动机、目的，案犯实施行为的手段、过程、危害后果及案发后的表现等。叙述时上述要素要齐全，要交代清楚，并以是否具备犯罪构成要件为重点，兼顾叙述影响定性处理的各种情节。通常来讲，时间、地点、动机、目的、手段、情节、后果这七项内容被称为"犯罪构成七要素"。民事案件和行政案件的事实要素主要包括当事人之间的法律关系，发生法律关系的时间、地点以及法律关系的内容，当事人产生纠纷的原因、经过、情节和后果，以及双方争执的具体意见。叙述时一般应按照时间顺序，客观、全面、真实地反映案情要素，同时要抓住重点，具体详细地写清主要情节。

2. 叙述案情事实必须交代清楚因果关系

法律在判断案件性质、明辨是非曲直时，特别重视案件内在的、必然的因果关系。因果关系是现象之间的一种客观联系，反映在案情事实上，则主要是指当事人行为的目的和手段、行为和后果之间有无必然的联系，它关系到行为人法律责任的大小和是否属于故意行为，是分清责任、判定案件性质的客观依据。就刑事案件而言，刑法上的因果关系，是指危害行为与危害结果之间的内在的、必然的联系。我国刑法规定罪责自负的原则，一个人只对自己的危害行为所造成的危害结果承担刑事责任，因此，认定某一危害结果与某一危害行为之间是否存在因果关系，是决定行为人对该结果是否负刑事责任的客观依据。反映在法律文书制作上，若是致死人命案件，被告人有明确的杀人目的，叙述案情事实时就必须将其杀人的动机和目的、行为手段及被害人死亡的结果等内容交代清楚，客观清晰地反映，从而为判明被告人的行为是否属于故意杀人行为提供事实依据。在民事纠纷、经济纠纷中，因果关系往往比较复杂，叙述时要注意表现其中的因果关系，从而为分清当事人的责任、判明案情性质提供客观的事实依据。

3. 叙述事实要客观、准确，注意界限的区分

法律文书中对案情事实的叙述，力求用简练的文字反映案情事实的全过程，从大处着眼，同时对关键情节又应详细交代，以反映案件的突出特点和重点内容，尤其是对于那些涉及罪与非罪、此罪与彼罪、严重犯罪与轻微犯罪的事实，表现民事权利与义务关系及有无过错责任的事实，具体叙述时一定要注意表述的准确、周延、恰如其分。比如，刑事案件中，案犯同样是用刀作案，是用刀刺、刀砍、刀捅，还是用刀划、割，其表现的力度、方式不同，所造成的后果也不尽相同，必须如实客观地表述。

二、说理

说理是议论的表达方式在法律文书理由部分的具体体现，是将法律文书的事实部分与

结论部分有机联系在一起的纽带。运用说理，就是要对案情事实的真实性、证据材料的充分性、确凿性进行论证，对依据事实适用法律的正确性、合法性加以阐明，从而为结论部分奠定坚实的理论基础。说理是法律文书的灵魂，凡是文字叙述类的法律文书都离不开说理的内容。

（一）说理的内容

案件性质、文种、制作主体不同，其说理的基本要件也不尽相同，说理的角度、说理的层次、说理的内容也有所区别。例如，同样是刑事案件，公安机关的起诉意见书的说理要求是"根据犯罪构成简要说明罪状"，检察机关的起诉书需要"对行为性质、危害程度、情节轻重，要结合犯罪的各构成要件进行概括地表述，突出本罪特征"，而人民法院的第一审刑事有罪判决书的理由部分，"其核心内容是针对案情特点，运用法律规定、政策精神和犯罪构成理论，阐述公诉机关的指控是否成立，被告人的行为是否构成犯罪，犯的是什么罪，依法应当如何处理，为判决结果打下基础"。同样是人民法院的第一审判决书，民事判决书的理由部分的内容是："要根据认定的事实和有关法律、法规和政策，来阐明人民法院对纠纷的性质、当事人的责任以及如何解决纠纷的看法。"

无论是从哪个角度、哪些方面展开说理，法律文书中说理的内容都无外乎以下几个方面。

1. 对案件事实的分析论证

对案件事实的分析论证，就是从查明的案件事实入手，结合相适用的法律法规，对案件事实进行法律上的论证，以揭示案件性质，判定是非责任，进而为依法公正裁判提供事实依据。

2. 对证据的分析论证

证据是法律文书的一项重要内容，有的文书要求对证据用列举的方式写明，如公安机关的提请批准逮捕书、起诉意见书等，有的则需要对重要证据的真实性、合法性、证明力作出辨别与分析，如检察机关的抗诉书、公诉意见书及律师实务文书中的辩护词、代理词、上诉状等。特别是人民法院的裁判文书，对控辩双方有争论的证据必须在裁判文书中进行分析论证，以揭示证据的真实性、合法性、关联性，并阐明对证据是否采信的理由。

3. 对适用法律的论证

以事实为依据，以法律为准绳，也是法律文书制作需遵循的基本原则，因此，法律文书中除对案件事实加以分析、对证据充分论证外，还必须对法律的适用进行阐释论证。法律作为规范人们行为的准则，其条文内容大多比较抽象、概括，这样法律文书中的说理应当就依据事实如何适用法律规定的问题展开分析论证，包括对法律条文的解释，对立法精神、适用范围的说明，以及对犯罪主体、客观行为与主观故意等犯罪构成要件的论述等，以便全面、完整地阐明处理结论形成的法律理由。

（二）说理的要求

1. 说理要有针对性

法律文书中阐述理由时，应注意结合案件的具体情况，充分地摆事实，讲法律，说道理，分清是非责任。说理力求透彻、层次清晰、逻辑严谨、无懈可击，使理由具有较强的说服力，无可辩驳，以充分体现法律的严肃性和威慑力，增强法律文书的宣传、警示、教育作用。说理要充分体现、符合个案特点，而不能将理由的内容公式化、概念化，千篇一律，不可空话、套话连篇，无的放矢，缺乏针对性，使说理流于形式。

2. 说理要对证据加以分析

证据是认定案件事实的基础，证据的真实、合法、确凿、可信是确定案件事实真实客观的根本保障。因此，法律文书阐述理由时，特别要注意通过对证据的分析、论证来证明案件事实的确实存在，不应用诸如"上述事实，证据确实充分，被告人亦供认不讳，足以认定"等抽象、空洞的表述来替代对证据的翔实通透的分析论证。

3. 说理要瞻前顾后，前后贯通

法律文书的理由部分，既是对案件事实、证据的分析、总结、确定，又是对结论部分的启引。因此，无论是对事实的分析论证，对证据的分析论证，还是对法律适用的论证，对情节轻重、危害大小、责任主次的阐述，都应与结论、处理意见相一致，前后贯通，顺理成章，罪责相当。

4. 说理要围绕法律依据

法律条文和法律理论是法律文书理由部分的核心。法律文书的说理，从根本上来说是从法律层面分析涉案人的行为性质和应该承担的法律责任。在引述法律依据的时候，原则上依照先实体、后程序；先定罪、后量刑；先主罪、后次罪；先法律、后其他（法规、政策和司法解释）的次序引述。

三、说明

说明，是对客观事物的形状、构成、性质、特征、功能、用途等方面进行介绍和解释的表述方式。说明侧重对客观事物或人的自然情况的客观介绍和解说。说明在法律文书中运用得极为普遍，各类文书中几乎都不可缺少说明的内容。文字叙述类的文书中，除事实、理由外，其他部分大多采用说明的方法叙述，填空类的文书大部分栏目用说明，现场勘查笔录、侦查实验笔录、搜查笔录等笔录类文书大部分使用说明的文字。由此可见，说明也是法律文书中常见的、重要的表达方式。

（一）说明的内容

1. 事项说明

这是法律文书中最主要的说明内容，包括对当事人身份事项的介绍说明，人民法院裁判文书中对案件由来、审判组织、审判方式、出庭人员等事项的说明，及对刑期计算方法的说明和上诉事项的说明等。

2. 景象事物说明

这种说明是对现场事物的形态、现场景象事物、构造等内容的说明，多见于刑事技术文书，如现场勘查笔录、各类检验报告等。

（二）说明的要求

1. 有序说明

说明要依序进行，或按时间顺序，或按空间顺序，或按认识顺序，尤其是在现场勘查笔录和各类检验报告中，一定要按照恰当的顺序，有条不紊地说明相关情况，以便客观、清晰、完整地还原事物的形态、现场的景象等。

2. 详准说明

详，要求法律文书中说明要严密、详尽，不得有疏漏，不能以偏概全，不可挂一漏万。准，要求法律文书中说明的文字要准确，概念要明确，含义要确切，解释要单一，尤其是有些专业术语、物品的型号等一定要确保精准，防止出现歧义。

3. 简洁说明

无论是对事项的说明,还是对事物形态、景象物事的说明,也无论是按时间顺序,还是依空间顺序,说明的文字在确保准确、周延、翔实的基础上,还要做到简洁明快、干净利落、没有赘词。

【思考与练习】

一、法律文书的常用记叙方法有哪几种?

二、法律文书语言规范的内容有哪些?

三、按照法律文书叙述要求整理下列事实,并依据法律文书说理要求撰写处理理由。

202×年9月5日,30岁的沙岭村农民黄××在城南乡露天电影场看电影时,看到本乡河西村女青年王×、赵×,就上前纠缠,说"妹妹咱俩好"之类的话,还摸两个女孩的手,被两个女孩臭骂一顿。黄××气急败坏,恶狠狠地用脚踢两个女孩,被在场的河西村村民巩××(男,17岁)、项××等人拉开。202×年9月6日晚上8点左右,巩××又来到城南乡露天电影场看电影时,看到黄××也在露天电影场里,想教训教训黄××,连忙到露天电影场外找到本村村民王××和张××说:"那天拉、踢咱庄闺女的那个人也在这儿,咱们把他拉出来打一顿,狠点打,让他记一辈子。"三个人商量一阵后,回到露天电影场里,由巩××躲在暗处指认后,王××和张××把黄××拉到露天电影场外,几句话下来三个人就打了起来。黄××身强力壮,王、张二人没占到什么便宜。王××气急之下,掏出装在裤兜里的水果刀,恶狠狠地向黄××的屁股和大腿扎了几刀,三个人就跑回家睡觉了。黄××因为股动脉被刺破,流血过多,经抢救无效在次日凌晨死亡。

第二章 公安机关刑事法律文书

【学习目标】

1. 熟练掌握提请批准逮捕书、起诉意见书等公安机关常用刑事法律文书的格式、内容和制作要求。
2. 了解公安机关其他刑事法律文书的制作和使用。

第一节 公安机关刑事法律文书概述

公安机关担负着行政执法和刑事司法的双重职能。刑事司法职能是衡量国家法治文明程度的基本标志，公安机关需要强化法治思维，运用法治方式，全面落实严格规范公正文明执法的总要求，促进公安机关执法规范化建设，以公安机关刑事法律文书为缩影，体现公安机关工作法治化水平和执法公信力，从而将全面依法治国落实落细。

一、公安机关刑事法律文书的概念

公安机关刑事法律文书，是指公安机关在办理刑事案件和羁押看管过程中依法制作和使用的具有法律效力或法律意义的文书。

公安机关刑事法律文书的制作主体是公安机关行使案件侦办和羁押监管职权的部门，它必须严格按照我国《刑事诉讼法》《公安机关办理刑事案件程序规定》《中华人民共和国看守所条例》《中华人民共和国看守所条例实施办法》等法律法规的具体规定来制作和使用。

自 2010 年起，公安机关开始实行网上办案和审批，提高了公安机关刑事法律文书的规范性及案件处理过程的流畅性和时效性。但就具体法律文书制作而言，依然遵循我国《刑事诉讼法》《公安机关办理刑事案件程序规定》及其他法规和工作细则的规定操作。

二、公安机关刑事法律文书的分类

由于适用的情况不同，公安机关刑事法律文书的种类也有所区别。公安部发布的《公安机关刑事法律文书格式》将公安机关刑事法律文书划分为以下八类：

（1）立案、破案类，包括《接受刑事案件登记表》《呈请立案报告书》《立案决定书》《不予立案通知书》等10种文书。

（2）律师介入类，包括《涉密案件聘请律师审批表》《会见涉密案件在押犯罪嫌疑人申请表》《准予会见涉密案件在押犯罪嫌疑人决定书/通知书》等6种文书。

（3）强制措施类，包括《呈请拘留报告书》《呈请取保候审报告书》《呈请逮捕报告书》《提请批准逮捕书》等26种文书。

（4）讯问犯罪嫌疑人类，包括《传唤通知书》《讯问笔录》《亲笔供词》等6种文书。

（5）调查取证类（含搜查、扣押类），包括《询问通知书》《询问笔录》《亲笔证词》《现场勘查笔录》《侦查实验笔录》《呈请鉴定报告书》《通缉令》等39种文书。

（6）延长羁押期限类，包括《呈请延长羁押期限报告书》《提请批准延长侦查羁押期限意见书》等6种文书。

（7）侦查终结类，包括《呈请案件侦查终结报告书》《起诉意见书》《撤销案件决定书》《释放通知书》等10种文书。

（8）补充侦查、复议复核类，包括《补充侦查报告书》《要求复议意见书》《提请复核意见书》《复议决定书》4种文书。

根据《中华人民共和国看守所条例》的相关规定，现行的羁押看守文书主要有两类：

（1）收押类，包括《健康检查笔录》《羁押期限届满通知书》《收监执行通知书》3种文书。

（2）监管罪犯类，包括《罪犯保外就医征求意见书》《保外就医保证书》《刑满释放证明书》《释放证明书》《死亡通知书》等13种文书。

三、公安机关刑事法律文书制作的常规要求

公安机关刑事法律文书用途不一，内容有别，但有些常规项目却是相同的，具体表现为以下几个方面。

（一）犯罪嫌疑人的姓名

这是公安机关刑事法律文书中的基本项目。一般情况下，只需要写明犯罪嫌疑人合法身份证件上的姓名或户籍登记中注明的常用姓名，如果无法查明其真实身份，也可以填写其自报的姓名。在制作呈请类文书、提请批准逮捕书、起诉意见书等文书时，还需要在常用姓名之后用括号注明与案件有关的其他名称，比如曾用名、绰号、代号、乳名等。如果犯罪嫌疑人系外国籍或少数民族，则应在汉语译名后用括号注明其使用的本国或本民族文字的姓名。

（二）犯罪嫌疑人的出生年月日

犯罪嫌疑人的出生年月日应当按照公历填写，除有特别说明的外，一律具体到年、月、日。对那些习惯以农历计算出生日期的，应换算成公历后填写。确定犯罪嫌疑人的出生日期应当以其合法身份证件上记载的为准，没有合法身份证件的，以户籍登记中的出生日期为准。

（三）犯罪嫌疑人的出生地

公安机关刑事法律文书中对犯罪嫌疑人的出生地的表述要规范。若出生地是直辖市市区，写明直辖市名称即可，如"重庆市"或"重庆市人"；若出生地是直辖市的郊县，可在县名前冠以直辖市名称，如"上海市青浦县人"；若出生地为省辖市、县，则应在市、

县前冠以省名，如"辽宁省黑山县"或"辽宁省西丰县人"。犯罪嫌疑人是外国人的，应注明国籍。

（四）犯罪嫌疑人的身份证号码

此栏应按照身份证上注明的内容如实填写，未办理的注明即可。犯罪嫌疑人是外国人的，应注明护照号码。

（五）犯罪嫌疑人的民族

表述时应写民族的全称，如"蒙古族""维吾尔族"等，不应写简称。

（六）犯罪嫌疑人的文化程度

文化程度是指国家承认的学历，以学校核准颁发的毕业证书为准，可分为研究生（硕士、博士）、大学、大专、高中、初中、小学等。表述时，习惯表述为"大学文化""小学文化"等。对在读的可写为"大学在读"，这里需要注意学历和学位的区别。

（七）犯罪嫌疑人的职业或单位及职务

犯罪嫌疑人的职业，一般应写明工人、农民、个体工商户等。如果有工作单位的，应写明工作单位的全称和职务。没有稳定职业和大中专毕业生待就业的，统称为"无职业"。

（八）犯罪嫌疑人的住址

犯罪嫌疑人的住址，应写明住所所在地（即户口登记的地址），如果住所所在地与经常居住地不一致的，应写明经常居住地，并在其后用括号注明户籍所在地。住址的书写要准确、具体、规范，如"现住××省×县×乡×村×组×号"或"现住××市×区×小区×号楼×单元×室"。

（九）犯罪嫌疑人的政治面貌

法律文书中的"政治面貌"专指特殊政治身份。犯罪嫌疑人如果是人大代表、政协委员的，应一并写明具体的级、届代表、委员，如"××市第十一届人民代表大会代表"。

（十）犯罪嫌疑人的违法犯罪经历及因本案被采取强制措施情况

犯罪嫌疑人若有违法犯罪经历的，应按时间顺序写明，写明时间、罪名（或违法行为）、处罚机关、处罚种类。如"×年×月×日，因赌博抽头被××市公安局治安拘留 15 天；×年×月×日因犯盗窃罪被××人民法院判处有期徒刑×年，×年×月×日刑满释放"。

犯罪嫌疑人因本案被采取强制措施的情况，可表述为"×年×月×日因涉嫌×罪，被我局（或××公安局）刑事拘留"。

（十一）文书编号

公安机关刑事法律文书的文书编号，一般由以下五个部分组成：一是制发公安机关的简称。常常是将公安机关名称中具有代表意义的两个字作为简称，如沈阳市公安局简称为"沈公"，阜新市公安局简称为"阜公"。二是具体制发文书的业务部门的简称，如刑侦总队、支队、大队简称为"刑"。三是文书的简称。如提请批准逮捕书简称为"捕字"，起诉意见书简称为"诉字"。四是年度。用六角括号将年号括起，如〔2024〕。五是该类文书年度内发文排列序号。一般是逐次排列。按照上述五项内容，如沈阳市公安局 2024 年第 10 号起诉意见书，其文书编号可写为"沈公刑诉字〔2024〕10 号"。

第二节　立案、破案文书

一、接受刑事案件登记表

（一）接受刑事案件登记表的概念和制作依据

接受刑事案件登记表，是指公安机关在接受公民报案、控告、举报、扭送、犯罪嫌疑人自首或有关单位移送案件时制作的法律文书。它是公安机关接受刑事案件的法定证明文书。

《刑事诉讼法》第一百一十条明确规定："任何单位和个人发现有犯罪事实或者犯罪嫌疑人，有权利也有义务向公安机关、人民检察院或者人民法院报案或者举报。被害人对侵犯其人身、财产权利的犯罪事实或者犯罪嫌疑人，有权向公安机关、人民检察院或者人民法院报案或者控告。公安机关、人民检察院或者人民法院对于报案、控告、举报，都应当接受。对于不属于自己管辖的，应当移送主管机关处理，并且通知报案人、控告人、举报人；对于不属于自己管辖而又必须采取紧急措施的，应当先采取紧急措施，然后移送主管机关。犯罪人向公安机关、人民检察院或者人民法院自首的，适用第三款规定。《公安机关办理刑事案件程序规定》第一百七十一条规定："公安机关接受案件时，应当制作受案登记表和受案回执，并将受案回执交扭送人、报案人、控告人、举报人。扭送人、报案人、控告人、举报人无法取得联系，或者拒绝接受回执的，应当在回执中注明。"

（二）接受刑事案件登记表的内容和制作方法

接受刑事案件登记表为表格式一纸一联文书。其内容包括首部、正文、尾部三部分。

1. 首部

首部包括文书名称、文书编号和填报单位三项内容。文书编号由公安机关代字、部门代字、文书简称、年度、序号组成。例如：×公（刑）受案字〔202×〕××号，填报单位只需在文书左上角加盖填报单位公章。

2. 正文

正文部分要依次写明下列内容：

（1）"案件来源"一项要写清楚所报案件是被害人、第三人报案，还是控告、举报、自首或者群众扭送、现场抓获。

（2）"报案人"栏。依照样式规定，具体填写清楚报案人姓名、性别、年龄（公历周岁年龄）、住址、单位、电话、案件来源等内容。其中，报案人既包括常规报案人，也包括控告人、举报人、扭送人以及投案自首的犯罪嫌疑人。

（3）"移送单位"写明将案件移送公安机关的单位全称。

（4）"接警"栏。按照样式规定，具体写明接警的单位全称、接警的具体地点、接警人员名称以及接警的详细时间。

（5）"报案内容"栏。这是接受刑事案件登记表的重点内容，应写明发案时间、地点、简要过程、涉案人基本情况、受害情况等。具体填写时，对于控告、举报、报案人报案的，要写明何时何人以何种方式向公安机关的何部门控告、举报或报案，他们陈述的案情事实和证据，包括犯罪的时间、地点、情节、手段、后果或者是如何发现案件及案发现场的主要情况等。若是群众扭送的，要将抓获、扭送人当场目睹或发现的犯罪事实、获得的证据等情况写清楚。对于犯罪嫌疑人自首的案件，要写明自首的时间、地点以及陈述的主要事实和证据，同时写清犯罪行为造成的损害后果，包括受害人损伤情况、受损物品的数量和特征等。

3. 尾部

尾部依次写明下列内容：

(1)"受案意见"栏。写明接受案件单位负责人对所接受案件的处理意见。如"呈请立案侦查""呈请不予立案""呈请移送××人民法院"等。

(2)"受案审批"栏。写明刑侦部门根据领导批示对所接受案件的处理情况，即"经××领导批准，已立××案侦查""经××领导批准，不予立案""移送其他单位处理"。

(三) 制作接受刑事案件登记表应注意的问题

制作接受刑事案件登记表时应注意以下问题：

(1) 制作本文书时要客观，文字要简洁。接受刑事案件登记表，只是公安机关对接受刑事案件情况的记录，而不是接受刑事案件后具体处理案件的文书，制作时要客观。不能将现场勘查、现场调查以及讯问犯罪嫌疑人等情况写入本文书，这些内容已超出了"报案内容"。本文书为表格类文书，栏目空间有限，因此文字要概括、简洁。

(2) 本文书只可作为公安机关接受案件情况的记载和分流处理的审批表格，不能代替呈请县级以上公安机关负责人审批的呈请类法律文书。因此，本文书的"领导批示"栏应由接受案件的部门负责人，如刑警大队长、刑警中队长或者派出所所长等签署意见，而不是由县以上公安机关负责人在此栏批示。

(3) 本文书一式两份，分别由接受案件单位存档、交案件主管部门或破案后随卷移送。填写完毕后在文书的左上角加盖填报单位公章存档备查。

(4)《受案登记表》应当在受理案件后的24小时内制作完成。

(四) 接受刑事案件登记表实例

受案登记表

(受案单位名称和印章) ×公（刑）受案字〔202×〕×××号

案件来源		□110指令 □工作中发现 ☑报案 □投案 □移送 □扭送 □其他					
报案人	姓名	张××	性别	男	出生日期	19××年××月××日	
	身份证件种类	居民身份证	证件号码	××××××××××××××××××			
	工作单位	无业		联系方式	1391234××××		
	现住址	××市××区××路××号					
移送单位			移送人		联系方式		
接报民警		陈××	接报时间	202×年××月×日××时30分	接报地点	××市公安局刑侦大队	

简要案情或者报案记录（案发时间、地点、简要过程、涉案人基本情况、受害情况等）及是否接受证据：

  202×年××月××日××时许，被害人张××到××市公安局刑侦大队报案称：202×年××月××日××时，张××回到位于××市××区××街××号的家中，发现其家防盗门被撬开，室内多处被翻动，被盗财物不详。

  我队接到报案后，立即组织技术人员进行现场勘查，发现张××家防盗门门锁位置被专业器具撬开，防盗门损毁严重，无修复价值；衣柜、床头柜、书桌、壁柜等多处被翻动。现场勘查后，经张××查验，被盗现金5 600余元、金项链1条，雷达表1块、女士裘皮大衣1件，被盗物品价值110 000余元。

  接受证据情况（种类、数量、特征等情况）：(1) 24K金项链购买发票一张；(2) 雷达表购买发票一张；(3) 女士裘皮大衣购买发票一张。

续表

受案意见	□属本单位管辖的行政案件,建议及时调查处理 √属本单位管辖的刑事案件,建议及时立案侦查 □不属于本单位管辖,建议移送_____处理 □不属于公安机关职责范围,不予调查处理并当场书面告知当事人 □其他_____ 受案民警:于××、李×　　　　　　　202×年××月××日
受案审批	同意对张××家中被盗一案作为刑事案件初查。 受案部门负责人:车×　　　　　　　　　202×年××月××日

二、呈请立案报告书

(一)呈请立案报告书的概念和制作依据

呈请立案报告书,是指公安机关侦查部门对拟立案侦查的案件,报请领导批准立案时所制作的法律文书。它属于公安机关内部审批文书。

制作呈请立案报告书的法律依据是《刑事诉讼法》第一百零九条:"公安机关或者人民检察院发现犯罪事实或者犯罪嫌疑人,应当按照管辖范围,立案侦查。"《公安机关办理刑事案件程序规定》第一百七十八条第一款规定:"公安机关接受案件后,经审查,认为有犯罪事实需要追究刑事责任,且属于自己管辖的,经县级以上公安机关负责人批准,予以立案。"

(二)呈请立案报告书的内容和制作方法

呈请立案报告书按照《呈请××报告书》规定的格式制作,分为首部、正文、尾部三部分。

1. 首部

首部包括领导批示、审核意见和文书名称。

(1)"领导批示"栏。由县级以上公安机关负责人填写是否同意立案的批示,并签名和注明签批日期。

(2)"审核意见"栏。由公安机关基层科、所、队长填写对办案人员提出的立案请求进行审核后的意见,并签名和注明审核日期。

(3)办案单位意见。

(4)文书标题。写明"呈请立案报告书"即可,不必编写文书编号。

2. 正文

正文通常应依次写明下列内容:

(1)报告引言。应概括写明案件来源,接受案件后的处置,现场勘查、现场调查获取的证据得出的是否有犯罪事实发生的结论,并用程式用语"现将有关情况报告如下:"或"现呈请对此案进行立案侦查,理由如下:"启引下文。

(2)接受案件情况。一般用"据报案人××讲"开头,用一个自然段简要叙述报案、控告、举报人发现的情况,扭送、现场抓获的经过,或者犯罪嫌疑人提供的情况,包括时间、地点、手段、后果等基本要件,不明事项暂不写入。

(3)立案依据。一般应写明现场勘查、现场调查访问所获取的基本情况,多用"经勘查"引出现场方位、现场状态、现场变动、现场各种痕迹以及提取的痕迹物证的数量、特征等与现场勘查笔录内容一致的情况,用"经调查访问××得知"等语句引出通过现场调查访问所获得的案件基本情况、证人证言等与案件有关的情况。如果有检验、鉴定材料的,要说明其结论。

(4)立案理由。写明综上所述,认为犯罪事实已经发生,应当追究犯罪嫌疑人刑事责任,并且案件属于自己管辖的意见,并援引《刑事诉讼法》第一百一十二条之规定,明确提出立案侦查的意见。之后,另起一行写明"妥否,请批示"的请批用语。

3. 尾部

尾部写明呈请立案的单位、承办人姓名,注明制作文书的日期。

(三)制作呈请立案报告书应注意的问题

制作呈请立案报告书应注意以下问题:

(1)呈请立案报告书经县级以上公安机关负责人批准后,即可作为填写《立案决定书》的依据。本文书存入侦查工作卷(副卷)。

(2)呈请立案报告书所写内容要客观真实,只写已知事实,不可掺杂主观臆断。语言力求简洁、概括。

(四)呈请立案报告书实例

领导批示	同意。 张× 202×年×月×日
审核意见	同意。报请张×局长批示。 王×× 202×年×月×日

呈请立案报告书

202×年×月×日上午8时10分,我局接到××进出口贸易有限公司保卫科科长李×电话报案称:昨晚该公司财务科现金23万元被盗,门卫死于财务科办公室内,现场已保护。接报后我队立即组织有关人员赶赴现场,开展现场勘查和调查走访工作。

现根据初步掌握的情况,呈请对××进出口贸易有限公司盗窃杀人案立案侦查。现将有关情况报告如下:

据报案人李×(男,47岁,××进出口贸易有限公司保卫科科长)称:202×年×月×日上午7时55分,××进出口贸易有限公司财务科出纳员陈×正常上班,走到办公室门口发现防盗门被打开,保险柜被撬开,值班门卫游×众侧躺在地上,背上插一匕首,头部大量流血,已死亡。现场搏斗痕迹明显。经清点,保险柜内现金23万元全部被盗走。陈×立即报告领导和保卫科科长李×。李×直接到我局值班室报案。

经现场勘查,案发现场位于我区××进出口贸易有限公司办公大楼。该办公楼坐东朝西,共四层,每层10个房间,楼前有围墙,只有一个大门,没有后门,墙外是雪松大道。具体现场财务科在403室,该室为一单间,一窗一门,门开口向西。防盗门撬动不明显,但有划痕。门把手有3枚不完整的汗液指纹(已提取)。案发现场遗留有脚印14枚(已提取),不明血迹1滩(已提取),匕首1把,疑为犯罪嫌疑人留下的木棒1根。保险柜的锁已被破坏，保险柜有汗液指纹1枚（已提取）。现场搏斗痕迹明显，翻动痕迹不明显。

据公司总经理杨×杰反映，案发前一天晚上，他和朋友吃完饭后，大约22时30分回过公司一趟，到案发的办公楼中的总经理室即306室取自己遗忘的手套，值班门卫游×众为其打开楼下大门，杨×杰与其交谈，叫他注意巡视。当时并未发现异常。据住在办公大楼附近50米处职工宿舍的职工反映，当晚没有听到异常响声，也没有看到可疑人员出入公司。

经尸体检验，死者背部有刀口一个，头部被钝物击打，身体上还有少许擦伤。致死原因为匕首插入背中，刺破心脏，导致急性失血死亡。

根据以上情况，依照《中华人民共和国刑事诉讼法》第一百零九条之规定，此案拟作为特大杀人盗窃案立案侦查，并拟从以下几个方面开展侦查工作：

（1）财务科一般不保存大量现金，案发的第二天是合同制员工发薪日，故财务科工作人员提取大量现金放在保险箱内。另该公司晚上保安值班人员一般都是两人，案发前两天另一保安因家中有事请假回老家，对于这种情况该公司一般不会找人顶替。故我们认为，凶手可能对公司情况极为熟悉，或是准备作案时间较长。我们认为应该先从××进出口贸易有限公司开始，发动全公司员工提供情况，并对有关人员进行排查，查找疑点和嫌疑人。

（2）根据现场遗留的证据，凶手应当为两人。其中一人身体健壮，手段残忍；另外，凶手中有一人对开锁非常熟练。故应当在辖区内发动群众，派出专案组成员明察暗访，发现作案的蛛丝马迹；清查外来人口，控制外来有前科人员。

（3）立即印发协查通报，请各地公安机关和有关部门协查或提供情况。

（4）抓紧进行技术鉴定，从现场提取的物证和痕迹中发现嫌疑人，排除无可能作案人，缩小侦查范围。

妥否，请批示。

××市公安局刑侦支队
李× 王×
二〇二×年×月×日

第三节　强制措施文书

一、呈请拘留报告书

（一）呈请拘留报告书的概念和制作依据

呈请拘留报告书，是公安机关承办案件的单位对现行犯或者重大嫌疑分子需要采取拘留措施时制作的、报请县级以上公安机关负责人审批的法律文书。

依照《刑事诉讼法》第八十二条的规定，公安机关对于现行犯或者重大嫌疑分子，如果有下列情形之一的，可以先行拘留：（1）正在预备犯罪、实行犯罪或者在犯罪后即时被发觉的；（2）被害人或者在场亲眼看见的人指认他犯罪的；（3）在身边或者住处发现有犯罪证据的；（4）犯罪后企图自杀、逃跑或者在逃的；（5）有毁灭、伪造证据或者串供可能的；（6）不讲真实姓名、住址，身份不明的；（7）有流窜作案、多次作案、结伙作案重大嫌疑的。

拘留是一种暂时限制人身自由的强制措施，它关系到公民的人身自由问题，因此，《公安机关办理刑事案件程序规定》第一百二十五条也明确规定，拘留犯罪嫌疑人，应当填写呈请拘留报告书，经县级以上公安机关负责人批准，制作拘留证。执行拘留时，必须出示拘留证，并责令被拘留人在拘留证上签名、捺指印，拒绝签名、捺指印的，侦查人员应当注明。

（二）呈请拘留报告书的内容和制作方法

呈请拘留报告书，要按照《呈请××报告书》的样式制作。由首部、正文、尾部三部分组成。

1. 首部

首部包括领导批示、审核意见和文书名称。

（1）"领导批示"栏。由县级以上公安机关负责人填写是否同意拘留及拘留期限的批示，并签名和注明签批日期。

（2）"审核意见"栏。由公安机关基层科、所、队长填写对办案人员提出的拘留请求进行审核后的意见，并签名和注明审核日期。

（3）办案单位意见。

（4）文书名称。写明"呈请拘留报告书"即可，不编写文书编号。

2. 正文

一般应依次写明下列内容：

（1）犯罪嫌疑人的基本情况。依次写明犯罪嫌疑人的姓名、性别、出生年月日、出生地、身份证号码、民族、文化程度、职业或工作单位及职务、政治面貌（如系人大代表、政协委员，要写明具体的级、届代表、委员）、住址。同时要写明犯罪嫌疑人的违法犯罪经历。

（2）拘留的理由。包括已经查清的犯罪嫌疑人的犯罪事实或者重大嫌疑事实及已经获取的相关证据。叙述犯罪事实应写明犯罪行为发生的时间、地点、情节、手段、危害后果等，证据可概括写明主要证据的名称、种类等。

（3）拘留的依据。要根据上述拘留理由，说明犯罪嫌疑人的行为符合《刑事诉讼法》第八十二条第几项规定的情形，已具备拘留的条件，拟对犯罪嫌疑人刑事拘留。之后，另起一行写明"妥否，请批示"的请批用语。

3. 尾部

尾部写明承办案件单位、承办人姓名以及制作文书的日期。

（三）制作呈请拘留报告书应注意的问题

制作呈请拘留报告书应注意以下问题：

（1）实际工作中，若犯罪嫌疑人不供述自己的真实姓名、出生年月日、住址等基本情况的，可按其自报的情况写明。

（2）呈请拘留报告书制作完毕，经县级以上公安机关负责人批准后，承办人即可制作拘留证。本文书归入侦查工作卷（副卷）。

（四）呈请拘留报告书实例

领导批示	同意对犯罪嫌疑人王××刑事拘留三日。 ××× 202×年××月××日
审核意见	经审核，同意对犯罪嫌疑人王××刑事拘留三日，请×××审批。 ××× 202×年××月××日
办案单位意见	同意对犯罪嫌疑人王××刑事拘留三日，请×××审核。 ××× 202×年××月××日

呈请拘留报告书

犯罪嫌疑人王××，男，19××年××月××日生，出生地：××省××县，居民身份证号码：××××××××××××××××××，汉族，初中文化，无职业，户籍所在地：××市××区××街道××巷××号，现住××市××区××街道××号。

简历：该人××年××月至××年××月在××市××区××小学读书；××年××月至××年××月在××市××中学读书；××年××月初中毕业后至今无职业。

呈请拘留的理由和依据：犯罪嫌疑人王××伙同刘××（已拘留）于202×年××月××日××时许，窜至××市××区××小区内，拦住被害人张××，王××用匕首逼住张××的脖子，刘××搜张××的身体，抢走人民币560元和一部华为手机。

综上所述，犯罪嫌疑人王××的行为已触犯《中华人民共和国刑法》第二百六十三条之规定，涉嫌抢劫罪，根据《中华人民共和国刑事诉讼法》第八十二条之规定，特呈请对犯罪嫌疑人王××刑事拘留三日。

妥否，请批示。

办案单位：××公安局刑侦大队
办案人：张×× 李××
202×年××月××日

二、提请批准逮捕书

（一）提请批准逮捕书的概念和制作依据

提请批准逮捕书，是公安机关对有证据证明有犯罪事实，且有逮捕必要的犯罪嫌疑人，提请同级人民检察院审查批准逮捕而制作的法律文书。它是根据已被批准的《呈请提请逮捕报告书》制作的，是公安机关履行法定程序，提请逮捕犯罪嫌疑人时必须制作的法律文书。

逮捕是为防止犯罪嫌疑人继续犯罪，或逃避、阻碍侦查活动的顺利进行，依法暂时剥夺其人身自由的一种强制措施，是强制措施中较为严厉的一种，因此法律明确规定了采取这一强制措施的条件以及履行的程序。

《刑事诉讼法》第八十一条规定，对有证据证明有犯罪事实，可能判处徒刑以上刑罚的犯罪嫌疑人、被告人，采取取保候审尚不足以防止发生下列社会危险性的，应当予以逮捕：

（1）可能实施新的犯罪的。
（2）有危害国家安全、公共安全或者社会秩序的现实危险的。
（3）可能毁灭、伪造证据，干扰证人作证或者串供的。
（4）可能对被害人、举报人、控告人实施打击报复的。
（5）企图自杀或者逃跑的。

对有证据证明有犯罪事实，可能判处十年有期徒刑以上刑罚的，或者有证据证明有犯罪事实，可能判处徒刑以上刑罚，曾经故意犯罪或者身份不明的，应当予以逮捕。

被取保候审、监视居住的犯罪嫌疑人、被告人违反取保候审、监视居住规定，情节严重的，可以予以逮捕。

《刑事诉讼法》第八十七条规定，公安机关要求逮捕犯罪嫌疑人的时候，应当写出提请批准逮捕书，连同案卷材料、证据，一并移送同级人民检察院审查批准。必要的时候，人民检察院可以派人参加公安机关对于重大案件的讨论。

（二）提请批准逮捕书的内容和制作方法

提请批准逮捕书由首部、正文、尾部三部分组成。

1. 首部

首部依次写明下列内容：

（1）制作文书的公安机关名称。应与文书名称分上下两行居中排布，机关名称应与机关印章一致。

（2）文书编号。由公安机关简称、制作文书的部门简称、文书简称、年号、顺序号等部分组成，如"×公刑提捕字〔202×〕×号"。

（3）犯罪嫌疑人的基本情况、违法犯罪经历及因本案被采取强制措施情况。犯罪嫌疑人的基本情况依次写明：犯罪嫌疑人的姓名（别名、曾用名、绰号等）、性别、出生年月日、出生地、身份证号码、民族、文化程度、职业或工作单位及职务、住址、政治面貌（如是人大代表、政协委员，一并写明具体的级、届代表、委员）。违法犯罪经历，按时间写明，写明时间、罪名（违法行为）、处罚机关、处罚种类。如"×年×月×日，因赌博抽头被××分局治安拘留15天；×年×月×日因犯盗窃罪被××人民法院判处有期徒刑×年，×年×月×日刑满释放"。因本案被采取强制措施情况，写明时间、涉嫌罪名、强制措施种类，如"×年×月×日因涉嫌×罪被我局（或××公安局）刑事拘留"。

（4）案件来源。按照样式规定，这部分内容表述为："犯罪嫌疑人××（姓名）涉嫌××（罪名）一案，由×××举报（控告、移送）至我局（写明案由和案件来源，具体为单位或者公民举报、控告、上级交办、有关部门移送、本局其他部门移交及办案中发现等）。"简要写明案件侦查过程中的各个法律程序开始的时间，如接受案件、立案的时间。具体写明犯罪嫌疑人归案情况。

2. 正文

正文包括犯罪事实、认定犯罪事实的证据和提请批准逮捕的理由三部分内容。

（1）犯罪事实。

按照样式的规定，这部分内容的写作要求是：

以"经依法侦查查明：……"启引这部分内容，概括叙述经侦查认定的犯罪事实。应当根据具体案件情况，围绕刑事诉讼法规定的逮捕条件，简明扼要叙述。对于只有一个犯罪嫌疑人的案件，犯罪嫌疑人实施多次犯罪的犯罪事实应逐一列举；同时触犯数个罪名的犯罪嫌疑人的犯罪事实应该按照主次顺序分别列举；对于共同犯罪的案件，写明犯罪嫌疑人的共同犯罪事实及各自在共同犯罪中的地位和作用后，按照犯罪嫌疑人的主次顺序，分别叙述各个犯罪嫌疑人的单独犯罪事实。

由此可见，提请批准逮捕书的犯罪事实的写法要遵循这样的原则：

第一，写入本文书的犯罪事实必须符合《刑事诉讼法》第八十一条第一款规定的逮捕的五个条件，即有证据证明有犯罪事实，可能判处徒刑以上刑罚的犯罪嫌疑人、被告人，采取取保候审尚不足以防止发生下列社会危险性的，应当予以逮捕：可能实施新的犯罪的；有危害国家安全、公共安全或者社会秩序的现实危险的；可能毁灭、伪造证据，干扰证人作证或者串供的；可能对被害人、举报人、控告人实施打击报复的；企图自杀或逃跑的。

第二，本文书中的犯罪事实，是从提请批准逮捕的角度要求的，而不是从结案角度、制作起诉意见书的角度要求的。也就是说，如果犯罪嫌疑人一人犯数罪或者一罪有数个犯罪行为，只要把已经查清的有证据证明的犯罪事实叙述清楚即可，不必把尚未查清的、未获取确实证据的犯罪事实都写入本文书。比如，犯罪嫌疑人涉嫌故意杀人、抢劫、盗窃等犯罪，公安机关经过侦查，只查清了犯罪嫌疑人的故意杀人行为，并获取了相关证据，只要把犯罪嫌疑人的故意杀人的行为叙述清楚即可，其他两个犯罪行为可不必叙述。同样，若是犯罪嫌疑人实施了四次抢劫行为，公安机关经过侦查只查清了两次，并有证据证明，只要将这两次抢劫行为在本文书中叙述清楚即可。

第三，叙述犯罪事实时，要根据不同的案件特点选择恰当的叙述方法，比如自然顺序法、突出主罪法、突出主犯法等。

（2）认定犯罪事实的证据。

以"认定上述事实的证据如下："规范用语开头，另起一自然段分列相关证据，包括发生了犯罪事实的证据，证明犯罪事实是被提请批准逮捕的犯罪嫌疑人所实施的证据。本文书中列举的证据，不要求达到充分的程度，只要求有证据即可，但证据必须是确实的，是查证属实的，并已经达到相当的程度。具体表述时一定要概括，只需列举主要证据的名称即可，不需要引述证据的具体内容，也不需要列序号。

（3）提请批准逮捕的理由。

这部分内容，格式规定为："综上所述，犯罪嫌疑人×××……（根据犯罪构成简要说明罪状），其行为已触犯《中华人民共和国刑法》第×条之规定，涉嫌×××罪，有逮捕必要。依照《中华人民共和国刑事诉讼法》第八十一条、第八十七条之规定，特提请批准逮捕。"制作时应注意，第一，要根据具体案情简要说明罪状，如"采取暴力手段，故意剥夺他人生命""故意剥夺他人生命、抢劫、盗窃他人财物、强奸妇女"等。第二，对犯罪嫌疑人自愿认罪认罚的，要简明写明相关情况。

3. 尾部

尾部写明文书的受文机关名称，即提请批准逮捕的同级人民检察院名称，加盖公安局局长印章，注明制作文书的年月日，加盖公安机关印章，在附注处注明本案卷宗×卷×页及犯罪嫌疑人的羁押处所。

（三）制作提请批准逮捕书应注意的问题

制作提请批准逮捕书应注意以下问题：

（1）提请批准逮捕书以案件为单位制作，共同犯罪案件，应合写一份提请批准逮捕书。在首部说明犯罪嫌疑人的基本情况时，应按照主犯、从犯、胁从犯的顺序依次说明各个犯罪嫌疑人的基本情况、违法犯罪经历及因本案被采取强制措施的情况。

（2）提请批准逮捕书若涉及国家机密，要注意防止泄密，也要保护报案人、控告人、举报人、被害人、证人的安全和名誉。

（3）提请批准逮捕书制作完毕后，应打印一式三份，办案部门存一份，另外两份连同案卷材料、证据一并移送同级人民检察院收存。其中一份由同级人民检察院连同《批准逮捕决定书》或《不批准逮捕决定书》及案卷、证据材料一并退回提请批准逮捕的公安机关。本文书存入侦查卷（主卷）。

（四）提请批准逮捕书的格式及实例

1. 提请批准逮捕书的格式

×××公安局
提请批准逮捕书

×公刑提捕字〔20××〕×号

犯罪嫌疑人×××……〔犯罪嫌疑人姓名（别名、曾用名、绰号等）、性别、出生年月日、出生地、身份证号码、民族、文化程度、职业或工作单位及职务、住址、政治面貌（如是人大代表、政协委员，一并写明具体级、届代表、委员），违法犯罪经历及因本案被采取强制措施的情况。案件有多名犯罪嫌疑人的，应逐一写明〕。

犯罪嫌疑人涉嫌×××（罪名）一案，由×××举报（控告、移送）至我局（写明案由和案件来源，具体为单位或者公民举报、控告、上级交办、有关部门移送、本局其他部门移交以及办案中发现等）。简要写明案件侦查过程中的各个法律程序开始的时间，如接受案件、立案的时间。具体写明犯罪嫌疑人归案情况。

经依法侦查查明：

…………（概括叙述经侦查认定的犯罪事实。应当根据具体案件情况，围绕刑事诉讼法规定的逮捕条件，简明扼要叙述）

（对于只有一个犯罪嫌疑人的案件，犯罪嫌疑人实施多次犯罪的犯罪事实应逐一列举；同时触犯数个罪名的犯罪嫌疑人的犯罪事实应该按照主次顺序分别列举；对于共同犯罪的案件，写明犯罪嫌疑人的共同犯罪事实及各自在共同犯罪中的地位和作用后，按照犯罪嫌疑人的主次顺序，分别叙述各个犯罪嫌疑人的单独犯罪事实）

认定上述事实的证据如下：

…………（分列相关证据）

综上所述，犯罪嫌疑人×××……（根据犯罪构成简要说明罪状），其行为已触犯了《中华人民共和国刑法》第×条之规定，涉嫌×××罪，有逮捕必要。依照《中华人民共和国刑事诉讼法》第八十一条、第八十七条之规定，特提请批准逮捕。

此致
×××人民检察院

局长（印）
（公安局印）
年　月　日

附：（1）本案卷宗____卷____页。
　　（2）犯罪嫌疑人现羁押于：_____。

2. 提请批准逮捕书实例

×××公安局
提请批准逮捕书

×公刑提捕字〔202×〕184号

犯罪嫌疑人李×洋，曾用名李×阳，男，1994年3月5日出生，辽宁省沈阳市人，身份证号码2101051994030531××，汉族，高中文化程度，沈阳市××大酒店服务员，住沈阳市××区××街××小区3号楼501室。

2015年曾因盗窃被沈阳市××区人民法院判处有期徒刑二年，2017年11月20日刑满释放。202×年3月10日因涉嫌盗窃罪被我局刑事拘留。

犯罪嫌疑人李×洋涉嫌盗窃罪一案，由被害人方××报案至我局。我局经审查，于202×年×月×日立案侦查，犯罪嫌疑人李×洋已于202×年3月10日被抓获归案。

经依法侦查查明：

犯罪嫌疑人李×洋在202×年11月25日22时许，携带螺丝刀、用钢筋头打制的短撬棍等作案工具，窜至沈阳市××区××厂财务科，见无人值守，用撬棍撬开财务室门锁，然后用螺丝刀撬开写字台抽屉，从抽屉中拿出保险箱钥匙，打开保险箱，盗走保险柜里的人民币15 000元和价值780元的"中华"牌香烟一条。

202×年2月11日凌晨3时许，犯罪嫌疑人李×洋携带螺丝刀和短撬棍，来到沈阳市××区××街上的××连锁超市，趁夜深无人撬开超市窗户钻入室内，盗窃"玉溪"烟三条（价值660元）、"白沙"烟三条（价值270元）、"五粮液"白酒三瓶（价值3 150元），并把超市收款机内的450元现金盗走。

认定上述犯罪事实的证据如下：报案记录，证人证言5份，现场勘查笔录，犯罪工具螺丝刀、撬棍各一把。犯罪嫌疑人李×洋亦供认不讳。

综上所述，犯罪嫌疑人李×洋采取秘密窃取手段，盗窃公私财物，数额巨大。其行为触犯了《中华人民共和国刑法》第二百六十四条之规定，涉嫌盗窃罪，有逮捕必要。依照《中华人民共和国刑事诉讼法》第八十一条、第八十七条之规定，特提请批准逮捕。

此致
××市××区人民检察院

局长（印）
××市××区公安局（印）
二○二×年×月×日

附：（1）本案卷宗×卷××页。
（2）犯罪嫌疑人李×洋现羁押于××市××区看守所。

第四节　侦查终结文书

一、起诉意见书

（一）起诉意见书的概念和制作依据

起诉意见书，是指公安机关在案件侦查终结后，认为犯罪嫌疑人的行为已经构成犯罪，应当追究其刑事责任，向同级人民检察院移送审查起诉时制作的法律文书。

制作这一法律文书的依据是《刑事诉讼法》第一百六十二条："公安机关侦查终结的案件，应当做到犯罪事实清楚，证据确实、充分，并且写出起诉意见书，连同案卷材料、证据一并移送同级人民检察院审查决定；同时将案件移送情况告知犯罪嫌疑人及其辩护律师。"《公安机关办理刑事案件程序规定》第二百八十九条也规定："对侦查终结的案件，应当制作起诉意见书，经县级以上公安机关负责人批准后，连同全部案卷材料、证据，以及辩护律师提出的意见,一并移送同级人民检察院审查决定。"

由此可见,公安机关制作这一法律文书的目的,是向同级人民检察院叙述清楚案件事实,表明对犯罪嫌疑人的处理意见,提请人民检察院对犯罪嫌疑人提起公诉,依法追究其刑事责任。它的制作表明公安机关侦查工作的结束,同时也是人民检察院审查起诉的依据。

(二)起诉意见书的内容和制作方法

起诉意见书由首部、正文、尾部三部分组成。

1. 首部

首部依次写明下列内容:

(1) 制作文书的公安机关名称。要求与印章一致。

(2) 文书名称。另起一行写明"起诉意见书",与机关名称均为居中排布。

(3) 文书编号。如"×公刑诉字〔202×〕号"。

(4) 犯罪嫌疑人的基本情况、违法犯罪经历及因本案被采取强制措施的情况。这部分内容与《提请批准逮捕书》中相同栏目的写法一致,只是在因本案被采取强制措施时添加批捕的情况,如"犯罪嫌疑人×年×月×日因涉嫌×罪,被我局(或××公安局)刑事拘留,经××人民检察院批准,于×年×月×日被我局(或××公安局)依法逮捕"。案件有多名犯罪嫌疑人的,应逐一写明。若是单位犯罪的,应当写明单位的全称,所在地址,法定代表人的姓名、性别和职务。

(5) 案件侦办情况。与《提请批准逮捕书》中相同栏目的写法大体一致,即写明案件的来源,如举报、报案、控告、自首、有关单位移送等,立案的时间,犯罪嫌疑人归案情况;最后写明犯罪嫌疑人×××(姓名)涉嫌×××案,现已侦查终结。

2. 正文

正文包括犯罪事实、认定犯罪事实的证据、有关量刑的情节及提出起诉意见的理由四部分。

(1) 犯罪事实。用格式规定的规范用语"经依法侦查查明:"启引这部分内容。要概括叙述经公安机关侦查认定的犯罪事实,包括犯罪的时间、地点、经过、手段、目的、动机、危害后果等与定罪有关的事实要素,要突出犯罪构成要件。要根据案件的具体情况,选择恰当的叙述方法,如自然顺序法、突出主罪法、突出主犯法及综合归纳法等。具体叙述时,应注意以下几点:

第一,叙述犯罪事实要全面。起诉意见书是公安机关对案件侦查终结后制作的法律文书,这一文书的主旨决定了写入本文书的犯罪事实不得有任何遗漏。同时要写明犯罪嫌疑人法定的从重、从轻、减轻或者免除处罚的情节方面的事实,以及犯罪嫌疑人在侦查过程中检举、揭发他人犯罪行为或具有悔罪表现的事实。这样才能客观真实地反映案件事实,便于人民检察院审查决定是否提起公诉。

第二,叙述犯罪事实要分清罪与非罪的界限。起诉意见书是公安机关认为犯罪嫌疑人的行为已经构成犯罪,而且应当追究其刑事责任时制作的文书,因此,写入起诉意见书中的事实必须是构成犯罪且应追究刑事责任的犯罪事实,而对于犯罪嫌疑人的违反行政法规和其他规定,受到党纪、政纪处分的事实,不得在本文书中叙述。

第三,起诉意见书是公安机关在案件侦查终结后形成的法律文书,因而,写入本文书中的犯罪嫌疑人的犯罪事实,必须是经公安机关查证属实、有确实充分的证据加以证明的事实，对于那些未经查证属实或者是没有确实证据证明的嫌疑事实，不能写入。

（2）认定犯罪事实的证据。用格式规定的规范用语"认定上述事实的证据如下："启引证据的内容。要根据案件的具体情况，有针对性地列出主要证据，写明主要证据的名称即可，不必引述证据的内容，也不必分析证据。之后，另起一个自然段写明"上述犯罪事实清楚，证据确实、充分，足以认定。"的固定用语。

（3）有关量刑的情节。写明犯罪嫌疑人是否有累犯、立功、自首等影响量刑的从重、从轻、减轻等犯罪情节。自愿认罪认罚的，简要写明相关情况。

（4）提出起诉意见的理由。按照格式规定，此部分要写明三方面内容。其一，要根据具体案情，简要说明犯罪嫌疑人的罪状，如"以非法占有为目的，采取秘密窃取手段盗窃他人财物，数额较大"或"故意剥夺他人生命"；其二，指出其行为触犯了《刑法》哪条哪款，涉嫌什么罪；其三，引述《刑事诉讼法》第一百六十二条，说明移送审查起诉的法律根据。

3. 尾部

尾部写明文书送达的同级人民检察院名称，制作文书的年月日，加盖局长印章和公安机关印章。附注内容按照格式规定，根据案情的实际情况如实填写。

（三）制作起诉意见书应注意的问题

制作起诉意见书应注意以下几个问题：

（1）起诉意见书理由部分引述法律条款要全面、完整、准确。要根据案件的具体情况，区分不同的犯罪性质，正确适用、引用法律条款。同时要注意完整，有些案件既要引用定性的条款，又要引述量刑的条款，不可有遗漏。涉及条、款、项的，要表述准确。

（2）起诉意见书送达同级人民检察院后，发现不应当移送起诉，或者人民检察院退回补充侦查后认为不应当移送起诉的，应撤回本文书。如果公安机关发现犯罪嫌疑人有新的犯罪事实，或者有新的同案犯，需要追究刑事责任的，应当重新制作起诉意见书，移送同级人民检察院审查起诉。

（3）如果被害人在公安机关侦查期间已经提出附带民事诉讼的，一定要在起诉意见书的附注处写明被害人已经提出附带民事诉讼，不得遗漏。

（四）起诉意见书的格式及实例

1. 起诉意见书的格式

×××公安局

起诉意见书

×公刑诉字〔202×〕×号

犯罪嫌疑人×××……［犯罪嫌疑人姓名（别名、曾用名、绰号等）、性别、出生年月日、出生地、身份证号码、民族、文化程度、职业或工作单位及职务、住址、政治面貌（如是人大代表、政协委员，一并写明具体级、届代表、委员），违法犯罪经历以及因本案被采取强制措施的情况。案件有多名犯罪嫌疑人的，应逐一写明各犯罪嫌疑人的身份事项］

犯罪嫌疑人涉嫌×××（罪名）一案，由×××举报（控告、移送）至我局（写明案由和案件来源，具体为单位或者公民举报、控告、上级交办、有关部门移送或工作中发现等）。简要写明案件侦查过程中的各个法律程序开始时间，如接受案件、立案的时间。具体写明犯罪嫌疑人归案情况。最后写明犯罪嫌疑人×××涉嫌×××案,现已侦查终结。

经依法侦查查明:

……………(概括叙述经侦查认定的犯罪事实,包括犯罪时间、地点、经过、手段、目的、动机、危害后果等与定罪有关的事实要素。应当根据具体案件情况,围绕刑法规定的该罪构成要件,简明扼要叙述)

(对于只有一个犯罪嫌疑人的案件,犯罪嫌疑人实施多次犯罪的犯罪事实应逐一列举;同时触犯数个罪名嫌疑人的犯罪事实应该按照主次顺序分别列举。对于共同犯罪的案件,写明犯罪嫌疑人的共同犯罪事实及各自在共同犯罪中的地位和作用后,按照犯罪嫌疑人的主次顺序,分别叙述各个犯罪嫌疑人的单独犯罪事实)

认定上述事实的证据如下:

……………(分列相关证据)

上述犯罪事实清楚,证据确实、充分,足以认定。

犯罪嫌疑人×××……(具体写明是否有累犯、立功、自首等影响量刑的从重、从轻、减轻等犯罪情节)

综上所述,犯罪嫌疑人×××……(根据犯罪构成简要说明罪状),其行为已触犯《中华人民共和国刑法》第××条之规定,涉嫌××罪。依照《中华人民共和国刑事诉讼法》第一百六十二条之规定,现将此案移送审查起诉。

此致
×××人民检察院

局长(章)
(公安局印)
二〇二×年×月×日

附:(1)本案卷宗×卷×页。
(2)随案移交物品×件。
(3)被害人×××已提出附带民事诉讼。
(所附项目根据需要填写)

2. 起诉意见书实例

××省××市公安局
起诉意见书

×公刑诉字〔202×〕49号

犯罪嫌疑人江×超,男,19××年11月10日出生,××省××市人,身份证号码21010419××1110××××,汉族,高中文化程度,××市××油脂厂工人,住××省××市友谊街×号8-6-2。20××年11月26日因涉嫌私藏枪支、抢劫罪被我局刑事拘留,同年11月29日经××市人民检察院批准,由我局执行逮捕。

犯罪嫌疑人马×明,男,19××年5月25日出生,××省××市人,身份证号码21010419××0525××××,汉族,高中文化程度,无职业,住××省××市大华街×号

7-1-1。202×年11月26日因涉嫌私藏枪支、抢劫罪被我局刑事拘留，同年11月29日经××市人民检察院批准，由我局执行逮捕。

犯罪嫌疑人江×超、马×明涉嫌私藏枪支、抢劫一案，由被害人田×涛报案至我局。我局于20××年×月×日立案侦查，犯罪嫌疑人江×超、马×明已于202×年×月×日被抓获归案。犯罪嫌疑人江×超、马×明涉嫌私藏枪支、抢劫一案，现已侦查终结。

经依法侦查查明：

202×年6月，犯罪嫌疑人江×超在山东东营一黑市上花费4 550元人民币购买一支小口径手枪。后于同年10月底找到犯罪嫌疑人马×明，预谋到××市抢劫汽车开回本市销赃，马×明当即表示同意。

202×年11月26日下午3时许，犯罪嫌疑人江×超、马×明携带小口径手枪及一把匕首等作案工具，乘客运汽车窜至××市熟悉地形。当晚8时许，两人在×区×街××花园附近搭乘被害人田×涛驾驶的一辆红色现代出租车（牌号辽×E××××）行至××区××镇××狗肉城附近时，坐在右前座位的江×超拿出匕首，坐在后座上的马×明拿出小口径手枪逼住司机田×涛。江×超说："快下车，不然宰了你！"田×涛见状弃车而逃。江×超开车行至××县高官镇××大桥时，车轮卡在桥的断裂处。两嫌疑人去村里找人抬车，被前来追捕的刑警当场抓获。

认定上述事实的证据如下：报案记录，现场勘查笔录，作案用的小口径手枪、匕首、现场追缴的汽车等，犯罪嫌疑人江×超、马×明亦供认不讳。

上述犯罪事实清楚，证据确实、充分，足以认定。

综上所述，犯罪嫌疑人江×超、马×明采取暴力手段，抢劫他人钱物，数额巨大，其行为均已触犯《中华人民共和国刑法》第二百六十三条之规定，涉嫌抢劫罪；犯罪嫌疑人江×超非法购买并私藏枪支，其行为触犯了《中华人民共和国刑法》第一百二十八条之规定，涉嫌私藏枪支罪。根据《中华人民共和国刑事诉讼法》第一百六十二条之规定，现将此案移送审查起诉。

此致
××市人民检察院

局长（章）
（公安局印）
二○二×年三月五日

附：（1）本案卷宗1卷132页。
　　（2）随案移交物品5件。
　　（3）被害人田×涛已提出附带民事诉讼。

二、撤销案件决定书

（一）撤销案件决定书的概念和制作依据

撤销案件决定书，是指公安机关在侦查过程中，发现不应当追究犯罪嫌疑人刑事责任而撤销案件时制作的法律文书。

按照《刑事诉讼法》第十六条的规定，有下列法定情形之一的，不追究刑事责任，已经追究的,应当撤销案件。包括:情节显著轻微,危害不大,不认为是犯罪的;犯罪已过追诉时效期限的;经特赦令免除刑罚的;依照刑法告诉才处理的犯罪,没有告诉或者撤回告诉的;犯罪嫌疑人、被告人死亡的;其他法律规定免予追究刑事责任的。《刑事诉讼法》第一百六十三条还规定:"在侦查过程中,发现不应对犯罪嫌疑人追究刑事责任的,应当撤销案件;犯罪嫌疑人已被逮捕的,应当立即释放,发给释放证明,并且通知原批准逮捕的人民检察院。"《公安机关办理刑事案件程序规定》第一百八十七条第一款规定:"需要撤销案件或者对犯罪嫌疑人终止侦查的,办案部门应当制作撤销案件或者终止侦查报告书,报县级以上公安机关负责人批准。"

(二)撤销案件决定书的内容和制作方法

撤销案件决定书为一纸多联填充式文书,共三联。第一联为存根联,由制作单位存档备查;第二联为文书正本,是公安机关撤销案件的凭据,存入侦查卷;第三联为文书副本,送达犯罪嫌疑人。

1. 正本

正本由首部、正文、尾部三部分组成。

(1)首部。它包括制作文书的公安机关名称、文书名称和文书编号三部分。制作时只需填写文书编号,如"×公刑撤字〔202×〕×号"。

(2)正文。这部分叙写撤销案件的原因和法律依据。在格式的空白处依次写明犯罪嫌疑人姓名和涉嫌案件的名称,如"李×盗窃案";撤销案件的原因,如"李×的行为不构成犯罪";法律根据,如"一百六十三"。

(3)尾部。尾部写明制作文书的年月日,并加盖公安机关印章。

2. 副本

副本送达犯罪嫌疑人,作为不追究其刑事责任的凭据。制作方法与正本一致。

3. 存根

存根是公安机关存档备查的一联。依次写明文书编号,案件名称,案件编号,原案件犯罪嫌疑人姓名、性别、住址、单位及职业,撤销案件原因,批准人姓名,批准时间,办案人姓名,办案单位,填发时间,填发人姓名等内容。

(三)制作撤销案件决定书应注意的问题

制作撤销案件决定书应注意以下问题:

(1)在制作本文书之前,应当制作呈请撤销案件报告书,并经县级以上公安机关负责人批准后才能制作本文书。

(2)本文书制作完毕后,在将决定书副本送达犯罪嫌疑人时,应让其在决定书正本附注注明的"本决定书副本已收到"处签名,并写明签注日期。犯罪嫌疑人死亡或有其他原因不能直接送达犯罪嫌疑人的,应送交其家属。

(四)撤销案件决定书实例

×××公安局

撤销案件决定书

(副 本)

×公(刑)撤案字〔202×〕××号

我局办理的　徐××涉嫌信用卡诈骗　案,因　该案犯罪嫌疑人徐××已死亡　,

根据《中华人民共和国刑事诉讼法》第___十六___条之规定，决定撤销此案。

公安局（印）

二〇二×年××月××日

本案决定书已收到。

原案件犯罪嫌疑人：

（捺指印）

202×年××月××日

第五节　复议复核文书

一、要求复议意见书

（一）法律依据

《刑事诉讼法》第九十二条规定，公安机关对人民检察院不批准逮捕的决定，认为有错误的时候，可以要求复议，但是必须将被拘留的人立即释放。如果意见不被接受，可以向上一级人民检察院提请复核。上级人民检察院应当立即复核，作出是否变更的决定，通知下级人民检察院和公安机关执行。《公安机关办理刑事案件程序规定》第一百四十一条第一款规定，对人民检察院不批准逮捕的决定，认为有错误需要复议的，应当在收到不批准逮捕决定书五日以内制作要求复议意见书，报经县级以上公安机关负责人批准后，送交同级人民检察院复议。

《刑事诉讼法》第一百七十九条规定，对于公安机关移送起诉的案件，人民检察院决定不起诉的，应当将不起诉决定书送达公安机关。公安机关认为不起诉的决定有错误的时候，可以要求复议，如果意见不被接受，可以向上一级人民检察院提请复核。《公安机关办理刑事案件程序规定》第二百九十四条第一款规定，认为人民检察院作出的不起诉决定有错误的，应当在收到不起诉决定书后七日以内制作要求复议意见书，经县级以上公安机关负责人批准后，移送人民检察院复议。

（二）适用条件

要求复议意见书适用于以下两种情形：

（1）公安机关认为人民检察院作出的不批准逮捕的决定有错误的。

（2）公安机关认为人民检察院作出的不起诉决定有错误的。

（三）要求复议意见书的内容和制作方法

要求复议意见书由首部、正文、尾部三部分组成。

1. 首部

首部包括制作文书的公安机关名称、文书名称、文书编号和受文单位名称四部分内容。文书编号如"×公刑要复字〔202×〕×号"。受文单位要另起一行顶格写明文书送达的同级人民检察院的名称。

2. 正文

正文包括要求复议的缘由、要求复议的理由和法律根据三部分内容。

（1）要求复议的缘由。应写明同级人民检察院作出不批准逮捕或不起诉决定书的日期、文书编号、案件名称和决定事项。案件名称应与人民检察院决定书中确定的名称一致。

（2）要求复议的理由。用"我局认为"规范用语引出理由部分。这部分内容一定要针对人民检察院作出的具体决定，结合案件的实际情况，阐明要求复议的理由。针对不批准逮捕决定提出复议的，如果检察机关认为犯罪嫌疑人的行为不构成犯罪而没有批准逮捕的，要说明犯罪嫌疑人的行为已触犯《刑法》哪条哪款，涉嫌何罪；如果检察机关认为没有逮捕必要而不批准逮捕的，则要说明对犯罪嫌疑人实施逮捕的必要性。针对检察机关不起诉决定要求复议的，如果检察机关认为犯罪嫌疑人的行为不构成犯罪而决定不起诉的，复议理由应围绕犯罪构成要件，说明犯罪嫌疑人的行为已经触犯《刑法》哪条哪款，涉嫌什么罪，依法应当追究其刑事责任；如果检察机关认为犯罪嫌疑人的行为虽已构成犯罪，但具有法定的免予追究刑事责任的情节进而作出不起诉决定的，复议理由应当说明犯罪嫌疑人不具备法定的免予追究刑事责任的事实，并提供充分的证据加以证明。

（3）法律根据。针对不批准逮捕决定而要求复议的，引述《刑事诉讼法》第九十二条，针对不起诉决定而要求复议的，引述《刑事诉讼法》第一百七十九条。之后，明确提出"特要求你院进行复议"的要求。

3. 尾部

尾部写明文书送达的人民检察院名称，制作文书的年月日并加盖公安机关印章。附注处注明卷宗几卷几页。

（四）制作要求复议意见书应注意的问题

制作要求复议意见书应注意以下问题：

（1）要求复议意见书要注重理由的阐述。制作时应当抓住要点，明确针对性，根据案件事实、证据，正确适用法律，以增强说服力。

（2）用语要讲究分寸，说理要心平气和，提出要求要客观明晰。

（3）本文书应制作一式两份，一份留公安机关存档备查，一份送达同级人民检察院。

（五）要求复议意见书实例

×××公安局
要求复议意见书

×公（刑）要复字〔202×〕×××号

××人民检察院：

你院于202×年××月××日以××检刑不批捕字〔202×〕×××号决定对涉嫌强奸罪的犯罪嫌疑人郭××不批准逮捕，我局认为犯罪嫌疑人郭××在明知被害人王××有智力残疾，缺乏正常的认识能力与意志能力的情况下，以给王××看病为名将王××骗至家中，并诱骗王××与其性交的行为，虽征得被害人王××本人的"同意"，但也属于以"其他手段"强奸妇女。现有中国残疾人联合会下发的《残疾人证》证实被害人王××系智力残疾人，残疾等级为三级，同时犯罪嫌疑人郭××亦供述其通过平时接触已认识到王××智力残疾的严重程度，故犯罪嫌疑人郭××的行为已触犯了《中华人民共和国刑法》第二百三十六条之规定，涉嫌强奸罪，且其可能对被害人王××的母亲范××实施打击报复，应予以批准逮捕。

综上所述,根据《中华人民共和国刑事诉讼法》第九十二条之规定,特要求你院进行复议。

此致
××人民检察院

(公安局印)

二〇二×年××月××日

注:附本案卷宗共　壹　卷××页。
本意见书一式两份,一份附卷,一份交检察院。

二、提请复核意见书

(一)提请复核意见书的概念和制作依据

提请复核意见书,是指公安机关要求复议的意见未被同级人民检察院所接受,并认为同级人民检察院的复议决定确有错误,依法向上一级人民检察院申明理由,请求对案件进行重新审核时制作的法律文书。

按照《刑事诉讼法》第九十二条和第一百七十九条的规定,公安机关要求复议的意见如果不被接受,可以向上一级人民检察院提请复核。《公安机关办理刑事案件程序规定》第一百四十一条第二款、第二百九十四条第二款分别规定,公安机关对人民检察院不批准逮捕或者不起诉的决定要求复议意见未被接受,认为需要复核的,应当在收到不批准逮捕复议决定书五日以内、收到不起诉复议决定书七日以内制作提请复核意见书,经县级以上公安机关负责人批准后,连同人民检察院的复议决定书,一并提请上一级人民检察院复核。

(二)提请复核意见书的内容和制作方法

提请复核意见书由首部、正文、尾部三部分组成。

1. 首部

首部制作方法与要求复议意见书类似。

2. 正文

正文包括提请复核的缘由、提请复核的理由和法律根据三部分内容。

(1)提请复核的缘由。首先写明公安机关要求复议意见书的日期、文书编号、要求复议的具体内容,然后写明同级人民检察院复议决定书的日期、文书编号、复议决定的具体内容。

(2)提请复核的理由。通常用"我局认为该院决定有误,理由是:"等惯用语引出理由部分。这部分内容必须紧紧围绕检察机关复议决定书中的决定事项和理由,结合案件的具体情况,阐明复议决定的理由不能成立的观点。如果复议决定书仍维持原不批准逮捕的决定,提请复核的理由就应针对检察机关维持原决定的理由,说明犯罪嫌疑人的行为已符合逮捕的条件,应当批准逮捕,同级人民检察院的复议决定确有错误。如果同级人民检察院的复议决定仍坚持不起诉的,提请复核的理由则应着重阐明犯罪嫌疑人的行为已涉嫌犯罪,应当追究刑事责任。

在说明提请复核的理由时,应将犯罪嫌疑人实施犯罪的要素交代清楚,以便上一级人民检察院全面清晰地了解案件情况,同时恰当地运用犯罪构成理论,说明提请复核意见的正确性，并明确地提出对案件处理的意见。

（3）法律根据。要根据提请复核的具体内容，分别引用《刑事诉讼法》第九十二条和第一百七十九条，然后写明"特提请你院对此案进行复核"的惯用语。

3. 尾部

尾部与要求复议意见书此部分写法相同。

（三）制作提请复核意见书应注意的问题

制作提请复核意见书应注意以下问题：

（1）按照法律规定，公安机关提请复核的案件，必须是经过复议的案件。若未经复议，不得直接向上一级检察机关提请复核。同时必须是公安机关要求复议的意见未被接受而认为确有复核必要的。如果确没有复核的必要，则无须制作本文书。

（2）提请复核意见书必须由原制作要求复议意见书的公安机关制作，并经县级以上公安机关负责人批准。

（3）本文书一式两份，一份由制作机关存档备查，另一份随同案卷材料一并送交上一级检察机关审查复核。

（四）提请复核意见书实例

×××公安局
提请复核意见书

×公（刑）请核字〔202×〕×××号

××人民检察院：

我局于202×年××月××日以×公（刑）要复字〔202×〕×××号文要求××人民检察院复议的郭××涉嫌强奸案，该院以××检复字〔202×〕×××号文决定维持原不批准逮捕决定，我局认为该院决定有误，理由是：犯罪嫌疑人郭××明知王××智力残疾的严重程度，仍以给王××看病为名将王××骗至家中，并诱骗王××与其发生性行为。××人民检察院以被害人王××精神病司法鉴定结论尚未作出为由，认为该案事实不清、证据不足，并维持原不批准逮捕决定。我局认为：中国残疾人联合会下发的《残疾人证》（叁级）及存档资料足以证实被害人王××智力残疾的严重程度。犯罪嫌疑人郭××采用欺骗手段，与王××发生性关系，虽征得王××"同意"，但王××承诺无效，郭××的行为属以"其他手段"强奸妇女，且其可能对被害人王××的母亲范××实施打击报复，应予批准逮捕。

综上所述，根据《中华人民共和国刑事诉讼法》第九十二条之规定，特提请你院对此案进行复核。

此致
××人民检察院

（公安局印）
二〇二×年××月××日

注：附本案卷宗共　壹　卷××页。
本意见书一式两份，一份附卷，一份交检察院。

【思考与练习】

一、根据下列材料制作一份呈请拘留报告书。

犯罪嫌疑人刘×勤在上班时因为织毛衣受到部门领导高×生的批评，并被扣发当月奖金。刘×勤对高×生十分不满。202×年4月10日，刘×勤看到高×生的4岁外孙杨×国在街心公园玩气球，心生歹意，看到周围没有人注意，就用织毛衣的铝针将杨×国的双眼刺伤（使杨×国左眼失明，右眼眼底出血）。刘×勤刺伤杨×国后跑回家。我局刑警大队立案后，迅速侦破此案，并抓获嫌疑人刘×勤。因为刘×勤的孩子只有8个月大，正在哺乳期内，于是决定对其取保候审。我队受理此案后，为查清刘×勤犯罪的具体情节，在5月3日向刘×勤送达了《传唤通知书》，令其于5月4日上午9点整到本局刑警大队案审中队接受讯问。但刘×勤借口自己"要上班"拒不到案。承办案件的××市公安局刑警大队准备对其进行拘留。

刘×勤，女，1989年2月5日生，身份证号码×××××19890205××××，出生地辽宁省××市，汉族，辽宁大学本科毕业，××市××公司出纳。现住辽宁省××市××镇××路35号楼1012号，202×年4月15日被取保候审。

二、修改下列提请批准逮捕书。

×××公安局
提请逮捕书

×公提〔202×〕11号

犯罪嫌疑人陈×，男，19××年6月20日生，民族：汉，籍贯：×省××县，文化程度：小学毕业，单位及职业：×省×市××县×乡×村农民，户籍所在地：×省×市××县×乡×村，现住址：×省×市××县×乡×村。

简历：19××年至19××年在××县×乡小学读书，19××年至今在家务农，202×年12月26日被刑事拘留。

经我局侦察，犯罪嫌疑人陈×有下列犯罪事实：

202×年12月20日晚12时许，陈在本村村民肖×家里同姚×、佟×（被害人）、徐××（被害人）打麻将赌博，徐××因钱输光，遂向陈×借100元，陈×不同意。徐举起拳头击打陈×面部数下，后被他人劝开。陈×被徐打后，怀恨在心，便产生报复心理。在回家的路上，陈×趁被害人徐××不备，照徐×背部猛刺一刀。徐×被刺后逃走，陈×仍紧追不舍，又照徐×前胸连捅数刀。徐×倒地后，陈×恐其不死，又照其后背、前胸连刺数刀，并割开徐×的脖子。陈×行凶时，佟×赶来劝阻制止，陈又对佟×连刺数刀，致使佟×造成重伤，在佟×倒地后，陈×恐其不死，又割了佟×的脖子一刀，后逃往××县其姑家，于202×年12月25日被××县公安局××派出所抓获。

上述事实证明，犯罪嫌疑人陈×的行为已触犯《中华人民共和国刑法》第二百三十二条第一款，构成杀人罪，根据《中华人民共和国刑事诉讼法》第八十一条、第八十七条之规定，特请批准逮捕。

此致
××县人民检察院

局长（印）
（公安局印）
202×年12月28日

三、根据下列材料制作一份起诉意见书。

202×年11月23日下午4时35分，××市××公安分局刑警大队接到××市××区××小区居民刘××的电话报案，声称××小区南侧小树林里看到一只麻袋，上面有很多血迹，怀疑有刑事案件。××市公安局刑侦支队副支队长张××闻讯率领刑侦技术人员来到现场。通过勘查发现麻袋里是一具女性被害人的尸体。尸体头部、左手及右腿不见了。死者上身穿红色羽绒服，下身穿黑色弹力紧身裤，内穿白色毛衣、黑绒保暖裤。脚穿褐色棉袜，白色长筒靴脱落在尸体东南十米处。尸体东侧有大量血迹，在尸体旁边发现砍刀一把，上有血迹。在尸体下面发现足迹一枚。当晚9时25分，在勘查搜索中，刑侦人员在小树林东侧一堆乱石下发现一颗女性人头。经法医对尸体和人头及菜刀上的血迹进行检验，确定人头与先前在麻袋中发现的躯干为同一人，死者系被卡住喉咙窒息而死，然后被分尸，砍刀上的血迹为死者血迹，砍刀系分尸工具。通过走访，刑侦人员得知该区××公司女职员陈×霞失踪多日。刑侦人员对陈×霞同单位职员马×、刘×访问，并请二人对尸体进行辨认，确认死者是××公司女职员陈×霞。据反映，陈×霞前一阵和男友闹分手，其男友扬言报复。案发前一天，其男友来找过她。经查，其男友是××市××区文化宫主任周×东。此人案发后一直下落不明。202×年1月14日，公安机关经过布控在××市××县××村周×东的表叔家将其抓获，202×年1月15日将其刑事拘留，1月20日经××市××人民检察院批准将其逮捕。

周×东，男，1986年4月5日出生，身份证号码×××××19860405××××，大学文化，汉族，××市人，××市××区文化宫主任，家住××市××区××路××号。1993年起上学，2000年进入××市××区××厂担任宣传科干事，历任副科长、科长。2012年调入××市××文化宫工作，2015年起任文化宫主任。

经审讯，周×东供称，与前妻离婚后，他一直想找个年轻的女性再婚。2016年5月，经别人介绍与被害人认识后，感情一直很好，但随着两人相互了解的增加，陈×霞认为周×东和其没有共同语言，年纪较大而且离过婚，提出分手，周×东一直穷追不舍，两人关系时好时坏。202×年9月，陈×霞以接受他人追求为由，再次提出终止恋爱关系。周×东认为陈×霞欺骗自己感情，怀恨在心。202×年11月22日下午6时许，周×东将陈×霞约至以前经常见面的小树林。周×东问：我们之间的关系有没有再商量的余地？陈×霞说：我不是已经说过几次了，不用再提了。其实你今天约我到这里都没有必要。周×东听后说：既然你这么狠心，我也绝不让你好好活着。说着扑上去将陈×霞压在地上掐死。为了掩饰罪行，周×东买来菜刀将陈×霞头颅割下，压在小树林的一堆乱石底下。又将陈×霞左手、右腿砍下，装在编织袋里，塞进石头，扔进城南运河中。周×东因体力不支未能继续肢解尸体，就把剩余肢体装入麻袋，丢弃在草丛中，随后逃跑。

上述事实周×东供认不讳，并且有现场勘查笔录、作案时犯罪嫌疑人所穿染有被害人血迹的衣服和与现场脚印相符合的皮鞋等为证。

第三章　检察机关法律文书

【学习目标】

1. 熟练掌握起诉书、不起诉决定书、公诉意见书、刑事抗诉书的格式、内容和写作要求。
2. 了解其他检察文书的制作和使用。

第一节　检察机关法律文书概述

检察机关是推进国家治理体系和治理能力现代化的重要参与者。推动检察工作高质量发展，是坚持全面依法治国的关键抓手，是深入推进公正司法的重要保障。这就要求检察机关在工作中做到实体正义和程序正义二者并重，规范优化办案流程。其中，检察机关法律文书是检察官专业化水平的展现，是司法文明程度的集中体现。严谨清晰的检察机关法律文书能够让司法理念、司法判断乃至司法良知可知、可见、可感。

一、检察机关法律文书的概念

检察机关法律文书又称检察法律文书或检察诉讼文书，是人民检察院在民事、刑事、行政诉讼中，履行各项检察职权而依法制作的具有法律效力的法律文书。

根据有关法律规定，人民检察院作为国家法律监督机关，在刑事诉讼中依法履行对国家工作人员职务犯罪的立案侦查、审查批准、决定逮捕、审查起诉和提起公诉；在刑事诉讼、民事诉讼和行政诉讼中履行法律监督的职权。检察机关履行检察职权、进行各种诉讼行为都必须制作相应的法律文书。

二、检察机关法律文书的种类

根据检察机关法律文书的性质和作用，检察机关法律文书可以分为以下10类：

(1) 立案文书。
(2) 侦查文书。
(3) 强制措施文书。
(4) 公诉文书。

（5）审批延长羁押期限文书。
（6）法律监督文书。
（7）民事、行政检察文书。
（8）控告、申诉文书。
（9）刑事赔偿文书。
（10）检察通用文书。

第二节　起诉书

一、起诉书的概念和适用

起诉书是人民检察院对公安机关移送审查起诉或自行侦查终结的案件进行审查后，认为被告人的行为已经构成犯罪，证据确实充分，依法应追究刑事责任，代表国家将被告人交付同级人民法院审判时所制作的法律文书。

根据《刑事诉讼法》第三条、第一百六十八条、第一百六十九条和第一百七十六条的规定，凡是需要提起公诉的案件，一律由人民检察院审查决定。起诉书既是告知已将被告人提交人民法院审判的通知，又是公开指控被告人犯罪行为的法律文件，是刑事公诉案件由审查起诉阶段进入审判阶段的重要标志。

按照审理程序的不同，起诉书可以分为普通程序案件适用的起诉书、简易程序案件适用的起诉书和单位犯罪适用的起诉书。

二、起诉书的内容和制作要求

从结构上划分，起诉书可以分为三个部分。

（一）首部

1. 标题

标题由制作的人民检察院名称和文种构成，分行居中列写，除最高人民检察院外，各地方人民检察院的名称前应写省（自治区、直辖市）的名称，如"××省××市人民检察院起诉书"。如果涉及外国人或者无国籍人的案件，在人民检察院的名称之前还应冠以"中华人民共和国"字样，如："中华人民共和国广东省××市人民检察院起诉书"。

2. 文书编号

文书编号分别由院名代字、部门代字、文书简称、年度、序号组成。例如："沈检刑诉〔2024〕26号"。

（二）被告人基本情况

（1）被告人是自然人的，应当依次写明被告人姓名、性别、出生年月日、出生地、身份证号码、民族、文化程度、职业或工作单位及职务、住址、是否受过刑事处罚、被拘留或逮捕的年月日，在押被告人的羁押处所、取保候审或监视居住的时间等内容。被告人是法人的，应当写明犯罪法人名称、所在地址，法定代表人姓名、职务，如果有应当负刑事责任的"主管人员或其他直接人员"，则应按照自然人中的被告人的基本情况内容叙写。

（2）被告人如有与案情有关的曾用名、别名、化名或者绰号的，应当在其姓名后面用括号注明；被告人是外国人的，应当在其中文译名后注明外文姓名。

（3）被告人的出生日期一般应以公历为准，如果确实查不清出生日期的，可以注明年龄。

（4）对尚未办理身份证的，应当注明。

（5）被告人是外国人的，应注明国籍、护照号码、国外居所。

（6）对自然人犯罪、单位犯罪并存时，在叙写被告单位、被告人情况时，应先叙述被告单位、法定代表人及有关属于责任人员的被告人的情况，再叙述一般的自然人被告人的情况。

（7）对被告人曾受过行政处罚、刑事处罚的，应当在起诉书中写明。其中，行政处罚限定于与定罪有关的情况。一般应先写收到行政处罚的情况，再写受到刑事处罚的情况。叙写行政处罚时，应注明处罚的时间、种类、处罚单位；叙写刑事处罚时，应当注明处罚的时间、原因、种类、决定机关、释放时间。

（8）对采取强制措施情况的叙写，必须注明原因、种类、批准或者决定的机关和时间、执行的机关和时间。被采取过多种强制措施的，应按照执行时间的先后分别叙写。

（三）案由和案件来源

这部分写明公安机关（或国家安全机关、监狱）移送起诉侦查终结后，何时移送人民检察院起诉，以及检察机关受理案件后所作的主要工作。叙写退回补充侦查、延长审查起诉期限时应注明日期、缘由。

（四）案件事实

案件事实部分是起诉书的重点。叙写案件事实，应当注意以下几点：

（1）对诉讼书所指控的所有犯罪事实，无论是一人一罪、多人一罪，还是一人多罪、多人多罪，都必须逐一列举。

（2）叙述案件事实，要按照合理的顺序进行。一般可按照时间先后顺序；一人多罪的，应当按照各种犯罪的轻重顺序叙述，把重罪放在前面，把次罪、轻罪放在后面；多人多罪的，应当按照主犯、从犯或者重罪、轻罪的顺序叙述，突出主犯、重罪。

（3）叙写案件事实时，可以根据案件事实的不同情况，采取适当的表述方式，具体应当把握以下原则：对重大案件、具有较大影响的案件、检察机关直接受理立案侦查的案件，都必须详细写明具体犯罪事实的时间、地点、实施行为的经过、手段、目的、动机、危害后果和被告人案发后的表现及认罪态度等内容，特别要将属于犯罪构成要件或者与定罪量刑有关的事实要素列为重点。既要避免发生漏洞，也要避免将没有证据证明或者证据不足，以及与定罪量刑无关的事项写入起诉书，做到层次清楚、重点突出。对一般刑事案件，通常也应当详细写明案件事实，但对其中作案多起但犯罪手段、危害后果等方面相同的案件事实，可以先对相同的情节进行概括叙述，然后再逐一列举出每起事实的具体时间、结果等情况，而不必详细叙述每一起犯罪事实的过程。

（4）对共同犯罪案件中有同案犯在逃的，应在其后写明"另案处理"字样。

（五）证据

应当在起诉书中指明证据的名称、种类，如："1. 物证：……2. 书证：……3. 证人证言：……4. 视听资料、电子数据……"但不必对证据与事实、证据与证据之间的关系进行具体分析、论证。叙写证据时，一般应当采取"一事一证"的方式，即在每一起案件事实后，写明据以认定的主要证据。对于作案多起的一般刑事案件，如果案件事实是概括叙述的，证据的叙写也可以采取"一罪一证"的方式，即在该种犯罪后概括写明主要证的种类,而不再指出认定每一起案件事实的证据。认定的证据概括地说明为:"以上犯罪事实清楚、证据确实充分,足以认定"。

(六)起诉的要求和根据

(1)对行为性质、危害程度、情节轻重,要结合犯罪的各构成要件进行概括性的表述,突出本罪的特征,语言要精练、准确。

(2)对自然人犯罪、单位犯罪并存时,按照先单位犯罪、后自然人犯罪的顺序叙写。

(3)对于量刑情节的认定,应当遵循如下原则:对于具备轻重不同的法定量刑情节,一般应当在起诉书中作出认定。但对于适用普通程序的案件,涉及自首、立功等可能因特定因素发生变化的情节,也可以在案件事实之后仅对有关事实作客观表述。对于酌定量刑情节,可以根据案件的具体情况,从有利于出庭支持公诉的角度出发,决定是否在起诉书中作出认定。

(七)尾部

(1)起诉书应当署具体承办案件公诉人的法律职务和姓名。

(2)起诉书的年月日,为签发起诉书的日期。

(3)附项。分别写明被告人羁押的处所及取保候审或监视居住的处所,本案证据目录、证人名单及主要证据复印件或者照片清单,被害人提出的附带民事诉讼情况等。

三、制作起诉书应注意的问题

(一)在制作适用普通程序案件适用的起诉书时应注意的问题

(1)被告人是又聋又哑人或者盲人的,应当在其姓名后面具体注明。

(2)起诉书使用数字时,除文书编号、顺序号、年月日、机械型号、材料目录、百分比等专业用语和其他使用阿拉伯数字比较适宜外,一般用汉字书写。引用法律条款项数字时,应当用汉字。

(二)在制作单位犯罪案件适用的起诉书时应注意的问题

(1)当自然人犯罪、单位犯罪并存时,先叙述被告单位。

(2)人民检察院在提起刑事附带民事诉讼时,不要将刑事附带民事诉讼起诉书与刑事起诉书混在一起,应单独制作文书。

四、起诉书的格式和实例

(一)起诉书的格式

1. 自然人犯罪案件起诉书的格式

×××人民检察院

起 诉 书

检刑诉〔 〕××号

被告人……(写明姓名、性别、出生年月日、身份证号码、民族、受教育程度、职业或者工作单位及职务、住址、曾受到行政处罚或刑事处罚的情况和因本案采取强制措施的情况等)

本案由×××(监察/侦查机关)调查/侦查终结,以被告人×××涉嫌×××罪,于××××年××月××日向本院移送起诉。本院受理后,于××××年××月××日已告知被告人有权委托辩护人，××××年××月××日已告知被害人及其法定代理人（近亲属）、附带民事诉讼的当事人及其法定代理人有权委托诉讼代理人，依法讯问了被告人，听取了被害人的诉讼代理人×××和被告人的辩护人×××的意见，审查了全部案件材料……（写明退回补充侦查、延长审查起诉期限等情况）

［对于侦查机关移送审查起诉的需变更管辖权的案件，表述为："本案由×××（侦查机关）侦查终结，以被告人×××涉嫌×××罪，于××××年××月××日向×××人民检察院移送审查起诉。×××人民检察院于××××年××月××日转至交由本院审查起诉。本院受理后，于××××年××月××日已告知被告人有权……"］

（对于本院侦查终结并审查起诉的案件，表述为："被告人×××涉嫌×××罪一案，由本院侦查终结。本院于××××年××月××日已告知被告人有权……"）

［对于其他人民检察院侦查终结的需变更管辖权的案件，表述为："本案由×××人民检察院侦查终结，以被告人×××涉嫌××罪移送审查起诉，×××人民检察院于××××年××月××日转至（交由）本院审查起诉。本院受理后，于××××年××月××日已告知被告人有权……"］

经依法审查查明：

（写明经检察机关审查认定的犯罪事实，包括犯罪时间、地点、经过、手段、目的、动机、危害后果等与定罪有关的事实要素。应当根据具体案件情况，围绕刑法规定的该罪构成要件叙写）

（对于只有一个犯罪嫌疑人的案件，犯罪嫌疑人实施多次犯罪的犯罪事实应逐一列举；同时触犯数个罪名的犯罪嫌疑人的犯罪事实应该按照主次顺序分类列举。对于共同犯罪的案件，写明犯罪嫌疑人的共同犯罪事实及各自在共同犯罪中的地位和作用后，按照犯罪嫌疑人的主次顺序，分别叙写各个犯罪嫌疑人的单独犯罪事实）

认定上述事实的证据如下：

…………（针对上述犯罪事实，分类罗列相关证据）

本院认为，……（概括论述被告人行为的性质、危害程度、情节轻重），其行为触犯了《中华人民共和国刑法》第×××条（引用罪状、法定刑条款），犯罪事实清楚，证据确实充分，应当以×××罪追究其刑事责任。根据《中华人民共和国刑事诉讼法》第一百七十六条的规定，提起公诉，请依法判处。

此致
×××人民法院

检察官　×××
检察官助理　×××
年　月　日
（院印）

附：

（1）被告人现在处所。具体包括在押被告人的羁押场所或监视居住、取保候审的处所。

（2）案卷材料和证据××册。

(3) 证人、鉴定人、需要出庭的专门知识的人的名单，需要保护的被害人、证人、鉴定人的名单。

(4) 有关涉案款物情况。

(5) 被害人（单位）附加民事诉讼情况。

(6) 其他需要附注的事项。

2. 单位犯罪案件起诉书的格式

×××人民检察院

起 诉 书

检刑诉〔　　〕××号

被告单位……（写明单位名称、住所地、法定代表人姓名、职务等）

诉讼代表人……（写明性别、年龄、工作单位、职务）

被告人……（写明直接负责的主管人员、其他直接责任人员的姓名、性别、出生年月日、身份证号码、民族、文化程度、职业或者工作单位及职务、住址，曾受到刑事处罚以及与本案定罪量刑相关的行政处罚的情况和因本案采取强制措施的情况等）

本案由×××（侦查机关）调查/侦查终结，以被告单位×××涉嫌×××罪，被告人×××涉嫌×××罪，于××××年××月××日向本院移送审查起诉。本院受理后，于××××年××月××日已告知被告单位和被告人有权委托辩护人，××××年××月××日已告知被害人及其法定代理人（或者近亲属）、被害单位及其诉讼代表人、附带民事诉讼的当事人及其法定代理人有权委托诉讼代理人，依法讯问了被告人，听取了被害人的诉讼代理人×××和被告单位的辩护人×××、被告人的辩护人×××的意见，审查了全部案件材料。……（写明退回补充侦查、延长审查起诉期限等情况）

[对于侦查机关移送审查起诉的需变更管辖权的案件，表述为："本案由×××（侦查机关）侦查终结，以被告单位×××涉嫌×××罪，被告人×××涉嫌×××罪，于××××年××月××日向×××人民检察院移送审查起诉。×××人民检察院于××××年××月××日转至本院移送审查起诉。本院受理后，于××××年××月××日已告知被告人有权……"]

（对于本院侦查终结并审查起诉的案件，表述为："被告单位×××涉嫌×××罪，被告人×××涉嫌×××罪一案，由本院侦查终结。本院于××××年××月××日已告知被告人有权……"）

[对于其他人民检察院侦查终结的需变更管辖权的案件，表述为："本案由×××人民检察院侦查终结，以被告单位×××涉嫌××罪，被告人×××涉嫌××罪移送审查起诉，×××人民检察院于××××年××月××日转至（交由）本院审查起诉。本院受理后，于××××年××月××日已告知被告人有权………"]

经依法审查查明

…………（写明经检察机关审查认定的犯罪事实，包括犯罪时间、地点、经过、手段、目的、动机、危害后果等与定罪、量刑有关的事实要素。应当根据具体案件情况，围绕刑法规定的该罪构成要件叙写）

认定上述事实的证据如下：

…………（针对上述犯罪事实，分类罗列相关证据）

本院认为，……（分别概括论述被告单位、被告人行为的性质、危害程度、情节轻重），其行为触犯了《中华人民共和国刑法》第×××条（引用罪状、法定刑条款），犯罪事实清楚，证据确实充分，应当以×××罪追究其刑事责任。根据《中华人民共和国刑事诉讼法》第一百七十六条的规定，提起公诉，请依法判处。

　　　　　此致
×××人民法院

检察官　×××
检察官助理　×××
年　月　日
（院印）

附：
(1) 被告人现在处所。具体包括在押被告人的羁押场所或监视居住、取保候审的处所。
(2) 案卷材料和证据。
(3) 证人、鉴定人、需要出庭的专门知识的人的名单，需要保护的被害人、证人、鉴定人的名单。
(4) 有关涉案款物情况。
(5) 被害人（单位）附加民事诉讼情况。
(6) 其他需要附注的事项。

（二）起诉书实例

××省××市人民检察院
起　诉　书

××检刑诉〔202×〕××号

被告人王×强，男，1977年××月××日出生，××市人，汉族，初中文化程度，无职业，住××省××市××镇××村××组。因本案于202×年1月12日被刑事拘留，202×年1月18日经××市人民检察院批准逮捕，同年1月19日被逮捕，现在押。

被告人马×兴，又名马×英，男，1985年××月××日出生，××市人，汉族，高中文化程度，无职业，住××省××市××镇××村××组。因本案于202×年1月12日被刑事拘留，202×年1月18日经××市人民检察院批准逮捕，同年1月19日被逮捕，现在押。

被告人梁×峰，又名梁×国，化名洪×才，男，1988年××月××日出生，××市人，汉族，初中文化程度，无职业，住××省××市××区××号。因本案于202×年1月12日被刑事拘留，202×年1月18日经××市人民检察院批准逮捕，同年1月19日被逮捕，现在押。

被告人杨×国，化名张×德，男，1999年××月××日出生，××市人，汉族，初中文化程度，无职业，住××省××市××区××路××号3-5-2。因本案于202×年1月12日被刑事拘留，202×年1月18日经××市人民检察院批准逮捕，同年1月19日被逮捕，现在押。

被告人赵×涛，化名许×友，男，2000年××月××日出生，××市人，汉族，初中文化程度，无职业，住××省××市××乡××村。因本案于202×年1月12日被刑事拘留，202×年1月18日经××市人民检察院批准逮捕，同年1月19日被逮捕，现在押。

本案由××市公安局侦查终结，以被告人王×强、马×兴、梁×峰、杨×国、赵×涛涉嫌运输、贩卖毒品，非法持有毒品罪，于202×年4月9日向本院移送审查起诉。本院受理后，于202×年4月13日已告知五被告人有权委托辩护人，依法讯问了被告人，审查了全部案件材料。

经依法审查查明：

202×年1月10日，被告人王×强、马×兴、梁×峰结伙前往本市华峰大酒店附近，从一辆云南牌照的卡车上接取毒品海洛因藏匿，伺机进行贩卖。案发后，从被告人王×强使用的本市××新区××路××号502室查获海洛因20 732克；从被告人马×兴借住的本市××新区××路××号203室查获毒资45万余元人民币；从被告人梁×峰借住的本市鸿凯酒店402室查获毒资143万余元人民币。

202×年1月11日，被告人王×强经被告人梁×峰介绍，在本市××区××大桥桥头处，以每克人民币260元的价格将691克海洛因卖给被告人杨×国，得款人民币179 660元。

202×年1月12日，被告人赵×涛受人指使前往租借的本市万科城市花园5区××号××室，拿取存放在该室密码箱内两块海洛因中的一块计343克时，被公安机关侦查人员人赃俱获，并当场缴获密码箱内海洛因827克。

认定上述事实的证据如下：

××市公安局依法调取的证人证言，从各被告人处收缴的毒品海洛因及毒资、汽车等作案工具。被告人王×强、马×兴、梁×峰、杨×国、赵×涛等亦供认不讳。

上述犯罪事实清楚，证据确实充分，足以认定。

本院认为，被告人王×强、马×兴、梁×峰、杨×国、赵×涛无视国家法律，参与贩卖毒品，数量分别达21 423克、20 732克；被告人梁×峰居间介绍买卖毒品691克，被告人杨×国以贩卖为目的收买毒品海洛因691克，被告人赵×涛参与贩卖毒品343克，其行为均已触犯了《中华人民共和国刑法》第三百四十七条、第三百四十八条之规定，应当以贩卖毒品罪及非法持有毒品罪追究其刑事责任。五被告人贩卖、非法持有毒品数量特别巨大，依法应予严惩。被告人赵×涛曾因贩毒被判处有期徒刑，刑满释放后不思悔改，参与贩卖海洛因343克，其行为已构成累犯，应当从重处罚。为严肃国家法治，维护社会管理秩序，根据《中华人民共和国刑事诉讼法》第一百七十六条的规定，特提起公诉，请依法判处。

此致
××省××市中级人民法院

检察官：×××
检察官助理：×××
（院印）
二〇二×年四月二十三日

附：

(1) 被告人王×强、马×兴、梁×峰、杨×国、赵×涛现羁押于××市看守所。
(2) 主要证据复印件3册。
(3) 证据目录1份。
(4) 证人名单1份。
(5) 本案案卷材料共4册。

第三节 不起诉决定书

一、不起诉决定书的概念和适用

不起诉决定书是人民检察院对监察机关或者公安机关移送起诉的案件进行审查后，认为被不起诉人的行为不构成犯罪或依法不应当追究刑事责任而作出不起诉处理决定的法律文书。

不起诉决定书是人民检察院代表国家作出的认定无罪或者不追究刑事责任的凭证，因而具有终止本案刑事诉讼的法律效力。

正因为不起诉决定书具有终止刑事诉讼的法律效力，因而能够相对地减少人民法院审判工作量，有利于提高人民法院办案质量。另外，不起诉决定书还具有保证无罪的人不受追诉，确保公民合法权益不受侵犯的作用。

二、不起诉决定书的内容和制作要求

不起诉决定书由首部、正文和尾部三部分组成。

（一）首部

(1) 标题，由检察机关名称和文种名称组成，位置居中，分两行排列。机关名称要写全称。

(2) 文书编号由机关代字、文书简称、年份及年度发文序号组成。如"×检刑不诉〔2024〕12号"。

（二）正文

(1) 被不起诉人的基本情况。根据刑事诉讼法的有关规定，对此项应当使用"被不起诉人"这一规范称呼。这一部分项目的列写方法与起诉书的相应部分写法基本相同。如系被不起诉单位，则应写明名称、住所地，并称呼为"被不起诉单位"。

(2) 辩护人的基本情况。

(3) 案由和案件来源。其中"案由"应当写移送审查起诉时或者侦查终结时认定的行为性质，而不是审查起诉部门认定的行为性质。"案件来源"包括监察、公安、安全机关移送、本院侦查终结、其他人民检察院移送等情况。

(4) 事实。事实部分的写法基于三种法定情形，因案而异。事实大体有三种写法：

第一，绝对不起诉案件事实部分写法。根据侦查机关的起诉意见书，概括写明侦查机关移送起诉认定的事实和证据情况，然后写明本院审查起诉中出现了《刑事诉讼法》第十六条规定中的某一具体情形。属于只是确定案件性质错误的，不写事实，只需在案由部分作出交代即可。凡公安机关认定的事实并无出入，只是确定案件性质不当，属于"情节显

著轻微、危害不大，不认为是犯罪的"情形，混淆罪与非罪界限的，应当具体叙述本案审查认定的情形；而认定事实与侦查机关一致，只是性质看法不一的，着重直接论证理由，并写明"不认为是犯罪"。

第二，存疑不起诉案件事实部分写法。属于侦查机关认定事实错误的案件，可以先概括写明移送起诉意见书认定的事实，再简要写明经补充侦查仍然证据不足、不符合起诉条件的情况，也可以将侦查部门错误认定的事实和检察院查证的、真实的事实进行对照叙述，使人一目了然。具体写为："原认定：……（侦查部门认定的事实和证据）经查：……（检察院查明的事实、证据）"如果案情较为复杂，内容较多的，可以分条或分段列写。

第三，相对不起诉案件事实部分应当写明包括事实和证据两方面的内容，先写事实，后写相应证据。

属于适用法律不当的案件，由于在认定事实上一般与侦查部门不存在不同看法，因此，对事实只作简要叙述即可。但是，要抓住那些造成适用法律认识分歧的关键部分，详细地加以叙写，以便为后面的论证理由提供依据。例如防卫过当的案件，就要把加害人的不法侵害行为和被不起诉人的防卫行为，作出明确对比的叙述，把事实经过交代清楚。只有这样，在论证理由部分，对被不起诉人的行为是否属于防卫过当，才能作出有根有据的准确判断。

（5）不起诉决定的理由、不起诉法律根据和决定事项。这是不起诉决定书的结论部分，重点是阐明为什么不起诉。它包括三个方面的内容：

第一，不起诉决定的理由。这是对认定案件事实的法理分析和归纳。重点阐明为什么不起诉。理由的写法也是因案而异的：属于确定性质错误，混淆罪与非罪界限的案件，着重论证被不起诉人行为不构成犯罪及其理由。同时明确肯定被不起诉人行为的性质是轻微违法、违纪的行为，还是违反道德的行为。属于侦查部门认定事实错误的案件，在前面的事实部分已经作过详细的叙述，澄清了事实真相，理由部分则无须再加以重复叙述。其他类型的案件，可以根据具体案情，依事论理。属于法律适用不当的案件，必须援引相关法律条文，提出正确的观点和充分的理由。属于其他情况，例如犯罪行为已过追诉时效期限的，或者是被不起诉人死亡的，则可引用有关法律条文加以说明，亦无须多加论证。但是，不论采用何种写法，都应与事实部分相呼应，与法定理由相适应，不能超出法定范围。

第二，不起诉法律根据。要根据不同的案件，引用相应的法律规定。绝对不起诉的，应引用我国《刑事诉讼法》第十六条、第一百七十七条第一款。存疑不起诉的，应当引用《刑事诉讼法》第一百七十五条第四款。相对不起诉的，根据法律规定的精神，应当先写明触犯的《刑法》条款和《刑法》有关不需要判处刑罚或者免除刑罚的条款，再引用《刑事诉讼法》第一百七十七条第二款。引用法律要写全称。

第三，决定事项。决定事项要肯定、明确，如"决定对×××不起诉"。

（6）告知事项。写明对被不起诉人和被害人告知申诉事项；凡是有被害人的案件，应当根据《刑事诉讼法》第一百八十条的规定写明被害人享有申诉权及起诉权。

（三）尾部

（1）署名部分统一署某检察院院名。

（2）本文书的具文日期应当是签发日期。

(四) 其他

(1) 不起诉决定书以个人为单位制作。

(2) 不起诉决定书应当有正本、副本之分,其中正本一份归入正卷,一份发送被不起诉人,副本发送辩护人及其所在单位、被害人或者其近亲属及其诉讼代理人、侦查机关(部门)。

三、制作不起诉决定书应注意的问题

(1) 对于经审查认为犯罪嫌疑人没有犯罪事实,或者犯罪行为不是犯罪嫌疑人所为的案件,应由侦查机关(部门)撤销案件,而不能由检察机关作出不起诉决定。

(2) 不起诉分为绝对不起诉(法定不起诉)、相对不起诉(酌定不起诉)和存疑不起诉(证据不足不起诉)。制作不起诉决定书时,应注意其适用范围和法律依据的不同,在事实叙述尤其是理由阐述中抓住重点,体现不同情况文书内容的区别。

四、不起诉决定书的格式和实例

(一) 不起诉决定书的格式

×××人民检察院
不起诉决定书

×检刑不诉〔××××〕×号

被不起诉人……[被不起诉人的姓名、性别、出生年月日、身份证号码、民族、文化程度、职业或工作单位及职务(国家机关工作人员利用职权实施的犯罪,应当写明犯罪期间在何单位任何职)、住址、是否受过刑事处罚以及采取强制措施的种类、时间、决定机关]

(如被不起诉单位,应当写明名称、住所地等)

辩护人……(姓名、单位)

案由和案件来源根据不同情况撰写:

如果是公安机关侦查终结的案件,应写明"本案由×××(监察/侦查机关名称)调查/侦查终结,以被不起诉人×××涉嫌×××罪,于××××年××月××日移送本院审查起诉"。

如果是本院侦查终结的案件,应写明"被不起诉人×××涉嫌×××罪一案,由本院侦查终结,于××××年××月××日移送起诉或不起诉"。

如果案件是其他人民检察院移送的,此处应当将指定管辖、移送单位以及移送时间写明;如果案件曾经退回补充调查/侦查,应当写明退回补充调查/侦查的日期、次数及再次移送起诉的时间。

案件事实情况。根据《刑事诉讼法》第十六条、第一百七十五条第四款、第一百七十七条第二款作出的三种不起诉,分别写明:

(1) 如果是根据《刑事诉讼法》第十六条规定决定不起诉的,简要写明案件事实及《刑事诉讼法》第十六条规定的情形之一。

(2) 如果是根据《刑事诉讼法》第一百七十五条第四款决定不起诉的,应当简要写明

经补充侦查仍然证据不足、不符合起诉条件的情况。

（3）如果是根据《刑事诉讼法》第一百七十七条第二款的规定不起诉的，应当简要写明案件事实和认定情节轻微，依照刑法规定不需要判处刑罚或应免除刑罚的根据。

不起诉理由、法律依据和决定事项：以"本院认为"开头，根据三种不起诉的情况，结合具体案件情况，概述行为性质、情节、危害结果、法律责任。其中，对相对不起诉，即如果是根据《刑事诉讼法》第一百七十七条第二款规定决定不起诉的，要写明被不起诉人触犯的刑法条款，然后写明"犯罪情节轻微，依照《刑法》规定不需要判处刑罚或应免除刑罚的"情形。另外，在具体撰写时，要注意根据三种不起诉的情形分别叙述理由、法律依据和决定事项，使三者相一致。

告知事项。根据法律规定的被害人、被不起诉人的权利分别写明相关权利。

×××人民检察院
（院印）
年　月　日

（二）不起诉决定书实例

实例一

××市××区人民检察院
不起诉决定书

×检刑不诉〔202×〕××号

被不起诉人胡三喜，男，1975年1月1日出生，××省××县人，汉族，初中文化程度，系××市××精细化学有限公司工人，住××市××××厂家属区××号楼×单元1层2号。202×年2月11日因涉嫌故意伤害致人死亡被××市公安局××分局刑事拘留，同年2月26日经本院批准由××市××区公安分局执行逮捕。现羁押于××区公安分局看守所。

辩护人崔继革，××市××律师事务所律师。

被不起诉人胡三喜故意伤害致人死亡一案，由××市公安局××区公安分局侦查终结，于202×年3月24日移送本院审查起诉。

经依法审查查明：

202×年1月11日17时许，被不起诉人胡三喜去邻居马星空家找自己妻子刘淑云，正好碰到马星空与刘淑云一起喝酒。马星空邀请胡三喜一起喝酒。酒后胡三喜与刘淑云发生争执，被不起诉人胡三喜抓住刘淑云头发，朝其脸部打了一拳后离开现场。胡三喜走后不久，刘淑云瘫倒在地上死亡。

上述事实，有报案材料、物证、书证、证人证言、现场勘查笔录、尸体检验报告等证据为证，被不起诉人胡三喜亦供认不讳。

本院认为，被不起诉人胡三喜虽然客观上殴打被害人刘淑云，但经过法医鉴定被害人刘淑云死亡原因是先天性心脏病发作，并非出于被不起诉人的故意或过失，被不起诉人的行为与被害人死亡结果之间没有直接因果关系，根据《中华人民共和国刑法》第十六条之规定不构成犯罪。故本院依照《中华人民共和国刑事诉讼法》第十六条第一项、第一百七十七条第一款之规定，决定对胡三喜不起诉。

被害人亲属如果不服本不起诉决定，可自收到本决定书后七日以内向××市人民检察院申诉，请求提起公诉；被害人亲属也可以不经申诉，直接向××市××区人民法院起诉。

××市××人民检察院
（院印）
二〇二×年四月十一日

实例二

深圳市××区人民检察院
不起诉决定书

深×检刑不诉〔20××〕19号

被不起诉人农××，男，1992年7月20日出生，深圳市人，身份证号码××××××19920720××××，汉族，高中文化程度，无职业，住深圳市××区××镇××村××组××号。因本案于20××年1月14日被深圳市××区公安分局刑事拘留，同年1月18日经本院批准依法逮捕。现羁押于深圳市××区看守所。

被不起诉人农××涉嫌抢劫一案，由深圳市××区公安分局侦查终结，于20××年4月18日向本院移送审查起诉。

深圳市××区公安分局起诉意见书认定：20××年1月8日早9时30分许，被不起诉人农××伙同韦×涛、"进×佬"经预谋在深圳市××区××村电子厂附近计划实施抢劫。当被害人唐×逊经过此地时，三人冲上前去，韦×涛从后面勒住被害人颈部，农××上前抢夺其手上的天时达手机，"进×佬"也上前抓住唐的手。因唐极力反抗，"进×佬"便从上衣口袋中掏出尖刀刺向他右颈处，韦×涛随后用力将他拉倒在地。三人抢得手机后逃离现场。当天下午1时许，农××与其二叔农×康到××区××市场销售抢劫所得手机，因价格未谈拢没有卖出。当天下午4时许，农××独自一人再次来到××市场，将手机以350元的价格卖给××荣。

经本院审查，被不起诉人农××在犯罪时间上存在疑问。被告人同居女友农英及邻居梁丹华均证实，案发当日9时15分农英离家上班时，被不起诉人农××仍在家中。而案发现场距被不起诉人住处34公里，上述情节属实则被不起诉人案发时不可能出现在现场。其他如犯罪手段及手机来源方面仍不清楚。经两次退回原侦查机关补充侦查后，侦查机关未能按照要求提供相应证据。鉴于案件证据不足，不符合起诉条件。经本院检察委员会讨论，依照《中华人民共和国刑事诉讼法》第一百七十五条第四款之规定，决定对农××不起诉。

被害人如果不服本决定，可自收到本决定书后七日以内向深圳市人民检察院申诉，请求提起公诉；被害人也可以不经申诉，直接向深圳市××区人民法院起诉。

深圳市××区人民检察院
（院印）
二〇××年五月十五日

实例三

××市××区人民检察院
不起诉决定书

××检刑不诉〔20××〕19号

被不起诉人王×娜，女，2000年7月27日出生，××市人，身份证号码××××××20000727××××，汉族，大学文化程度，××外语学院西语系学生，住××市××区××大学北校区女生公寓×楼××××号。因本案于20××年3月7日被××市××区公安分局刑事拘留，同年3月12日经本院批准依法逮捕。现羁押于××市××区看守所。

被不起诉人王×娜涉嫌盗窃一案，由××市××区公安分局侦查终结，于20××年4月22日向本院移送审查起诉。

经依法审查查明：

被不起诉人王×娜为筹措吸脂手术费用，于20××年3月1日下午，在其所居住的寝室内盗窃被害人张×丹××笔记本电脑一台，价值人民币4 800元；盗窃被害人陈×芝××笔记本电脑一台，价值人民币2 530元。被不起诉人王×娜作案后将盗窃所得赃物分别以2 500元、1 300元卖给××电子市场商户。

案发后，被不起诉人王×娜于20××年3月7日投案自首，并赔偿两位被害人13 800元，取得两位被害人的谅解。

上述事实，有证人证言、现场勘查笔录、被不起诉人学校出具的情况说明、两被害人出具的谅解书及被不起诉人供述等为证，事实清楚，证据确实充分，足以认定。

本院认为，被不起诉人王×娜无视国法，采用秘密窃取的手段盗窃他人财物，且数额较大，其行为触犯了《中华人民共和国刑法》第二百六十四条之规定，已构成盗窃罪。但鉴于被不起诉人王×娜系在校学生，犯罪后能够主动投案自首，并积极赔偿被害人损失，罪行较轻，本着惩罚和教育相结合的原则，根据《中华人民共和国刑事诉讼法》第一百七十七条第二款之规定，决定对王×娜不起诉。

被不起诉人如果不服本决定，可自收到本决定书后七日以内向本院提出申诉。

被害人如果不服本决定，可自收到本决定书后七日以内向××市人民检察院申诉，请求提起公诉；被害人也可以不经申诉，直接向人民法院起诉。

××市××区人民检察院
（院印）
二○××年五月二十二日

实例四

××县人民检察院
不起诉决定书

×检刑附不诉〔202×〕01号

犯罪嫌疑人郭×海，又名郭×锋，男，1990年4月2日出生，身份证号码××××××19900402××××，汉族，××省××县人，初中文化，农民，住××省××县××镇××街××号，202×年2月27日因涉嫌滥伐林木罪被××县公安局取保候审，202×年3

月5日被我院取保候审。

犯罪嫌疑人刘×强，又名刘××，男，1991年5月29日出生，身份证号码××××××19910529××××，汉族，××省××县人，初中文化，农民，住××省××县××镇××街文化站，202×年2月27日因涉嫌滥伐林木罪被××县公安局取保候审，202×年3月5日被我院取保候审。

本案由××县公安局侦查终结，以犯罪嫌疑人郭×海、刘×强涉嫌滥伐林木罪，于202×年3月28日移送本院审查起诉。

经依法审查查明：

202×年1月4日，犯罪嫌疑人郭×海、刘×强与他人合资22 000元，由刘×强出面承包了××县××镇××村××小组南洼的洋槐林。双方承包协议约定：承包期限为五年，承包期内洋槐树的产权归承包人所有，并由承包人负责补植管护。202×年1月29日，犯罪嫌疑人郭×海、刘×强未经林业主管部门批准，私自决定砍伐所承包的洋槐林。1月30日中午11时许，郭×海携带手锯两把，和刘×强来到所承包的洋槐林，砍伐洋槐树13棵，截成圆木31根（其中2.4米长的30根，1.8米长的1根）。经延安市桥山林业局鉴定：材积1.57立方米，合立木蓄积5.233 3立方米。次日中午12时许，犯罪嫌疑人郭×海与刘×强从隆坊街购买油锯1台，携带手锯3把，并雇用他人再次来到所承包的洋槐林，砍伐洋槐树7棵，截成圆木64根（其中2米长的62根，1.3米长的1根，1.2米长的1根）。经××市××林业局鉴定：材积2.86立方米，合立木蓄积9.533立方米。

犯罪嫌疑人郭×海、刘×强先后两次共砍伐其所承包的洋槐树20棵，材积共计4.43立方米，合立木蓄积共计14.766 3立方米。所伐木材及砍伐工具均被扣押。

上述犯罪事实清楚，证据确实、充分，足以认定。

本院认为，犯罪嫌疑人郭×海、刘×强未经林业主管部门批准，擅自砍伐其所承包的林木，数量较大，已触犯《中华人民共和国刑法》第三百四十五条第二款之规定，涉嫌滥伐林木罪。案发后，二人深刻认识到自己行为的错误性，主动要求补植，恢复森林资源。目前，补植工作已经完成，最大限度地弥补了对森林资源造成的损害，足以体现二人悔罪态度良好，主观恶性较小，社会危害性较小。二人一贯表现良好，且有固定住所，具备帮教条件。因此，现决定对犯罪嫌疑人郭×海、刘×强作附条件不起诉，设定考察期六个月，考察期满后，根据考察情况向法院提起公诉或作不起诉处理。

××县人民检察院

（院印）

二○二×年五月十三日

第四节　公诉意见书

一、公诉意见书的概念和适用

公诉意见书是指在公诉案件中依法出席法庭支持公诉的公诉人为进一步揭露被告人的罪行，对证据和案件情况发表意见时所制作的法律文书。本文书是依照《刑事诉讼法》第一百八十九条、第一百九十八条、第二百零四条、第二百零九条的规定制作，为公诉人在法庭上对证据和案件情况集中发表意见时使用。

公诉意见书运用犯罪构成理论阐述被告人的犯罪性质、危害，有助于审判人员给被告人准确地定罪量刑，促使被告人认识自己的罪行，同时还有利于对人民群众进行法治教育。

二、公诉意见书的内容和写法

（一）首部

（1）标题直接写明单位全称和文种，分上下两行居中。

（2）被告人姓名。

（3）案由。写明起诉书中认定的罪名。

（4）起诉书编号。

（5）呼告语。提行顶格写"审判长、审判员"。

（二）正文

1. 前言

前言写明公诉人出庭的法律依据和职责，并对法庭调查进行扼要概括。例如，"根据《中华人民共和国刑事诉讼法》第一百八十九条、第一百九十八条、第二百零四条、第二百零九条之规定，我（们）受××××人民检察院的指派，代表本院，以国家公诉人身份，出庭支持公诉，并依法对刑事诉讼进行法律监督，现对本案证据和案件情况发表如下意见，请法庭注意。"

2. 公诉意见

该部分是全文的重点，可采取首先提出论点，然后运用事实和法律加以论述的方法，主要从以下三方面论证：

（1）论证本案犯罪事实清楚，证据确实充分，运用事实和证据证明被告人的犯罪事实确凿无疑。

（2）揭露被告人犯罪行为的严重性、危害性。阐述被告人行为对社会、国家、人民造成的危害，从而证明其罪行的严重性。

（3）论证应适用的法律条款并提出定罪及从重、加重、从轻、减轻处罚的意见。

（三）尾部

1. 结束语

结束语总结全文。例如，"综上所述，本案被告人×××的犯罪事实清楚，证据确实、充分，适用法律准确，依法应当认定被告人有罪，并应（从重、从轻）予以处罚。"

2. 落款

公诉人署名，注明年月日。

三、制作公诉意见书应注意的问题

（1）公诉意见书要重点论述公诉罪名的证据和法律依据，是对起诉书指控的犯罪事实和罪名的进一步论证。写作时要抓住核心与要点展开重点论述，不要面面俱到。

（2）公诉意见书的中心是揭露和指控犯罪，但在具体行文中既要分析被告人有无从重处罚的情节，又要指出被告人有无从轻、减轻处罚的情节。

（3）尾部除写明公诉人的姓名外，还应注明当庭发表本公诉意见书的时间。这部分是办案记载，不在法庭上宣读。

四、公诉意见书的格式与实例
（一）公诉意见书的格式

××人民检察院
公诉意见书

被 告 人：
案　　由：
起诉书号：

审判长、审判员（人民陪审员）：

根据《中华人民共和国刑事诉讼法》第一百八十九条、第一百九十八条、第二百零四条、第二百零九条之规定，我（们）受××××人民检察院指派，代表本院，以国家公诉人的身份出席法庭支持公诉，并依法对刑事诉讼实行法律监督。现对本案证据和案件情况发表如下公诉意见，请法庭注意。

（结合案情重点阐述以下问题）

（1）根据法庭调查的情况，概述法庭质证的情况、各证据的证明作用，并运用各证据之间的逻辑关系证明被告人的犯罪事实清楚，证据确实充分。

（2）根据被告人的犯罪事实，论证应适用的法律条款并提出从重、从轻、减轻处罚等意见。

（3）根据庭审情况，在揭露被告人犯罪行为的社会危害性的基础上，进行必要的法治宣传和教育工作。（可视情况决定是否制作）

综上所述，起诉书认定本案被告人的犯罪事实清楚，证据确实、充分，依法应当认定被告人有罪，并建议　　　（提出量刑建议或从重、从轻、减轻处罚等意见）。

公诉人　×××
××××年×月×日

（二）公诉意见书实例

公诉意见书

被 告 人：田×江
案　　由：抢劫
起诉书号：××检刑诉〔202×〕158号

审判长、审判员：

根据《中华人民共和国刑事诉讼法》第一百八十九条之规定，我受××人民检察院检察长指派，以国家公诉人的身份出席法庭，对被告人田×江抢劫一案支持公诉，并依法履行法律监督职责。

通过法庭调查，依据我国《刑事诉讼法》第一百九十条、第一百九十一条、第一百九十四条、第一百九十五条、第一百九十八条之规定，公诉人所出示的物证经过当庭辨认，宣读的证人证言经过当庭质证，充分的事实和有力的证据证实，本院起诉书所指控被告人田×江的犯罪，事实清楚，证据确实、充分，且得到了被告人当庭供述的印证。现就被告人田×江犯罪性质和所造成的社会危害，发表如下公诉意见，请法庭判决时予以考虑。

一、被告人田×江犯罪手段残忍，情节恶劣

被告人田×江为盗窃××市××区副食商场，于202×年7月29日凌晨2时许由家中出发，利用事先观察好卫生间护栏的破损处翻窗进入该副食商场，并打开存放刀具的木箱，取出一把长达8寸的剔肉尖刀，溜进办公室内，在翻找财物过程中发出声响，被睡在办公室里间的值班人员柴×玲发觉。被告人田×江立即猛扑过去，向柴×玲猛扎十几刀。当柴×玲呼喊求救时，另一值班员林×慧惊醒，被告人又扑向林×慧，向林×慧的头部、胸部连续猛刺几十刀，当即将林×慧杀死。这时，被告人田×江发现先前受伤的柴×玲还有呼吸，唯恐罪行败露，又转身向柴×玲连续砍杀直到柴×玲死亡。被告人田×江杀死二人后，抢劫商店内现金3 000余元及两被害人手机后逃走。

刚才当庭宣读的法医鉴定书证明，被害人柴×玲全身损伤达45处之多，受伤部位主要集中在头部、胸部和腹部，其中胸腹部刺伤大部分深入胸腔和腹腔内，并刺穿肺脏和心脏，有的竟扎透内脏刺入胸椎。另一个死者林×慧全身损伤达30多处，心脏和肺脏被刺穿。柴、林二人被害后，刀痕累累，血染全身，案发现场惨不忍睹。以上事实清楚说明，被告人田×江犯罪手段极其残忍，情节特别恶劣。

二、被告人田×江的犯罪行为后果严重，社会危害极大

被告人田×江抢劫杀人，非法剥夺两个年轻值班员的生命，不仅是在××市还是全国，都是罕见的恶性案件，对全市群众震动很大，特别是对被害人所在单位及居住在附近的群众，在心理上造成了极大的恐慌。尤其××作为北方地区中心城市之一，发生如此猖狂的犯罪活动，对社会产生的严重危害是可想而知的。

被告人田×江的犯罪行为，不仅对社会造成严重危害，也给被害人及其家庭带来无法弥补的损失。被害人柴×玲是该商店团支部书记，区级先进工作者；另一被害人林×慧是该商店熟食组长、公司服务标兵。这两名女青年工作积极，任劳任怨，以店为家，经常利用业余时间整理账目，打扫卫生。有的职工家里有事时，她们常常主动接替值班。她们性情和蔼，待人热情，是深受顾客喜爱的优秀售货员。她们年仅二十四五岁，却惨遭被告人田×江的杀害。单位同事和熟悉她们的顾客无不深感痛心，她们的亲人得知噩耗，更是悲痛欲绝，心理遭受沉重打击。被害人林×慧的父亲受到强烈刺激，精神失常，生活不能自理。

由于被告人田×江的犯罪行为给社会带来了极大危害，整个社会反响强烈，广大群众纷纷表示极大愤慨，要求司法机关对被告人田×江严加惩办。

三、被告人田×江走上犯罪道路，绝非偶然

从被告人田×江的一贯表现就可以发现，被告人虽然有比较稳定的工作，但由于目无法纪，贪图享乐，个人主义思想极为严重。被告人田×江经常参与赌博，曾因赌博先后输掉15万余元，多次受到妻子责备、单位领导批评和公安机关的教育处罚。然而被告人屡教不改，赌注越来越大，一步步走上犯罪道路。正是由于被告人缺乏正确的生活目标，极端个人主义恶性膨胀，才会置国法于不顾，铤而走险，终于沦为罪大恶极的刑事犯罪分子。

四、被告人田×江的行为应当以抢劫罪从重处罚

抢劫罪的本质特征是以非法占有为目的，使用暴力、胁迫或其他方法，强行劫取公私财物，或者迫使被害人立即交出财物的行为。它不仅侵犯公私财产所有权，同时也侵犯了被害人的人身权利。我国《刑法》第二百六十三条规定：以暴力、胁迫或者其他方法抢劫

财物的，处三年以上十年以下有期徒刑，并处罚金。抢劫致人重伤、死亡的，处十年以上有期徒刑、无期徒刑或者死刑，并处罚金或者没收财产。被告人田×江的行为，正是以暴力行凶的手段，杀死二人，抢劫财物。根据法律规定，被告人田×江的行为构成抢劫罪且情节后果严重，应当从重处罚。

综上所述，被告人田×江入室抢劫，残忍杀害值班人员，犯罪情节恶劣，后果严重，民愤极大，依法应处十年以上有期徒刑、无期徒刑或死刑。以上意见，请合议庭考虑并作出判决。

公诉人 ×××
××××年××月××日

第五节 刑事抗诉书

一、刑事抗诉书的概念及适用

刑事抗诉书是指人民检察院对人民法院作出的判决或者裁定，认为确有错误，按照法律规定提出抗诉时所制作的法律文书。

根据《刑事诉讼法》第二百二十八条、第二百五十四条第三款和最高人民检察院的有关规定，地方各级人民检察院认为本级人民法院的第一审判决、裁定确有错误时，在法定期限内，应当向上一级人民法院提出抗诉，称为上诉程序（二审程序）的抗诉。最高人民检察院对各级人民法院已经发生法律效力的判决和裁定，上级人民检察院对下级人民法院已经发生法律效力的判决或裁定，如果发现确有错误，有权按照审判监督程序提出抗诉，称为审判监督程序抗诉。

制作并送达抗诉书，是引起人民法院第二审或者再审的法定程序之一。

刑事抗诉书是人民检察院行使监督权的重要工具，它有利于纠正人民法院确有错误的判决和裁定，促使人民法院正确处理案件，更加准确地打击犯罪和保护人民。

二、刑事抗诉书的内容和制作要求

刑事抗诉书分为上诉程序的抗诉书和审判监督程序的抗诉书。

（一）上诉程序的抗诉书

1. 首部

（1）标题。标题由制作文书的人民检察院名称和文种组成，注明所在省（自治区、直辖市）的名称，不能只写地区级市、县、区院名；如果是涉外案件，要冠以"中华人民共和国"字样。

（2）文书编号。文书编号由制作文书的人民检察院简称、具体办案部门的简称、文书简称、年度、序号组成。

2. 原审判决裁定情况

写明抗诉案件情况，即第一审判决、裁定的有关情况。

首先写出原审人民法院名称及法院判决文书编号说明，再用"以被告人×××犯×××罪作出一审判决：……"写明原审人民法院名称及作出的判决或裁定结果。

其次扼要写明人民检察院认定的原判决、裁定的事实、情节存在的错误或法律适用不当。

3. 抗诉理由

针对事实确有错误、适用法律不当或审判程序严重违法等不同情况，叙写抗诉理由。如果法院认定的事实有误，则要针对原审裁判的错误之处，提出纠正意见，强调抗诉的针对性。对于有多起"犯罪事实"的抗诉案件，只叙写原判决（裁定）认定事实不当的部分，认定事实没有错误的，可以只肯定一句"对……事实的认定无异议"即可。突出检察院与法院的争议重点，体现抗诉的针对性。对于共同犯罪案件，也可以作类似处理，即只对原判决（裁定）漏定或错定的部分被告人犯罪事实作重点叙述，对其他被告人的犯罪事实可简写或者不写。关于"证据部分"，应当在论述事实时有针对性地列举证据，证明证据的内容要点及其与犯罪事实的联系。刑事抗诉书中不能追诉起诉书中没有指控的犯罪事实。如有自首、立功等情节，应在抗诉书中予以论述。如果法院适用法律有误，主要针对犯罪行为的本质特征，论述应该如何认定行为性质，从而正确适用法律，要从引用罪状、量刑情节等方面分别论述。如果法院审判程序严重违法，抗诉书就应该主要根据刑事诉讼法及有关司法解释，逐个论述原审法院违反法定程序的事实表现，再写明影响公正判决的现实或可能性，最后阐述法律规定的正确诉讼程序。

4. 结论意见、法律根据、决定和要求事项

该部分写明三项内容：第一，阐述结论性意见。即根据所述抗诉理由，针对原判决错误，阐明检察机关认定被告人的行为性质、罪名、量刑等意见。第二，引用法律条文。如果是定性定罪量刑，引用《刑法》条款；如果是程序方面的错误，则引用《刑事诉讼法》条款；最后引用《刑事诉讼法》第二百二十八条，作为提起抗诉的法律依据。第三，要求事项。写明"特向你院提出抗诉，请依法判处"的内容。

5. 尾部

（1）写明致送的上一级人民法院名称。

（2）写清本文书发出的年月日，并加盖本院印章。

6. 附注

对于未被羁押的原审被告人，应将住所或居所明确写明。证据目录和证人名单如果与起诉书相同可不另附。

（二）审判监督程序的抗诉书

审判监督程序的抗诉书与上诉程序的抗诉书主要有以下几方面的不同：

（1）增加叙述抗诉案件提起公诉的情况。提起公诉的情况，写清楚由何公安机关、安全机关或者检察院侦查终结移送起诉，哪个人民检察院审查，起诉书认定的罪名及处罚意见是什么，提起诉讼的时间，文书的名称、编号及主送人民法院的名称。

（2）写明生效判决或裁定的有关情况。如果抗诉对象是终审判决或裁定的，抗诉书应当在"被告人的身份情况和提起公诉简况"部分后，分别写明本案一审和终审法院的名称、判决或裁定的时间、文书的名称和编号、判决认定的罪名和量刑情况或裁定情况。如果抗诉是一审生效的判决或裁定，除写明一审生效的判决或裁定的主要内容外，还要写明一审判决或裁定的法定生效原因和生效时间。

（3）增加抗诉案件来源的内容。写明按审判监督程序提出抗诉的缘由，是根据下级人民检察院提出的抗诉报告抗诉的，还是通过办案质量检查、复查申诉，或者备案审查发现

问题抗诉的,根据各个案件的实际情况写明。

(4) 抗诉意见和理由有不同的侧重点。如果认为一审判决或裁定正确,而二审改判的判决或裁定确有错误时,抗诉理由一方面要论证一审判决、裁定的正确性,另一方面要阐述二审改判的错误性;如果认为一、二审裁判都是错误的,那么要先论证一、二审裁判的错误性,然后再阐明本院的正确意见。

(5) 抗诉的根据不同。审判监督程序的抗诉书引用《刑事诉讼法》第二百五十四条第三款的规定。

(6) 致送人民法院级别不同。按照审判监督程序提出抗诉时,致送机关都是同级人民法院。

三、制作刑事抗诉书应注意的问题

(1) 刑事抗诉书中不能追诉起诉书中没有指控的犯罪事实。

(2) 抗诉理由必须紧扣原审判决或裁定的错误展开分析论述,做到言之有据,以夹叙夹议的方式反驳,论述中可列举经检察机关调查认定的犯罪情节和新证据。

(3) 结论中必须明确提出抗诉机关的意见。

四、刑事抗诉书的格式和实例

(一) 刑事抗诉书的格式

1. 二审程序适用的刑事抗诉书的格式

×××人民检察院

刑事抗诉书

××检××诉刑抗〔××××〕×号

×××人民法院以×××号刑事判决书(裁定书)对被告人×××(姓名)以×××罪作出一审判决:被告人判处……(判决、裁定结果)。本院依法审查后认为(如果是被害人及其法定代理人不服地方各级人民法院第一审的判决而请求人民检察院提出抗诉的,应当写明这一程序,然后再写"本院依法审查后认为"),该判决(裁定)确有错误(包括认定事实有误、适用法律不当、审判程序严重违法),理由如下:

…………(根据不同情况,理由从认定事实错误、适用法律不当和审判程序违法等几方面阐述)

综上所述……(概括上述理由),为维护司法公正,准确惩治犯罪,依照《中华人民共和国刑事诉讼法》第二百二十八条的规定,特提出抗诉,请依法判处。

此致
×××人民法院

×××人民检察院
(院印)
××××年×月×日

附件:1. 被告×××现羁押于×××(或者现住×××)。
   2. 其他相关材料。

2. 审判监督程序适用的刑事抗诉书的格式

×××人民检察院
刑事抗诉书

××检××审刑抗〔××××〕×号

原审被告人……（依次写明姓名、性别、出生年月日、民族、出生地、职业、单位及职务、住址、服刑情况。有数名被告人的，按照犯罪事实情节由重至轻的顺序分别列出）

×××人民法院以×××号刑事判决书（裁定书）对被告人×××（姓名）×××（案由）一案判决（裁定）……（写明生效的一审判决、裁定或者一审及二审判决、裁定情况）。经依法审查（如果是被告人及其法定代理人不服地方各级人民法院的生效判决、裁定而请求人民检察院提出抗诉的，或者有关人民检察院提请抗诉的，应当写明这一程序，然后再写"经依法审查"），本案的事实如下：

…………（概括叙述检察机关认定的事实、情节。应当根据具体案件事实、证据情况，围绕《刑法》规定该罪构成要件特别是争议问题，简明扼要地叙述案件事实、情节。一般应当具备的时间、地点、动机、目的、关键行为情节、数额、危害结果、作案后表现等有关定罪量刑的事实、情节要素。一案有数罪、各罪有数次作案的，应当依由重至轻或者时间顺序叙述）

本院认为，该判决（裁定）确有错误（包括认定事实有误、适用法律不当、审判程序严重违法）。理由如下：

…………（根据情况，理由可以针对认定事实错误、适用法律不当和审判程序严重违法等几方面分别论述）

综上所述……（概括上述理由），为维护司法公正，准确惩治犯罪，依照《中华人民共和国刑事诉讼法》第二百五十四条第三款的规定，对×××法院×××号刑事判决（裁定）书，提出抗诉，请依法判处。

此致
×××人民法院

×××人民检察院
（院印）
××××年×月×日

附件：1. 被告人×××现服刑于×××（或者现住×××）。
　　　2. 他相关材料。

（二）刑事抗诉书实例

××省××市人民检察院
刑事抗诉书

××检××审刑抗〔202×〕4号

原审被告人石×贤，男，1983年5月25日出生，汉族，××省××市人，小学文化程度，住××省××市××镇××村46-2号。202×年5月31日被刑事拘留，202×年7月8日经××区人民检察院批准逮捕，同年7月13日被逮捕。现羁押于××区看守所。

原审被告人石×贤故意杀人一案，经××市公安局××区分局侦查终结，移送××区人民检察院，该院于202×年7月26日依法报送本院审查起诉，本院于202×年8月11日向××市中级人民法院提起公诉。202×年11月28日××市中级人民法院以〔202×〕××中法刑初209号刑事判决书作出判决：被告人石×贤犯故意杀人罪，判处无期徒刑，剥夺政治权利终身。

经依法审查，本案被告人石×贤的犯罪事实如下：

202×年10月16日18时许，××县××乡××村村民钟×庆和郝×云到本县××村找石×贤讨还其做生意时所欠钟×庆的钱款，三人在石×贤家喝酒时，郝×云提出要钱的事情，石×贤说没有钱。21时许，钟×庆和郝×云离开，被告人石×贤的妻子李×华将二人送出院门，并从里面将门锁住。此时钟×庆骑电动车离开，郝×云站在门外骂石×贤。石×贤从院内拿着锄头翻墙跳出院外，用锄头、铁锤打击郝×云头部，致使郝×云当场死亡。后石×贤将被害人尸体拖到邻居李忠庆家厕所内，堆上玉米秆点燃焚烧后畏罪潜逃。

原审被告人石×贤的上述犯罪行为，事实清楚，证据确实、充分，足以认定。

本院认为：被告人石×贤无视国法，持械故意杀人，并焚尸逃跑，手段残忍，情节特别严重，依法应判处死刑，立即执行。一审判处无期徒刑，剥夺政治权利终身，显属处刑不当。理由如下：

（1）原审法院判决认定事实有误。一审判决认定被害人有拖拽、调戏被告人石×贤妻子李×华的情节，与卷内证据和当庭质证不吻合。本案中的在场证人钟×庆当庭证实没有见过被害人郝×云有此行为。因被告人石×贤在潜逃期间与妻子李×华同居5个月之久，仅凭被告人及其妻李×华的辩解，没有其他证据相印证。一审判决对于这种查证不实的辩解予以采纳，并由此认定被告人石×贤是基于义愤杀人、被害人对本案的发生负有责任，显属认定事实错误，应予纠正。

（2）被告人犯罪的从重情节应予考虑。被告人石×贤杀人后焚尸，潜逃三年之久，实属情节特别严重，应在法定刑内从重处罚。

综上所述，为严肃国法，准确适用法律，真正做到罚当其罪，保护公民人身权利不受侵犯，依照《中华人民共和国刑事诉讼法》第二百五十四条第三款的规定，提起抗诉，请依法判处。

此致
××省高级人民法院

××省××市人民检察院
（院印）
二○二×年三月二日

第六节 民事（行政）抗诉书

一、民事（行政）抗诉书的概念和适用

民事（行政）抗诉书，是指人民检察院对人民法院已经发生法律效力的民事（行政）判决或裁定，符合法定情形之一的，按照审判监督程序向人民法院提出抗诉时所制作的法律文书。

民事（行政）抗诉书可以启动法院的民事（行政）再审程序，对于敦促法院纠正错误裁判，维护司法公正和司法权威有重要意义。

二、民事（行政）抗诉书的内容和制作要求

民事（行政）抗诉书是文字叙述式文书，从结构上可以分为首部、正文和尾部三部分。

（一）首部

除文书名称为"民事（行政）抗诉书"，文书编号的案件性质代字为"民（行）抗"外，其他内容的写法要求同刑事抗诉书。

（二）正文

1. 案件来源

按照当事人向检察机关直接申诉、下级检察机关提请抗诉、检察机关自行发现和案外人向检察机关提出申诉四种情况，写明"我院对该案进行了审查……（写明审查过程），现已审查终结"。审查过程要写清检察机关何时受理申诉或发现同级人民法院判决、裁定有错误，具体做了哪些审查工作。

2. 抗诉的理由和意见

根据具体情况采用不同的写法。如果检察机关与人民法院认定的事实一致，可不写或概述案件事实，直接结合相关法律分析论证原审判决或裁定在运用证据、适用法律及程序方面存在的问题；如果检察机关与人民法院事实认定不一致，则先写明检察机关审查认定的案件事实，再结合案件情况分析论证原审判决或裁定存在的错误。

3. 结论

根据前面的抗诉理由，指出原审判决或裁定存在的问题，提出检察机关的意见。

（三）尾部

尾部写明致送机关、文书的发出日期，并加盖院印。

三、制作民事（行政）抗诉书应注意的问题

（1）抗诉理由的阐述要具体、充分，即对原审判决或裁定的错误或不当之处要进行深入、透彻的分析，抗之有理，抗之有据。

（2）理由阐述要有条理，即阐述的内容要层次清楚。原审判决或裁定如果有几个方面的错误时，阐述分析要按编号分条逐项地针对各点将理由逐一阐明，不要将诸多错误或问题纠结在一起，致使头绪繁杂、含混不清。

（3）理由的阐述要有很强的针对性，要有的放矢、一事一议、干脆利落。针对原审判

决、裁定的错误之处提出抗诉的理由。观点和材料要力求统一。

四、民事（行政）抗诉书的格式与实例
（一）民事（行政）抗诉书的格式

×××人民检察院
民事（行政）抗诉书

××检民（行）抗〔202×〕××号

×××（申诉人）因与×××（对方当事人）×××（案由）纠纷一案，不服××人民法院×××〔写明生效判决、裁定文号、民事（行政）判决（裁定）〕，向我院提出申诉。

由下级人民检察院提请抗诉的案件写为：×××（申诉人）不服×××人民法院×××（写明判决、裁定文号、民事、行政性质）号判决、裁定，向××人民检察院提出申诉，××人民检察院经审查，提请我院抗诉。

由检察机关自行发现的案件写为：我院对×××（原审原告）与×××（原审被告）×××（案由）纠纷案的×××民事（行政）生效判决、裁定文号，进行了审查。

由案外人申诉的案件写为：我院受理×××（申诉人）的申诉后，对××人民法院对×××（原审原告）与×××（原审被告）××（案由）纠纷案的×××民事（行政）生效判决、裁定文号，进行了审查。

我院对该案进行了审查……（简述审查过程，如审阅了原审卷宗、做了鉴定、进行了调查等），现已经审查终结。

×××人民法院（作出一审判决裁定的人民法院）认定：……（写一审判决、裁定认定的案件事实）

×××人民法院于××××年××月××日以×××（一审判决、裁定文号）号（民事、行政）判决、裁定：……（写明判决、裁定的主文及诉讼费用承担）。×××不服一审判决、裁定，向×××人民法院提出上诉。

×××人民法院认定：……（写明二审判决、裁定认定的事实，如果与一审一致的，则写明二者认定事实相同；如果不同，则将不同之处列出，并说明相同之处）

×××人民法院于××××年××月××日判决、裁定：……（写明判决、裁定的主文及诉讼费用承担。如果经过了再审，也要写明再审认定的事实及判决、裁定的内容）

我院经审查查明：

…………（该部分写明检察机关审查认定的事实。如果检察机关认定的事实与人民法院生效判决或裁定认定的事实相同时，写为：我院查明的案件事实与生效判决或裁定认定的事实相同；如果是部分相同，则要将不同之处列出，并写明：其余部分与生效判决或裁定认定相同）

本院认为：……（结合案件具体情况，分析论证生效判决或裁定存在的问题及错误）

综上所述，×××人民法院（作出生效判决或裁定的人民法院）对本案的判决裁定：……（此处应按照指明原判决或裁定存在哪几方面问题）。经本院检察委员会讨论决定（如果未经检察委员会讨论，可以不写），依照《中华人民共和国民事诉讼法》第二百一十九条第×款的规定（或《中华人民共和国行政诉讼法》第六十四条的规定），向你院提出抗诉，

请依法再审。

　　此致
×××人民法院

（院印）

××××年×月×日

　　附件：1.……
　　　　　2.……
　　　　　3.……（写明随案移送的卷宗及有关材料情况）

（二）民事抗诉书实例

×××市人民检察院

民事抗诉书

××检民抗〔202×〕××号

　　李思贵不服××市连山区人民法院〔202×〕连经初××号民事判决，于202×年11月26日向××市连山区人民检察院提出申诉。连山区人民检察院于202×年1月12日提请我院抗诉。我院对该案进行了审查，查阅了原审卷宗，审查了有关证据材料，现已经审查终结。

　　××市连山区人民法院〔202×〕连经初××号民事判决书认定：原告王鲁燕与被告李思贵、李晓雨所签订的协议有效，被告李思贵欠原告转让款及房租应即时清偿。被告李晓雨同意用其债权借给被告李思贵付与原告，系负有连带义务责任人，对此项债务应负连带责任。判决被告李思贵于判决生效后一个月内给付原告转让款23万元，房租9 000元，自202×年11月15日起按日万分之五给付滞纳金至执行完为止；被告李晓雨负连带责任；案件受理费6 095元由被告李思贵承担。判决生效后，××市连山区人民法院从李晓雨所在单位即××建筑安装公司划拨人民币27万元。

　　我院经审查查明：

　　202×年2月1日，王鲁燕与李思贵、刘明艳签订协议，将由王鲁燕经营的欢喜滨海桑拿洗浴按摩中心转让给李思贵、刘明艳经营，转让费用34万元，约定于202×年2月1日先交3万元定金，余款31万元于2月底一次性付清。李、刘如有欺诈行为，王鲁燕马上收回该洗浴按摩中心，并每天罚款3 000元。李思贵因为资金不足，找到朋友李晓雨借款。李晓雨手里有××市××厂欠××建筑安装公司的欠据7张，共计40万元。经李思贵、李晓雨商定，由王鲁燕协助李思贵向××市××厂索要所欠40万元工程款，然后将此款转给王鲁燕。王鲁燕表示同意。后王鲁燕、李思贵未能取得工程款，王鲁燕遂于202×年10月26日向××市连山区人民法院提起诉讼，要求李思贵付清所欠转让费23万元、房租9 000元及相应利息。

　　本院认为：原审判决混淆了两个独立的法律关系，导致适用法律错误。本案中存在两个既彼此有一定牵连又相互独立的法律关系。一是王鲁燕与李思贵、刘明艳之间的转让关系，这是本案的基本法律关系；二是李思贵与李晓雨之间的债权借用关系，李晓雨承诺将自己单位的债权借给李思贵，条件是王鲁燕协助李思贵将7张欠据共40万元从××市××厂要回。如果要回此款可借给李思贵用于接收该洗浴按摩中心，这是一种附条件的民事法律行为。由于××市××厂没有支付这40万元欠款，李思贵与李晓雨之间的借款关系因条件的不成就而不能生效。原审原告王鲁燕不是借款关系的当事人，只能就与李思贵、刘明艳之间的转让关系主张权利，而申诉人李晓雨既非转让关系的当事人，亦非该法律关系的担保人，与本案没有直接的利害关系，自然不能作为本案被告负连带责任。至于在原判决执行过程中，直接将李晓雨所在单位账户的27万元划出，即使按原判决，也属于错误执行了案外人的财产。同时与王鲁燕签订转让协议的除李思贵以外，还有刘明艳，而原判决未将刘明艳列入本案。因此，原判决李晓雨负本案的连带责任显系不当。

综上所述，××市连山区人民法院认定事实和适用法律均有错误，应当依法纠正。根据《中华人民共和国民事诉讼法》第二百一十九条第一款之规定，向你院提出抗诉，请依法再审。

　　此致
××市中级人民法院

××市人民检察院
（院印）
二〇二×年三月七日

附件：卷宗一册。

第七节　纠正违法通知书

一、纠正违法通知书的概念和适用

纠正违法通知书是指人民检察院在检察业务活动中，发现侦查机关的侦查活动、执行机关执行刑罚的活动有违法情况时，进行监督并提出纠正意见而依法制作的法律监督文书。

根据《刑事诉讼法》第一百条、第一百七十一条、第二百七十六条的规定，检察机关如果发现侦查、执行等机关有违法情况的，应当通知其予以纠正。

（一）纠正违法通知书适用的情况

（1）公安机关的侦查活动违反法律规定，如刑讯逼供、回避、超期羁押、没有保障犯罪嫌疑人聘请律师为其提供法律帮助以及侵犯犯罪嫌疑人、证人或其他公民合法权益等情况。

（2）执行机关执行刑罚的活动有违法情况，如对罪犯刑讯逼供、侮辱人格、体罚虐待，对缓刑罪犯的监督考察没有依法进行等。

（二）适用纠正违法通知书时应当注意的问题

（1）发出纠正违法通知书是人民检察院严肃的法律行为。向有关单位发出纠正违法通知书时，办案部门应当报请检察长批准。检察机关内部各部门负责人不能自行决定向有关单位发出纠正违法通知书。

（2）纠正违法通知书发出以后，便具有法律效力，有关单位应根据通知要求，纠正违法情况。所以，纠正违法通知书发出以后，人民检察院应当根据被通知单位的回复监督落实情况。没有回复的，应督促其回复，使纠正违法通知书真正发挥作用。

二、纠正违法通知书的内容和制作要求

纠正违法通知书为文字叙述式文书。内容结构可分为首部、正文和尾部三部分。

(一) 首部

(1) 分行列写制作文书的人民检察院名称及文书名称。

(2) 本文书的文号为"检纠违〔××××〕号",由提出纠正违法意见的具体业务部门分别按顺序编号。如:监所检查部门提出纠正违法意见的,可写为"××检监纠违〔××××〕×号"。

(3) 主送机关的全称,即发生违法情况的单位。

(二) 正文

(1) 发现的违法情况。主要写明两方面内容:第一,发生违法情况的具体单位和人员。违法人员要写明姓名、所在单位、职务等。第二,违法事实。写明违法的时间、地点、经过、手段、目的和后果。表述为:经检查,发现……

(2) 检察机关认定违法的理由及其法律依据。写明违法行为触犯的法律、法规的具体条款,违法行为的性质等。表述为:本院认为……

(3) 纠正意见及要求。纠正意见是纠正违法通知书的结论性内容,一般包括人民检察院纠正违法的法律根据、纠正违法的具体意见等。法律根据必须准确、具体。在审查批捕中通知公安机关纠正违法的,引用《刑事诉讼法》第一百条的规定;在审查起诉中通知公安机关纠正违法的,引用《刑事诉讼法》第一百七十一条第五项的规定;在执行阶段通知执行机关纠正违法的,引用《刑事诉讼法》第二百七十六条的规定。纠正意见一般可表述为"根据……(法律依据)的规定,特通知你单位予以纠正。请将纠正情况告知我院。"

(三) 尾部

(1) 单列一行,空四格,说明"特此通知"。

(2) 填写发出的年月日。

(3) 用印。

(4) 附项。如果随通知移送有关调查材料和证据的,应注明名称和件数。

三、制作纠正违法通知书应注意的问题

(1) 制作纠正违法通知书必须以事实为根据、以法律为准绳,必须经过检察长或者检察委员会决定。

(2) 本文书一式两份,一份送达发生违法行为的单位,一份附卷。

四、纠正违法通知书的格式与实例

(一) 纠正违法通知书的格式

×××人民检察院
纠正违法通知书

××检纠违〔××××〕×号

受文单位。

发现的违法情况,包括违法人员的姓名、单位、职务、违法事实等,如果是单位违法,要写明违法单位的名称。违法事实,要写明违法时间、地点、经过、手段、目的和后

果等。可表述为：经检查，发现……

认定违法的理由和法律依据。它包括违法行为触犯的法律、法规和规范性文件的条款，违法行为的性质。可表述为：本院认为……

纠正意见。可表述为：根据……（法律依据）的规定，特通知你单位予以纠正，并在收到通知书后十五日内将纠正情况告知本院。

（院印）

××××年×月×日

（二）纠正违法通知书实例

×××市人民检察院
纠正违法通知书

×检捕纠违〔202×〕1号

×××市公安局：

本院在审查你局以×公刑捕字〔202×〕152号提请批准逮捕书移送审查逮捕的犯罪嫌疑人张庆坤涉嫌盗窃一案过程中，发现你局有以下违法事实：

你局在202×年12月19日抓获犯罪嫌疑人张庆坤后，使用传唤法律手续对张庆坤非法关押7日，直到第8日才对其作出刑事拘留决定。

上述情况有你局卷宗材料、本院调查笔录在卷为证。

本院认为，你局的行为违反了《中华人民共和国刑事诉讼法》第一百一十五条、第一百一十九条第二款、第三款的规定。根据《中华人民共和国刑事诉讼法》第一百条之规定，特向你局予以纠正，并请在202×年2月10日以前将纠正情况告知我院。

（院印）

二〇二×年一月三十一日

【思考与练习】

一、根据所给案例制作一份起诉书。案例中未具体写明的被告人身份事项、文书编号日期等项目自行撰写。

单雪峰在202×年6月经别人介绍认识了本乡七道岭村女青年赵晓红，两个年轻人互有好感，两个月后就按当地习俗订婚，并由单雪峰家里给付赵晓红5万元彩礼。在相处过程中，赵晓红发现单雪峰脾气暴躁，经常为鸡毛蒜皮的小事大动肝火，甚至出手打人。赵晓红感觉和这样的人相处就像坐在火山口上，难以托付终身，于是在202×年4月和单雪峰解除婚约，并退回彩礼。单雪峰对此大为不满，怀恨在心。202×年10月17日，当单雪峰听说赵晓红又和他人订婚后，手提一把铁锹，腰带上别了一把斧子和一把镰刀，下午3点冲进赵晓红家里，迎面一锹把赵晓红拍倒在地。赵晓红的妹妹赵晓丽见到姐姐被打，急忙上前阻拦，单雪峰从腰里拔出斧头，向赵晓丽头上和前胸各砍了一斧头。赵晓丽血流满面，跑到屋外呼喊求救，单雪峰趁屋里无人，用斧头向赵晓红头上和脸部连砍三斧头。这时，赵晓红的母亲林玉清听到女儿呼救，赶来与单雪峰厮打搏斗，单雪峰又用斧头把林玉清左肩内侧砍伤。单雪峰正欲继续行凶时，被闻讯赶来的邻居当场抓获归案。经东林市伤害法医鉴定所鉴定，赵晓红为重伤，赵晓丽、林玉清为轻伤。本案经东林市西河区公安分局侦查终结后，在202×年11月20日移送西河区人民检察院审查起诉。西河区人民检察院审查后，根据《刑事诉讼法》有关规定，在202×年2月4日报送东林市人民检察院起诉。

单雪峰，男，1991年4月5日出生，汉族，无职业。住东林市河西区神仙洞乡二道河子村1组四排5号。初中文化，身份证号码为××××××19910405××××，东林市人，无前科劣迹。因涉嫌故意杀人未遂于202×年10月22日经西河区人民检察院批准依法逮捕，现羁押在西河区看守所。

证据材料有被害人林玉清、赵晓丽的报案材料和陈述笔录，在场人徐晓辉、战环宇的证实材料，现场勘查笔录，刑事技术鉴定结论和被告人作案凶器铁锹、斧头、镰刀，被告人也供认不讳。

二、指出并修改下列文书中的错误。

××市人民检察院

不起诉决定书

〔202×〕××检刑不诉23号

被不起诉人林××，男，30岁，辽宁省××市人，初中文化，××市郊区××乡××村农民，住××市郊区××乡××村农民。

辩护人雷××，××律师事务所律师。

经依法审查查明：

202×年4月8日，林××听李××说，他是××厂业务员，帮助其推销"大脑灵"可赚钱。林××信以为真，将李××盗窃的"大脑灵"推销25瓶，获利1465元。

本院认为，被不起诉人林××行为情节显著轻微，危害不大，故依照《刑事诉讼法》第十六条第一款之规定，决定对林××不起诉。

××人民检察院（院印）
二〇二×年九月十八日

三、根据下列案例写出刑事抗诉书的抗诉理由。

202×年3月13日5时许，小芳乘坐由广州开往南宁的火车到达南宁，准备去江南客运站坐回钦州的班车时，搭乘了一个中年男子的摩的。不久，小芳就发现司机走的方向似乎不对，摩的司机把小芳拉下车。一把抢过小芳的包，翻看里面的东西，只在小芳的包里找到了一部手机和35元现金。

202×年4月18日，一个自称农秀兰的女孩儿来到南宁市××派出所报案，声称202×年4月14日6时许，她在南宁琅东汽车站搭了一部牌号为桂××—××××的摩的，结果被摩的司机拉到南宁市吴圩镇六么村附近的一处偏僻山路，抢走其现金人民币300元，希望公安人员能够将抢劫犯抓捕归案。

202×年4月19日小珊向派出所报案，她所说的情况跟农秀兰陈述的情况很相似，并且说被抢劫时还被摩的司机踢打过。公安人员一致认为这个"摩的抢劫犯"就是同一人所为。202×年4月27日4时许，公安人员将犯罪嫌疑人秦德飞（化名）抓获。

秦德飞曾因犯强奸罪于2018年3月21日被南宁市江南区人民法院判处有期徒刑一年

六个月,于202×年5月7日释放后,他购买了一辆摩托车,靠做"摩的"生意维持生活。

202×年8月23日,南宁市江南区人民检察院指控被告人秦德飞犯抢劫罪,向江南区人民法院提起公诉。江南区人民法院依法组成合议庭,公开开庭审理后认为,被告人秦德飞以非法占有为目的,采用暴力、胁迫手段抢劫他人财物,其行为已构成抢劫罪。公诉机关指控被告人秦德飞犯抢劫罪成立。对被告人秦德飞提出其没有抢劫的辩解及其辩护人提出本案事实不清、证据不足,不能证明秦德飞采用暴力、胁迫手段的辩护意见,经查,认定秦德飞参与抢劫的事实,不仅有受害人小芳、小珊、农秀兰的辨认笔录佐证,还有《接受刑事案件登记表》及受害人小芳、小珊、农秀兰的陈述,抓获经过,扣押物品清单及收据,受害人小芳、小珊购买手机的凭证,涉案物品价格鉴定结论书及鉴定结论通知书,现场示意图、扣押物品照片,证人庞小兰的证言等证据相印证。公安机关收集、提出的这些证据,均能证实秦德飞参与抢劫犯罪,故秦德飞及其辩护人提出的辩解、辩护意见,没有事实和证据,本院不予采纳。被告人秦德飞所抢财物价值不高(手机3部,现金335元,总价值2155元)。根据秦德飞犯罪的事实、性质、情节及对社会的危害程度和认罪态度,依照《中华人民共和国刑法》第二百六十三条、第六十五条第一款、第五十三条、第五十五条、第五十六条第一款之规定,判决如下:

被告人秦德飞犯抢劫罪,判处有期徒刑四年(刑期从判决执行之日起计算,判决执行以前先行羁押的,羁押一日折抵刑期一日,即自202×年4月27日起至202×年4月26日止),并处罚金人民币一万元(于本判决生效之日起十日内向本院缴纳,逾期不缴纳的,强制缴纳),剥夺政治权利一年。

202×年9月11日宣判后,南宁市江南区人民检察院认为量刑过轻,于9月18日提出刑事抗诉。

四、请描述一下公诉意见书的重点内容及公诉意见书与起诉书的区别和联系。

第四章　人民法院刑事法律文书

【学习目标】

1. 熟练掌握一审刑事判决书和裁定书等常用人民法院刑事诉讼文书的内容、格式和制作要求。
2. 了解其他刑事裁判文书如刑事附带民事判决书，二审判决、裁定文书的制作和使用要求。

第一节　人民法院刑事法律文书概述

人民法院刑事审判承担着惩罚犯罪、保护人民的重要职能，关乎国家安全和社会稳定。人民法院刑事法律文书的严谨性和规范性体现了公平公正，代表着法治权威。在制作过程中，需要贯彻习近平法治思想，围绕公正与效率主题，更好地服务党和国家工作大局、维护人民群众根本利益。

人民法院刑事法律文书也称刑事裁判文书，是人民法院依照《刑事诉讼法》规定的程序，在刑事案件审理过程中就案件的实体问题和程序问题依法制作的具有法律效力的文书。

刑事裁判文书适用于人民法院受理的刑事案件，包括公诉案件、刑事自诉案件和刑事附带民事案件。文书包括刑事判决书、刑事裁定书和刑事（附带民事）调解书。

刑事判决书按照内容可以分为有罪判决书、无罪判决书和刑事附带民事判决书，按程序可以分为一审、二审、再审刑事判决书和死刑复核刑事判决书。

刑事裁定书可以分为一审、二审、再审刑事裁定书，死刑复核程序刑事裁定书和执行程序刑事裁定书。

刑事调解书可以分为一审、二审的刑事调解书和刑事附带民事调解书。

第二节　一审刑事判决书

一、一审刑事判决书的概念和适用

一审刑事判决书是指人民法院对于人民检察院提起公诉或人民法院直接受理的刑事案

件，按照《刑事诉讼法》规定的第一审程序审理终结后，根据已经查明的事实、证据和法律规定，确认被告人的行为是否构成犯罪，构成何罪，适用何种刑罚或者免除刑罚作出的书面决定。

人民法院通过一审刑事判决书确认被告人的行为构成犯罪，或者不构成犯罪，或者免除刑事处罚，从而充分地显示法律的公正性和严肃性，准确地打击犯罪，确保无罪的人不受追诉。

二、一审刑事判决书的内容和制作要求

（一）首部

1. 标题

标题由法院名称和文种构成。基层法院冠以省（自治区、直辖市）的名称，例如："辽宁省法库县人民法院"；涉外案件冠以中华人民共和国全称，例如："中华人民共和国广东省广州市中级人民法院"。

2. 文书编号

文书编号由立案年度、制作法院代字、案件性质代字、审判程序的代字和案件的顺序号＋"号"字组成。如四川省成都市金牛区人民法院2024年立案的第11号刑事案件，表述为"（2024）金刑初11号"。文书编号写在文书名称下一行的右端。

3. 公诉机关称谓或自诉人身份事项

公诉机关写提起公诉的人民检察院的名称。例如："公诉机关×××人民检察院"。刑事自诉案件分别写明自诉人的姓名、性别、出生年月日、民族、出生地、文化程度、职业或者工作单位和职务、住址。

4. 被告人身份事项

写清楚被告人姓名、性别、出生年月日、民族、出生地、文化程度、职业或者工作单位和职务、住址、何时因何原因被拘留或逮捕、是否在押、现在何处。

被告人是未成年人的，应当在写明被告人基本情况之后，另行续写法定代理人的姓名、与被告人的关系、工作单位、职务以及住址。

5. 辩护人的身份事项

辩护人是律师的，写明其姓名、执业单位和职务；辩护人是人民团体或者被告人单位推荐的，写明其姓名、工作单位和职务；辩护人是被告人的监护人、亲友的，还须写明其与被告人的关系；辩护人是人民法院指定的，则写明"指定辩护人×××，××律师事务所律师"。

6. 案由、审判组织、审判方式、审判经过

这部分写明如下六项内容：

（1）案件来源。写明是人民检察院提起公诉，还是自诉人提起自诉。

（2）写明案件的性质。写明公诉机关或者自诉人指控的罪名。

（3）合议庭组成形式。写明是合议庭审判，还是独任审判。

（4）审判形式。写明是公开审理，还是不公开审理。

（5）支持公诉情况。写明人民检察院是否派员出庭支持公诉。

（6）诉讼参与人情况。写明被害人及其法定代理人、被告人及其法定代理人、辩护人、证人、鉴定人、翻译等人员是否到庭参加诉讼。

（二）事实

事实是判决的基础，是判决理由和判决结果的根据。制作判决书，首先要把事实叙述清楚。事实部分可分三个层次来写。

1. 公诉机关或者自诉人指控的犯罪事实

如果是公诉机关提起公诉的刑事案件，主要写明三个方面的内容：（1）概述人民检察院指控的被告人的犯罪事实；（2）写明被指控的被告人的犯罪证据；（3）概述公诉机关对本案适用法律的意见，包括对被告人定性的意见、量刑情节和具体适用法律的意见。如果是自诉人提起控诉的案件，概括写明自诉人指控被告人的主要犯罪事实和犯罪证据及自诉人的诉讼请求。

2. 被告人的辩护

被告人的辩护主要写明两个方面的内容：（1）概述被告人对指控的犯罪事实的供述、辩解、自行辩护的意见和有关证据；（2）概述辩护人的辩护意见和有关证据。

3. 庭审审理查明的事实和证据

该部分主要写明两方面的内容：（1）经庭审查明的事实，即写明案件发生的时间、地点，被告人的犯罪动机、目的、手段，实施行为的过程、危害结果及被告人在案发后的态度等。（2）经举证、质证定案的证据及来源，以及对控辩双方有异议的事实、证据进行分析认证。

（三）理由

理由是判决的灵魂，是将犯罪事实和判决结果有机联系在一起的纽带。其核心内容是针对案情特点，运用法律规定、政策精神和犯罪构成理论，阐述公诉机关的指控是否成立，被告人的行为是否构成犯罪，犯的什么罪，依法应当如何处理，为判决结果打下基础。理由需要从以下三个方面进行阐述：

（1）根据查证属实的事实、证据和有关法律规定，运用犯罪构成理论，论证公诉机关或者自诉人指控的犯罪是否成立，被告人的行为是否构成犯罪，犯的是什么罪，应从轻、减轻、免除处罚或者从重处罚。

（2）分析控辩双方关于适用法律方面的意见，并说明是否采纳的理由。

（3）确定罪名，写明判决的法律依据。一人犯数罪的，一般先定重罪，后定轻罪；共同犯罪案件，应当分清各被告人在共同犯罪中的地位、作用和刑事责任的前提下，依次写明。

（四）判决结果

判决结果也称主文，是对被告人作出定性处理的结论，也就是对被告人作出有罪或者无罪、犯了什么罪、适用什么刑罚或者免除处罚处理的决定，一般有如下三种情况：

（1）定罪判刑的，写明被告人犯何罪，判处何种刑罚，应当分别写明主刑和附加刑、刑期的起止和折抵；写明决定追缴、退赔或者返还被害人、没收财物的名称、种类和数额。

（2）定罪免刑的，写明被告人犯何罪，为何免除刑事处罚。

（3）宣告无罪的，表述为："被告人×××无罪"。

数罪并罚的，应当分别定罪量刑（包括主刑和附加刑），然后按照刑法关于数罪并罚的原则，决定执行的刑罚。一案多人的，应当以罪责的主次或者判处刑罚的轻重为顺序，逐人分项定罪判处。

（五）尾部
（1）交代上诉权限。
（2）合议庭组成人员或者独任审判员署名。
（3）写明作出判决的日期。
（4）书记员署名。
（5）书记员将正本与原本核对无异之后，在正本末页的年月日的左下方，加盖"本件与原本核对无异"戳记。

三、制作一审刑事判决书应注意的问题
（1）叙述控辩双方意见及法院审理查明的事实要繁简适当，原则上以控辩双方是否有争议为标准。无争议的事实证据可以简要概括；有争议的事实证据则应详细叙述，具体分析。
（2）理由部分要加强针对性，根据犯罪事实分析评判犯罪行为的实质。
（3）引用法律条文要准确、全面、完整，正确认定罪名。
（4）数罪并罚要先分别定罪量刑，然后根据数罪并罚的原则决定应该执行的刑罚。
（5）判决书尾部的日期以当庭宣判和签发判决书的日期为准。

四、一审刑事判决书的格式和实例
（一）一审刑事判决书的格式

×××人民法院
刑事判决书

（××××）××刑初××号

公诉机关×××人民检察院。

被告人……（写明姓名、性别、出生年月日、民族、出生地、文化程度、职业或者工作单位和职务、住址和因本案所受强制措施情况等；现羁押处所）

辩护人……（写明姓名、工作单位和职务）

×××人民检察院以×检×诉〔202×〕×号起诉书指控被告人×××犯××罪，向本院提起公诉，本院于××××年×月×日受理后，依法组成合议庭，公开（或者不公开）开庭审理了本案。×××人民检察院指派检察员×××出庭支持公诉，被害人×××及其法定代理人×××、诉讼代理人×××，被告人×××及其法定代理人×××、辩护人×××，证人×××，鉴定人×××，翻译人员×××等到庭参加诉讼。现已审理终结。

×××人民检察院指控……（概述人民检察院指控被告人犯罪的事实、证据和适用法律的意见）

被告人×××辩称……（概述被告人对指控的犯罪事实予以供述、辩解、自行辩护的意见和有关证据）。辩护人×××提出的辩护意见是……（概述辩护人的辩护意见和有关证据）

经审理查明，……（首先写明经庭审查明的事实；其次写明经举证、质证定案的证据

及来源；最后对控辩双方有异议的事实、证据进行分析、认证）

本院认为，……（根据查证属实的事实、证据和有关法律规定，论证公诉机关指控的犯罪是否成立，被告人的行为是否构成犯罪，犯的什么罪，应否从轻、减轻、免除处罚或者从重处罚。对于控辩双方关于适用法律方面的意见，应当有分析地表示是否予以采纳，并阐明理由）。依照……（写明判决的法律依据）的规定，判决如下：

（写明判决结果，分三种情况）

第一，定罪判刑的，表述为：

一、被告人×××犯××罪，判处……（写明主刑、附加刑）

（刑期从判决执行之日起计算。判决执行以前先行羁押的，羁押一日折抵刑期一日，即自××××年×月×日起至××××年×月×日止）

二、被告人×××……（写明决定追缴、退赔或者发还被害人没收财物的名称、种类和数额）

第二，定罪免刑的，表述为：

被告人×××犯××罪，免予刑事处罚（如有追缴、退赔或者没收财物的，续写第二项）。

第三，宣告无罪的，无论是适用《中华人民共和国刑事诉讼法》第二百条第二项还是第三项的规定，均应表述为：

被告人×××无罪。

如不服本判决，可在接到判决书的第二日起十日内，通过本院或者直接向×××人民法院提出上诉。书面上诉的，应当提交上诉状正本一份，副本×份。

审判长　×××
审判员　×××
审判员　×××
（院印）
××××年××月××日

本件与原本核对无异

法官助理　×××
书记员　×××

（二）一审刑事判决书实例

××省××市××区人民法院
刑事判决书

（202×）××刑初××号

公诉机关××市××区人民检察院。

被告人李××，男，1995年4月12日出生于××省××市，汉族，初中文化，无职业，住××省××市××新区××镇××村1-29。因涉嫌抢劫罪于202×年11月5日被刑事拘留，同年11月12日被依法逮捕。现羁押于××市××区看守所。

辩护人陈××，辽宁××律师事务所律师。

××市××区人民检察院以××检刑诉〔202×〕107号起诉书指控被告人李××犯抢劫罪，向本院提起公诉。本院于202×年3月7日受理后，依法组成合议庭，公开开庭审理了本案。××市××区人民检察院检察员姚××出庭支持公诉，被告人李××及其辩护人陈××到庭参加诉讼。现已审理终结。

××市××区人民检察院指控，被告人李××于202×年10月31日19时许，在××市××区团结路52甲"××旅店"209房间，以对被害人汪××下安眠药的手段，抢走被害人汪××的照相机、手机、茶叶等物品。被抢物品经鉴定，价值人民币2 360元。公诉机关就上述事实，向本院提供了被害人陈述、证人证言、物证照片、扣押发还物品清单、辨认笔录、价格鉴定结论书、被告人供述等证据材料，提请本院依照《中华人民共和国刑法》第二百六十三条的规定，对被告人李××以抢劫罪处罚。

被告人李××辩称，其只是偷了被害人的东西，并没有用安眠药迷倒被害人，没有抢劫。

被告人李××的辩护人的辩护意见是，指控被告人犯抢劫罪证据不足，公安机关的情况说明证实现场调取了饮料及被害人尿液，对其进行了药物鉴定，未检出有麻醉药物成分，故指控被告人李××犯抢劫罪证据不足。

经审理查明，被告人李××与被害人汪××系好友关系。202×年10月31日19时许，在××市××区团结路52甲"××旅店"209房间，被告人李××趁被害人汪××熟睡之机，盗走被害人汪××的照相机、手机、茶叶等物品。被盗物品经鉴定价值人民币2 360元。

另查明，被告人与被害人当晚在房间内食用了食物及饮料，案发后××分局刑警大队技术科调取了案发现场遗留的饮料残液和被害人汪××的尿液，经××市刑警支队技术一处化验，均未检出麻醉药物成分。

上述事实，有公诉机关提供的公安机关依法调取的下列证据证明：

(1) 被害人汪××的陈述，其与被告人在旅店同住的房间内喝了被告人李××买的饮料以后就睡着了，醒来后发现李××不见了，手机、相机、钱包里的钱也不见了，认为是被告人对其实施麻醉后抢走的财物。

(2) 证人于×的证言，证实被害人当晚到旅店前台说其东西被人拿走，并看到被害人走路不稳。

(3) 证人李××的证言，证实被害人当晚到旅店前台说其东西被人拿走，并看到被害人走路不稳。

(4) 物证照片，被告人李××案发后购买的乙醚。

(5) 涉案相机、手机等物证照片，证实被害人丢失的物品；扣押发还物品清单，证实涉案赃物相机及手机已被公安机关依法扣押，并返还被害人汪××的事实。

(6) 辨认笔录，经辨认，被害人汪××指认出被告人李××系拿走物品的行为人。

(7) 价格鉴定结论书，证实涉案赃物经评估价值人民币2 360元。

(8) 被告人李××的供述，证实其趁被害人熟睡之机拿走被害人财物的事实。

上述证据，经当庭举证、质证，被告人李××及其辩护人对上述证据（1）被害人的陈述、证据（2）和证据（3）证人于×、李××的证言提出异议，认为被害人的陈述只是怀疑被告人在饮料中放有麻醉药物，不能证实被告人使用了麻醉药物。证据（2）和证据（3）的证言只能证实被害人的物品丢失，不能证实起诉指控的事实。本院认为证据（1）及证据（2）和证据（3）证实被告人盗窃部分的事实，有其他证据佐证，能够证明本案事实，本院予以采信。但证实被告人使用了麻醉药物部分的证言与公安机关的科学检验及情况说明相悖，故被害人陈述使用麻醉药物部分的证言，无证据支持，本院不予采信。关于证据（4），因与本案无关，不予认证。其他证据被告人及辩护人均未提出异议，予以采信。

本院认为，被告人李××以非法占有为目的，秘密窃取公民财物，数额较大，其行为侵犯了公民财产所有权，应依法承担刑事责任。因公安机关现场提取了被害人尿液化验，并出具说明如在此时间内使用麻醉药物应当检出，被害人的怀疑被告人使用了麻醉药品的陈述无证据支持。故起诉指控被告人犯抢劫罪证据不足，不予认定。但被告人的行为符合盗窃罪的构成要件，应当以盗窃罪处罚。被告人尚能认罪，处罚时可予适当考虑。综上，依照《中华人民共和国刑法》第二百六十四条、第五十三条、第六十四条的规定，判决如下：

被告人李××犯盗窃罪，判处有期徒刑十个月，并处罚金人民币4 000元（刑期从判决执行之日起计算。判决执行以前先行羁押的，羁押一日折抵刑期一日，即自202×年11月5日起至202×年9月4日止。罚金于判决生效后十日内缴纳）。

如不服本判决，可在接到判决书的第二日起十日内，通过本院或者直接向××省××市中级人民法院提出上诉。书面上诉的，应当提交上诉状正本一份，副本两份。

审判长　×××

审判员　×××

人民陪审员　×××

（院印）

二〇二×年五月十三日

本件与原本核对无异

法官助理　×××

书记员　×××

第三节　二审刑事判决书

一、二审刑事判决书的概念和适用

二审刑事判决书是第二审人民法院根据当事人的上诉或者人民检察院的抗诉，依照《刑事诉讼法》规定的第二审程序，对第一审法院作出的尚未发生法律效力的判决进行审理后作出的书面决定。

第二审刑事判决书能够及时有效地纠正第一审判决中发生的错误，有效地监督和指导下级人民法院的刑事审判工作。

二、二审刑事判决书的内容和写法

第二审刑事判决书的结构与第一审刑事判决书相似，由首部、事实、理由、主文和尾部五部分组成。

（一）首部

1. 标题

标题由制作判决书的人民法院名称和文种组成。例如："湖南省长沙市中级人民法院刑事判决书"。

2. 文书编号

文书编号由立案年度、法院代字、案件性质代字和案件顺序号组成。例如："（2024）

京 01 刑 401 号"。

3. 抗诉机关和上诉人的称谓及身份事项

（1）人民检察院提出抗诉的，第一项写提出抗诉的检察机关名称，第二项写原审被告人。

（2）公诉案件被告人提出上诉的，第一项写公诉机关检察院名称，第二项写上诉人的身份事项。

（3）自诉案件的自诉人提出上诉的，第一项写上诉人，第二项写原审被告人。如果是被告人提出上诉的，第一项写上诉人，第二项写原审自诉人；如果是双方都上诉的，第一项写原审自诉人，第二项写原审被告人。

（4）共同犯罪案件中个别或者部分被告人提出上诉的，第一项写原抗诉机关名称，第二项写上诉人（原审被告人），第三项写没有上诉的原审被告人的身份事项。

（5）人民检察院和当事人同时提出抗诉和上诉的，按抗诉程序处理，第一项写抗诉机关的人民检察院名称，第二项写上诉人的身份事项。

（6）如果是刑事附带民事诉讼的当事人上诉的，第一项写上诉人身份事项，第二项写被上诉人身份事项，并用括号注明在原案中的诉讼地位。

4. 辩护人的称谓和身份事项

写明辩护人姓名、工作单位和职务。

5. 案件来源和审理过程

案件来源写明案件性质及原审法院审理的日期、判决书文书编号及判决的结果，然后概括审理的过程。

（二）事实

事实部分写明如下内容：

（1）概述原判决认定的事实、证据、理由和判决结果。

（2）概述上诉、辩护的意见。

（3）概述人民检察院在二审中提出的新的意见。

（4）围绕相关证据，写明经二审审理查明的事实。

（5）归纳概述主要证据。

（三）理由

（1）根据二审查明的事实、证据和有关法律规定，论证原审法院判决认定的事实、证据和适用法律是否正确。

（2）对于上诉人、辩护人或者出庭履行职务的检察人员等在适用法律、定性处理方面的意见，有分析地表示是否采纳，并阐明理由。

（3）写明判决的法律依据。

（四）主文

（1）全部改判的，先写撤销原判，再写改判的具体内容。

（2）部分改判的，先写维持原判决中的内容，再写撤销原判决中的内容，然后写明部分改判的内容。

（五）尾部

（1）写明"本判决为终审判决"。

（2）合议庭组成人员署名、日期及书记员署名。

(3) 用印。

三、制作二审刑事判决书应注意的问题

(1) 数罪并罚的案件，原判如有一个罪名定得不当，应当将其定罪量刑部分全部撤销，再写改判的罪名和刑罚。

(2) 掌握好事实理由部分详与略的关系，对各方意见分歧的问题要详写，对没有异议的地方可以一带而过；对原判决的基本内容，可进行概括叙述，而在甄别事实与阐述理由时，应有重点地分析论证。

(3) 叙述原判的基本内容、上诉辩护的主要意见及人民检察院在二审中提出的新意见时，要注意避免与人民法院查明认定事实文字上出现不必要的重复，以免造成表述拖沓、冗赘。

四、二审刑事判决书的格式与实例
(一) 二审刑事判决书的格式

×××人民法院
刑事判决书
（二审改判用）

（××××）×刑终×号

原公诉机关×××人民检察院。

上诉人（原审被告人）……（写明姓名、性别、出生年月日、民族、出生地、文化程度、职业或工作单位和职务、住址和因本案所受强制措施情况等；现羁押处所）

辩护人……（写明姓名、工作单位和职务）

×××人民法院审理×××人民检察院指控原审被告人×××犯××罪一案，于××××年×月×日作出（××××）×刑初××号刑事判决。原审被告人×××不服，提出上诉。本院依法组成合议庭，公开（或者不公开）开庭审理了本案。×××人民检察院指派检察员×××出庭履行职务。上诉人（原审被告人）×××及其辩护人×××等到庭参加诉讼。现已审理终结。

……………（首先概述原判决认定的事实、证据、理由和判处结果；其次概述上诉、辩护的意见；最后概述人民检察院在二审中提出的新意见）

经审理查明，……（首先写明经二审审理查明的事实；其次写明二审据以定案的证据；最后针对上诉理由中与原判认定的事实、证据有异议的问题进行分析、论证）

本院认为，……（根据二审查明的事实、证据和有关法律规定，论证原审法院判决认定的事实、证据和适用法律是否正确。对于上诉人、辩护人或者出庭履行职务的检察人员等在适用法律、定性处理方面的意见，应当有分析地表示是否予以采纳，并阐明理由）。

依照……（写明判决的法律依据）的规定，判决如下：

（写明判决结果，分两种情况）

第一，全部改判的，表述为：

一、撤销×××人民法院（××××）××刑初××号刑事判决。

二、上诉人（原审被告人）×××……（写明改判的具体内容）

(刑期从……)

第二，部分改判的，表述为：

一、维持×××人民法院（××××）×刑初××号刑事判决的第×项，即……（写明维持的具体内容）

二、撤销×××人民法院（××××）×刑初××号刑事判决的第×项，即……（写明撤销的具体内容）

三、上诉人（原审被告人）×××……（写明部分改判的具体内容）

(刑期从……)

本判决为终审判决。

审判长　×××
审判员　×××
审判员　×××
（院印）
××××年××月××日

本件与原本核对无异

书记员　×××

（二）二审刑事判决书实例

辽宁省××市中级人民法院
刑事判决书

（202×）辽×刑终28号

原公诉机关××市××区人民检察院。

上诉人（原审被告人）杜××，男，1977年5月28日出生于××省××市，身份证号码21××2119770528××××，汉族，初中文化，无职业，现住××省××市××镇王家××村107号。因涉嫌故意伤害犯罪于2019年6月4日被刑事拘留，同年6月9日被取保候审，202×年12月12日××区人民法院根据刑事判决书对其进行羁押，现羁押于××区看守所。

××市××区人民法院审理××市××区人民检察院指控原审被告人杜××犯故意伤害罪一案，于202×年12月6日作出（202×）××刑初1315号刑事判决。宣判后，原审被告人杜××不服原判，提出上诉。本院依法组成合议庭，通过阅卷，提审上诉人，认为本案事实清楚，决定不开庭审理。现已审理终结。

原审判决认定，202×年5月26日21时许，被告人杜××在××市××区××街道××村怡和木器厂宿舍内，因喷洒灭蚊药与被害人赵××发生口角，被赵××殴打。后被告人杜××找来李××（假名，身份不明）帮忙打架。当日23时许，被告人杜××伙同李××及李××找来的两名男子（身份不明）用镐把、砍刀将被害人赵××头部、脸部、前胸、后背等部位打伤。经法医鉴定，被害人赵××左侧眶内壁骨折、左侧鼻骨骨折伴明显移位、右侧尺骨茎突骨折，均构成轻伤，左腿部皮裂伤鉴定为轻微伤。202×年6月4日18时许，被告人杜××在××省××市××镇丰源网吧内被公安机关抓获。

双方当事人在侦查阶段就民事赔偿已自愿达成协议，并履行完毕。

上述事实被告人杜××在开庭审理过程中亦无异议，且有被害人赵××的陈述，证人朱××、张××的证言，法医司法鉴定意见书，辨认笔录，协议书及收条，户籍信息，案件来源及抓捕经过等证据证实，足以认定。

原审法院认为，被告人杜××故意伤害他人身体健康，造成致人轻伤的后果，其行为已构成故意伤害罪，应依法惩处。鉴于被告人自愿认罪且能够积极赔偿被害人的经济损失，取得被害人的谅解，可以酌情从轻处罚。根据被告人犯罪的事实、犯罪的性质、情节和对社会的危害程度，依照《中华人民共和国刑法》第二百三十四条第一款、第二十五条第一款之规定，认定被告人杜××犯故意伤害罪，判处有期徒刑一年六个月。

上诉人杜××的上诉理由是：（1）被害人赵××在本案中有明显过错，系被害人赵××先对上诉人杜××进行殴打；（2）202×年12月6日，上诉人杜××家属与被害人赵××已达成和解协议，被害人已谅解，表示不追究杜××的刑事责任；（3）上诉人杜××系自愿认罪，并能积极赔偿被害人经济损失，应从轻处罚并适用缓刑。

经审理查明，上诉人杜××故意伤害犯罪的事实、证据与原审判决认定相同，本院审理过程中未发生变化，本院依法均予确认。同时，上诉人杜××在本院审理中未提出新的证据。

本院审理期间，被告人家属与被害人再次达成赔偿协议，赔偿被害人人民币一万元，被害人赵××递交了"请求法院对杜××从轻处理意见书"。

本院认为，上诉人杜××故意伤害他人身体健康，致人轻伤的后果，其行为已构成故意伤害罪。鉴于上诉人家属积极赔偿被害人的经济损失，并取得被害人赵××谅解，被害人恳请法院对上诉人杜××判处缓刑的实际情况，并综合考虑当事人双方系同事，被害人赵××在本案中负有一定责任以及上诉人杜××系初犯、偶犯，认罪态度较好，确有悔改表现等情节，对其适用缓刑确实不致再危害社会，故可对其宣告缓刑。依照《中华人民共和国刑事诉讼法》第二百三十六条第二项、《中华人民共和国刑法》第二百三十四条第一款、第二十五条第一款、第七十二条第一款、第七十三条之规定，判决如下：

一、维持××市××区人民法院（202×）××刑初1315号刑事判决对被告人杜××的定罪部分，即被告人杜××犯故意伤害罪。

二、撤销××市××区人民法院（202×）××刑初1315号刑事判决对被告人杜××的刑罚部分，即判处有期徒刑一年六个月。

三、判处上诉人杜××有期徒刑一年六个月，缓刑两年。

（缓刑考验期从本判决确定之日起计算）

本判决为终审判决。

审判长　秦××

审判员　张××

审判员　金××

（院印）

二〇二×年一月十三日

本件与原本核对无异

法官助理　孙××

书记员　郭××

第四节　刑事附带民事判决书

一、刑事附带民事判决书的概念和适用

刑事附带民事判决书，是指人民法院依照《中华人民共和国刑法》《中华人民共和国刑事诉讼法》《中华人民共和国民事诉讼法》规定的有关程序，对审理终结的刑事附带民事案件，就被告人的行为是否构成犯罪及是否应当承担民事赔偿责任所作出的书面决定。

刑事附带民事判决书适用的范围是：

（1）人民法院经审理，确认被告人的行为已构成犯罪，而被告人的犯罪行为给被害人直接造成了经济损失的案件。

（2）人民法院经审理，确认被告人的行为尚不构成犯罪，但其行为给被害人造成了经济损失，应由被告人负民事赔偿责任的案件。

（3）人民法院经审理，查明被告人系未达到刑事责任能力的未成年人，但其行为已给被害人造成经济损失，依法应当由被告人的监护人负民事赔偿责任的案件。

二、刑事附带民事判决书的内容和制作要求

（一）首部

（1）标题。由制作文书的人民法院名称和文种组成，例如："辽宁省海城市人民法院刑事附带民事判决书"。

（2）文书编号。文书编号由立案年度、法院代字、案件性质代字、案件顺序号组成。例如：江苏省高级人民法院2024年的一份文书编号为"（2024）苏刑初267号"。

（二）正文

（1）公诉机关或自诉人基本情况。如果是公诉机关提起公诉的案件，则写明"公诉机关×××人民检察院"。如果是自诉人提起诉讼的案件，则写明自诉人的姓名、性别、出生年月日、民族、文化程度、职业或者工作单位和职务、住址等。

（2）附带民事诉讼原告人或诉讼代理人的身份事项。公诉案件写明附带民事诉讼原告人的姓名、性别、出生年月日、民族、出生地、文化程度、职业或者工作单位和职务、住址等；自诉案件则写明诉讼代理人的姓名、工作单位和职务。

（3）被告人身份事项。写明被告人的姓名、性别、出生年月日、民族、出生地、文化程度、职业或者工作单位和职务、住址；如果是公诉案件中的被告人，还应写明因本案所受强制措施情况，即何时被拘留，何时被逮捕，现羁押何处。

（4）辩护人。写明辩护人的姓名、工作单位和职务。

（5）案由和审判过程。写明案件的来源、合议庭组成情况、审判方式、诉讼参与人参加诉讼情况等。

（6）事实。事实部分写明四个方面的内容：

1）概述人民检察院指控的被告人的犯罪事实、证据和适用法律的意见和附带民事诉讼原告人的诉讼请求及有关证据；自诉案件则概述自诉人指控被告人犯罪和由此造成经济损失的事实和诉讼请求。

2）概述被告人对人民检察院指控的犯罪事实和附带民事诉讼原告人诉讼请求的供述、辩解、自行辩护的意见，简述辩护人的辩护意见和有关证据；自诉案件则概述被告人对自

诉人指控的供述、辩解、自行辩护的意见和有关证据以及辩护人的辩护意见和有关证据。

3) 法庭审理查明的被告人的犯罪事实，包括由此造成的被害人经济损失的事实。

4) 证据及来源，并对控辩双方有异议的事实、证据进行分析认证。

（7）理由。理由部分可分两个层次来写：

1) 根据法庭查证属实的事实、证据和法律规定，论证公诉机关或者自诉人指控的犯罪是否成立，被告人的行为是否构成犯罪，犯什么罪，应否追究刑事责任；论证被害人是否由于被告人的犯罪行为而遭受经济损失，被告人对被害人的经济损失应否负民事责任，应否减轻、从轻、免除处罚或者从重处罚，并且对控辩双方的意见阐明是否采纳的理由。

2) 引用相关刑法、民法条文和司法解释，说明判决的法律依据。

（8）判决结果。

1) 定罪判刑并赔偿经济损失。

2) 定罪免刑但赔偿经济损失。

3) 无罪但赔偿经济损失。

4) 无罪并且不赔偿经济损失。

（三）尾部

（1）交代上诉权限。

（2）审判长和审判员署名、制作日期、书记员署名。

（3）用印。

三、制作刑事附带民事判决书应注意的问题

（1）严格把握刑事附带民事判决书的适用范围。刑事附带民事判决书只适用于人身权利受到犯罪侵犯而遭受物质损失或财产被犯罪分子毁坏而遭受物质损失的案件。对犯罪分子非法占用、处置被害人财产而使其遭受物质损失的，不能作为刑事附带民事案件处理。

（2）不要错列、漏列附带民事诉讼原、被告。

（3）判决理由部分除引述《刑法》规定外，还应同时引用《民法典》的有关规定作为判定被告人承担民事赔偿责任的法律依据。

四、一审刑事附带民事判决书的格式和实例

（一）一审刑事附带民事判决书的格式

×××人民法院

刑事附带民事判决书

（××××）××刑初××号

公诉机关×××人民检察院

附带民事诉讼原告人……（写明姓名、性别、出生年月日、民族、出生地、文化程度、职业或工作单位和职务、住址等）

被告人……（写明姓名、性别、出生年月日、民族、出生地、文化程度、职业或者工作单位和职务、住址、因本案采取的强制措施情况、现羁押处所等）

辩护人……（写明姓名、工作单位和职务）

×××人民检察院以×检×刑诉〔××××〕×号起诉书指控被告人×××犯××罪，于××××年××月××日向本院提起公诉。在诉讼过程中，附带民事诉讼原告人向本院提起附带民事诉讼。本院依法组成合议庭，公开（或者不公开）开庭进行了合并审理。×××人民检察院指派检察员×××出庭支持公诉，附带民事诉讼原告人×××及其法定代理人×××、诉讼代理人×××，被告人×××及其法定代理人×××、辩护人×××，证人×××，鉴定人×××，翻译人员×××等到庭参加诉讼。现已审理终结

×××人民检察院指控……（概述人民检察院指控被告人犯罪的事实、证据和适用法律的意见）

附带民事诉讼原告人诉称……（概述附带民事诉讼原告人的诉讼请求和有关证据）

被告人×××辩称……（概述被告人对指控的犯罪事实和附带民事诉讼原告人的诉讼请求予以供述、辩解、自行辩护的意见和有关证据）。辩护人×××提出的辩护意见是……（概述辩护人的辩护意见和有关证据）

经审理查明，……（首先写明经庭审查明的事实。事实中既要写明经法庭查明的全部犯罪事实，同时写明由于被告人的犯罪行为使被害人遭受经济损失的事实；其次写明经举证、质证定案的证据及其来源；最后对控辩双方有异议的事实、证据进行分析、认证）

本院认为，……（根据查证属实的事实、证据和有关法律规定，论证公诉机关指控的犯罪是否成立，被告人的行为是否构成犯罪，犯的什么罪，应否追究刑事责任；论证被害人是否因为被告人的犯罪行为而遭受经济损失，被告人对被害人的经济损失应否承担民事赔偿责任；应否从轻、减轻、免除处罚或者从重处罚。对于控辩双方关于适用法律方面的意见，应当有分析地表示是否予以采纳，并阐明理由）。依照……（写明判决的法律依据）的规定，判决如下：

（写明判决结果，分四种情况）

第一，定罪判刑并赔偿经济损失的，表述为：

一、被告人×××犯××罪，判处……（写明主刑、附加刑）

（刑期从判决执行之日起计算。判决执行以前先行羁押的，羁押一日折抵刑期一日，即自××××年×月×日起至××××年×月×日止）

二、被告人×××赔偿附带民事诉讼原告人×××……（写明受偿人的姓名、赔偿的金额和支付的日期）

第二，定罪免刑并赔偿经济损失的，表述为：

一、被告人×××犯××罪，免予刑事处罚。

二、被告人×××赔偿附带民事诉讼原告人×××……（写明受偿人的姓名、赔偿的金额和支付的日期）

第三，宣告无罪但应当赔偿经济损失的，表述为：

一、被告人×××无罪。

二、被告人×××赔偿附带民事诉讼原告人×××……（写明受偿人的姓名、赔偿的金额和支付的日期）

第四，宣告无罪且不赔偿经济损失的，表述为：

一、被告人×××无罪。

二、被告人×××不承担民事赔偿责任。

如不服本判决，可在接到判决书的第二日起十日内，通过本院或者直接向×××人民法院提出上诉。书面上诉的，应当提交上诉状正本一份、副本×份。

审判长　×××
审判员　×××
审判员　×××
（院印）
××××年×月×日

本件与原本核对无异

书记员　×××

（二）一审刑事附带民事判决书实例

×× 省 ×× 市 ×× 区人民法院
刑事附带民事判决书

（202×）××刑初 1072 号

公诉机关　××省××市××区人民检察院

附带民事诉讼原告人　王××，男，1937年6月29日出生，汉族，无职业，住××市××区××街××号，系被害人父亲

附带民事诉讼原告人　曹××，男，1984年3月15日出生，汉族，××市××区××局干部，住××市××区××街××号，系被害人丈夫

附带民事诉讼原告人　曹×，男，2011年8月4日出生，汉族，××市××小学学生，住××市××区××街××号，系被害人长子

被告人　孙××，男，1981年10月11日出生，××市人，汉族，高中文化程度，个体工商户，住××市××区××大街××号6幢321室。因本案于202×年4月30日被××市公安局××区公安分局刑事拘留，同年5月15日被依法逮捕。现羁押于××市第一看守所

辩护人暨诉讼代理人　李×、任××，××昊星律师事务所律师

附带民事诉讼被告人　中国××保险股份有限公司××分公司

住所地：××市××区××路179号××国际金融中心B座20层

负责人：范××，系该公司总经理

委托代理人　李××，男，汉族，1984年10月9日出生，住××市××区云峰北街1号，系该公司法律顾问

附带民事诉讼被告人　中国××财产保险股份有限公司××分公司

住所地：××市××新区CBD××大厦1号楼

负责人：李××，系该公司法定代表人

诉讼代理人　郭××，××法正律师事务所律师

××市××区人民检察院以××检刑诉〔202×〕692号起诉书指控被告人孙××犯交通肇事罪，于202×年6月29日向本院提起公诉，并建议适用简易程序审理本案。经本院审查，因有不宜适用简易程序审理的情形，本案于202×年7月15日转为普通程序审理。在审理期间，附带民事诉讼原告人王××、曹××、曹×向本院提起附带民事诉讼。

本院依法组成合议庭，公开开庭进行了合并审理。××市××区人民检察院指派检察员刘××出庭支持公诉，附带民事诉讼原告人王××、曹××、曹×，被告人孙××及其辩护人李×、任××，附带民事诉讼被告人中国××财产保险股份有限公司××分公司代理人李××、附带民事诉讼被告人中国××财产保险股份有限公司××分公司代理人郭××到庭参加诉讼。本案经依法延长审理期限，现已审理终结。

××省××市××区人民检察院指控：202×年4月29日11时50分许，被告人孙××驾驶×A63×××号"五菱"牌小型普通客车沿××路由东向西行至××路××街交叉口东约150米处时，与由北向南步行过××路的王×相撞，致使王×受伤，经医院抢救无效死亡，造成交通事故。经××市公安局交通巡逻警察支队××区交警大队认定，孙××负事故的全部责任，王×不负事故责任。

针对上述指控，公诉机关提供了被告人的供述、证人证言等证据，认为被告人孙××违反交通运输管理法规，因而造成重大事故，致一人死亡，其行为触犯了《中华人民共和国刑法》第一百三十三条之规定，提请以交通肇事罪予以惩处。

附带民事诉讼原告人王××、曹××、曹×请求判令被告人死亡赔偿金、误工费、交通费、住宿费、丧葬费、精神损失费等共计人民币401 572.14元。

被告人孙××对起诉书指控其交通肇事罪的事实无异议。对民事部分表示愿意在法定的范围内赔偿，其辩护人提出如下辩护意见：被告人孙××应负事故的主要责任；案发后孙××赔偿被害人家属20 000元，认罪态度较好。请求对其从轻处罚。

经审理查明：

202×年4月29日11时50分许，被告人孙××驾驶×A63×××号"五菱"牌小客车沿××市××区××路由东向西行至××路与××街交叉口东约150处时，与由北向南步行过马路的被害人王×（女，1985年2月3日出生，住××市××区××大街2号A103号）相撞，致使王×受伤后经抢救无效死亡，造成交通事故。经××市公安局交通事故鉴定所鉴定，被害人王×死于颅脑损伤。经××市公安局交通巡逻警察支队××区交警大队认定，此事故因孙××驾驶机动车遇有行人横过马路未按规定避让造成，孙××负事故的全部责任。

另查明：

（1）202×年3月1日，×A63×××号"五菱"牌小型普通客车在中国××保险股份有限公司××分公司购买第三者责任险，保险限额为人民币300 000元，保险期间为2020年3月3日至2021年3月2日。

（2）202×年2月21日，×A63×××号"五菱"牌小型普通客车在中国××财产保险股份有限公司××分公司购买机动车交通事故险，保险额为人民币112 000元，保险期间为202×年2月22日至次年2月21日。

（3）×A63×××号小客车车主为孙××。

（4）案发后，被害人王×经抢救花费医疗费3 498.64元，需死亡赔偿金90 975元，住宿费18 975元，餐费5 310元，交通费11 275元，财产损失713元，误工费29 508.70元，上述费用共计人民币160 255.34元。案发后，被告人家属已赔偿被害人丧葬费20 000元。

上述事实，有下列证据证实：

(1) 证人朱×、林×证言，对202×年4月29日11时50分许，孙××驾驶的×A63×××号"五菱"牌面包车沿××市××区××路由东向西行驶时撞到被害人的事实予以证明。

(2) ××市公安局交通巡逻警察支队××区交警大队出具的道路交通事故认定书和道路交通事故现场勘查笔录证实，此事故因孙××驾驶机动车遇有行人横过马路未按规定避让造成，孙××负事故的全部责任。

(3) ××市公安局出具的法医学尸体检验意见书证实，被害人王×死于颅脑损伤。

(4) 被告人孙××对犯罪事实予以供认，且与上述证据能相互印证。

(5) 附带民事诉讼部分有附带民事诉讼原告人提供的医疗费、误工费、交通费票据予以证实。

上述证据均由控方及附带民事起诉方提供，且经当庭举证、质证，查明属实，予以确认。本案事实清楚，证据确实充分，足以认定。

本院认为：被告人孙××违反交通运输管理法规，因而发生重大事故，致一人死亡，公诉机关指控被告人孙××犯交通肇事罪罪名成立。

由于被告人孙××的犯罪行为给附带民事诉讼原告人王××、曹××、曹×等人造成的经济损失应予赔偿。对其要求的合理部分予以支持，但附带民事诉讼原告人王××、曹××、曹×等人请求被告人孙××赔偿其精神损失费的要求，于法无据，不予支持。

关于辩护人提出被告人孙××应负事故主要责任的辩护意见，经查，××市公安局交通巡逻警察支队××区交警大队出具的道路交通事故认定书证实，此事故系因孙××驾驶机动车遇有行人横过马路未按规定避让造成，孙××负事故的全部责任，故辩护人的该辩护意见不能成立，不予采纳。

关于辩护人提出被告人孙××案发后主动赔偿被害人家属丧葬费20 000元，认罪态度较好，请求对其从轻处罚的辩护意见，经查属实，予以采纳。

根据《中华人民共和国刑法》第一百三十三条的规定，"违反交通运输管理法规，因而发生重大事故，致人重伤、死亡或者使公私财产遭受重大损失的，处三年以下有期徒刑或者拘役……"被告人孙××的行为依法应在上述量刑幅度内判处刑罚。

根据被告人的犯罪事实、性质、情节和对社会的危害程度，依照《中华人民共和国刑法》第一百三十三条、第六十七条第三款、第六十一条、第三十六条第一款及《民法典》第一千一百七十九条和《最高人民法院关于审理人身损害赔偿案件适用法律若干问题的解释》第十七条第一款、第十九条、第二十条之规定，判决如下：

一、被告人孙××犯交通肇事罪，判处有期徒刑一年零二个月。

（刑期从判决执行之日起计算，判决执行之前先行羁押的，羁押一日折抵刑期一日，即自202×年4月30日起至202×年6月29日止。）

二、附带民事诉讼原告人王××、曹××、曹×的各项经济损失共计人民币十六万零二百五十五元三角四分（不含被告人已支付的二万元），由附带民事诉讼被告人中国××财产保险股份有限公司××分公司在交强险限额内赔偿医疗费、死亡赔偿金、交通费、财产损失共计人民币十万六千二百五十五元三角四分；剩余的经济损失共计人民币五万四千元由中国××保险有限责任公司××分公司在商业险限额内进行赔偿，均于判决生效后十日内支付。

如不服本判决，可在接到判决书的第二日起十日内，通过本院或者直接向××省××

市中级人民法院提出上诉。书面上诉的，应当提交上诉状正本一份，副本两份。

审判长　曹××
审判员　赵××
代理审判员　卜××
（院印）

二〇二×年一月二十三日

本件与原本核对无异

法官助理　王××
书记员　常×燕

第五节　刑事裁定书

一、刑事裁定书的概念和适用

（一）一审刑事裁定书

一审刑事裁定书，是指一审人民法院在受理自诉案件后，经审查发现控诉缺乏犯罪证据，自诉人提不出补充证据又不愿意撤回自诉，据此驳回自诉时所作出的书面处理决定。

制作一审刑事裁定书的法律依据是《刑事诉讼法》第二百一十一条第一款第二项。一审刑事裁定书适用于自诉案件，包括有附带民事诉讼内容的自诉案件。

（二）二审刑事裁定书

二审刑事裁定书，是指二审人民法院在审理上诉或者抗诉案件的过程中，就有关诉讼程序问题和实体问题所作出的书面处理决定。

依照《刑事诉讼法》第二百三十六条第一款第一项、第三项及第二百三十八条的规定，第二审人民法院对不服第一审判决的上诉、抗诉案件，经过审理后对下列情况适用刑事裁定书：

（1）适用法律正确、量刑适当的，裁定驳回上诉或者抗诉，维持原判。

（2）原判决事实不清或者证据不足的，裁定撤销原判，发回原审人民法院重新审判。

（3）二审人民法院发现一审人民法院的审理严重违反法律规定的诉讼程序，可能影响公正审判的，决定撤销原判，发回原审人民法院重新审判。

二、刑事裁定书的内容和制作要求

（一）一审刑事裁定书的内容和写法

1. 首部

（1）标题。标题由法院名称和文种构成。例如："湖南省最高人民法院刑事裁定书"。

（2）文书编号。文书编号由制作的年份、法院代字、案件性质代字、案件顺序号等部分组成。例如："（2024）湘刑初86号"。

（3）自诉人身份事项。依次写明自诉人姓名、性别、出生年月日、民族、出生地、文化程度、职业或者工作单位和职务、住址等。

(4) 被告人的身份事项。依次写明被告人的姓名、性别、出生年月日、民族、出生地、文化程度、职业或者工作单位和职务、住址等。

2. 正文

(1) 案由与案件来源。写明自诉人对被告人以何种罪名、什么时间提出控诉。例如："自诉人赵××以被告人李××犯虐待罪，于2024年3月15日向本院提起自诉。"

(2) 理由。理由是驳回自诉的基础，因此理由一定要按照法律规定首先说明自诉人的起诉缺乏罪证，然后引用有关法律条文作为裁定结果的依据。

(3) 裁定结果。裁定结果用一句话表述，即"驳回自诉人×××对被告人×××的起诉"。

3. 尾部

(1) 交代上诉权。

(2) 审判员、书记员署名及制作日期。

(3) 用印。

(二) 二审刑事裁定书的内容和写法

1. 首部

(1) 标题。制作裁定书的人民法院名称和文种构成。例如："辽宁省鞍山市中级人民法院刑事裁定书"。

(2) 文书编号。由收案年度、法院代字、案件性质代字和案件顺序号组成。例如："(2024) 辽03刑终87号"。

(3) 原公诉机关或抗诉机关名称。

(4) 上诉人的称谓和身份情况。上诉人用括号注明"原审被告人"，并依次写明姓名、性别、职务、住址以及因本案所受的强制措施情况，现羁押的处所。

(5) 辩护人的基本情况。写明其姓名、工作单位和职务。

(6) 案件来源和审理过程。写明上诉人不服何判决而提出上诉，或抗诉人不同意何判决而提出抗诉，人民法院组成合议庭是否公开开庭审理，人民检察院派谁履行职务，哪些当事人参加了诉讼。

2. 正文

(1) 事实。事实包括以下几项内容：

1) 概述原审判决书认定的事实、证据、理由和判决结果。

2) 概述上诉人、辩护人的意见。

3) 概述人民检察院二审中提出的新的意见。

4) 详细叙述二审审理查明的事实和据以定案的证据，针对上诉或抗诉理由中对原认定的事实、证据有异议的问题进行分析论证。

(2) 理由。从以下三个方面进行阐述：

1) 根据二审查明的事实、证据和有关法律论证原审判决在认定事实、证据和适用法律方面的正确性。

2) 对上诉人、辩护人、出庭履行职务的检察人员在适用法律方面、定性处理方面的意见作出回答，并阐明不予采纳的理由。

3) 引用有关法律条文，为裁定提供法律依据。

(3) 裁定结果。一般为驳回上诉或抗诉，维持原判。

3. 尾部

(1) 写明本裁定为终审裁定。

(2) 审判人员及书记员署名，写明年月日。
(3) 用印。

（三）发回重审的二审刑事裁定书的内容和写法

发回重审的第二审刑事裁定书只解决程序问题，不能解决实体问题，因此不需要叙述原判决书认定的事实、证据和上诉、抗诉意见，只需要在首部的案由中用一句精练的语言概括其上诉理由，然后写明原判事实不清、证据不足或者违反法律规定的诉讼程序等情形，阐明发回重审的理由，引用有关法律依据，最后作出裁定结果。

三、刑事裁定书的格式和实例

（一）刑事裁定书的格式

1. 二审维持原判刑事裁定书的格式

×××人民法院
刑事裁定书

（××××）×刑终×号

原公诉机关×××人民检察院。

上诉人（原审被告人）……（写明姓名、性别、出生年月日、民族、出生地、文化程度、职业或者工作单位和职务、住址和因本案所受强制措施情况等，现羁押处所）

辩护人……（写明姓名、工作单位和职务）

×××人民法院审理×××人民检察院指控原审被告人×××犯××罪一案，于××××年×月×日作出（××××）×刑初×号刑事判决。原审被告人×××不服，提出上诉。本院依法组成合议庭，公开（或者不公开）开庭审理了本案。×××人民检察院指派检察员×××出庭履行职务。上诉人（原审被告人）×××及其辩护人×××等到庭参加诉讼。现已审理终结。

…………（首先概述原判决认定的事实、证据、理由和判决结果；其次概述上诉、辩护的意见；最后概述人民检察院在二审中提出的新意见）

经审理查明，……（首先写明经二审审理查明的事实；其次写明二审据以定案的根据；最后针对上诉理由中与原判认定的事实、证据有异议的问题进行分析、论证）

本院认为，……（根据二审查明的事实、证据和有关法律规定，论证原审法院判决认定事实、证据和适用法律是正确的。对于上诉人、辩护人或者出庭履行职务的检察人员等在适用法律、定性处理方面的意见，应当逐一作出回答，阐明不予采纳的理由）。依照……（写明裁定的法律依据）的规定，裁定如下：

驳回上诉，维持原判。

本裁定为终审裁定。

审判长　×××
审判员　×××
审判员　×××
（院印）
××××年×月×日

本件与原本核对无异

书记员　×××

2. 发回重审刑事裁定书的格式

×××人民法院
刑事裁定书

（××××）×刑终×号

原公诉机关×××人民检察院。

上诉人（原审被告人）……（写明姓名、性别、出生年月日、民族、出生地、文化程度、职业或者工作单位和职务、住址和因本案所受强制措施情况等，现羁押处所）

辩护人……（写明姓名、工作单位和职务）

×××人民法院审理×××人民检察院指控原审被告人×××犯××罪一案，于××××年×月×日作出（××××）×刑初×号刑事判决，认定被告人×××犯××罪，判处……（写明判决结果）。被告人×××不服，以……（概述上诉的理由）为由，提出上诉。本院依法组成合议庭审理了本案。现已审理终结。

本院认为，……（具体写明原判事实不清、证据不足，或者违反法律规定的诉讼程序的情形，阐明发回重审的理由）。依照……（写明裁定的法律依据）的规定，裁定如下：

一、撤销×××人民法院（××××）×刑初×号刑事判决；

二、发回×××人民法院重新审判。

本裁定为终审裁定。

审判长　×××
审判员　×××
审判员　×××
（院印）
××××年×月×日

本件与原本核对无异

书记员　×××

（二）刑事裁定书实例

二审维持原判刑事裁定书实例

××省××市中级人民法院
刑事裁定书

（202×）××刑终341号

原公诉机关××市××区人民检察院。

上诉人（原审被告人）王×娜，女，1992年2月5日出生，××市人，汉族，大学专科文化程度，××商厦××珠宝专柜销售员，住××市××区××东路××小区3号楼1201号。

辩护人曲×，××国源律师事务所律师。

辩护人王×东，××国源律师事务所律师。

××市××区人民法院审理××市××区人民检察院指控原审被告人王×娜犯职务侵占罪一案，于202×年11月10日作出（202×）××刑初1547号刑事判决，以职务侵占罪判处被告人王×娜有期徒刑三年六个月。原审被告人王×娜不服，提出上诉。本院依法组成合议庭，经过阅卷、讯问上诉人、听取辩护人的辩护意见和××市人民检察院对本案的审查意见，认为事实清楚，决定不开庭审理。现已审理终结。

原审判决认定，被告人王×娜系××商厦××珠宝专柜销售员。202×年6月26日22时许，被告人王×娜利用清点、收拾货物之机，将一枚PT950钻石项链和吊坠藏于鞋内带出商厦，据为己有。202×年6月28日××商厦报案后，公安机关询问四名售货员，经教育，被告人王×娜如实供述了犯罪事实，并带领公安人员去其朋友家取回被盗物品交还公司。后经进一步侦查定案。

另查，××珠宝公司出具证明，证实该PT950钻石项链和吊坠总成本价为人民币71 500元（其中包括钻石68 000元，金料2 100元，加工费1 400元）。××市××区价格认证中心出具的鉴定结论，估计钻石项链和吊坠价格为人民币137 819元（市场零售价）。

上述事实有事主单位张××陈述；证人严××、宋××、李××、赵××证言；估价鉴定结论书；商厦丢失商品明细、赃物照片；案件来源、抓获经过等证据证实。上述证据经当庭质证，予以确认。

原审法院认为，被告人王×娜身为公司职员，利用职务之便，侵吞本公司财物，数额巨大，其行为已构成职务侵占罪。公安机关因对被告人王×娜及其他售货员产生怀疑，对其进行询问，经教育，被告人王×娜能如实供述自己的犯罪事实，应认定为自首，依法可以从轻处罚。依照《中华人民共和国刑法》第二百七十一条第一款、第六十七条第一款之规定，以被告人王×娜犯职务侵占罪，判处有期徒刑三年六个月。

被告人王×娜不服，以原审法院判决认定钻石项链和吊坠价值过高及量刑过重为由，提出上诉。其辩护人认为，原审法院认定上诉人王×娜的犯罪数额偏高，且价格鉴定结论缺乏客观公正性。望二审法院查明事实，依法客观认定王×娜的犯罪数额，作出公正判决。

××省××市人民检察院意见，原判认定事实清楚，证据充分，定罪准确，量刑适当，审判程序合法，建议二审法院驳回上诉，维持原判。

经审理查明。原审法院判决认定上诉人（原审被告人）王×娜犯职务侵占罪的事实清楚。认定上述事实的证据有：

（1）事主单位张××陈述，证实202×年6月27日9时15分，其单位的一条项链和一个项链坠丢失及报警的情况。

（2）证人严××证言，证实××珠宝公司在××商厦有专柜，主要经营珠宝，柜台有四名售货员，没有固定的柜长；公司与每名售货员签订了劳动合同；并证明王×娜202×年5月10日到公司当的售货员。

（3）证人宋××证言，证实202×年6月27日9时10分左右，其在柜台里面摆货过程中，发现少了一条项链和吊坠及让张××报警的情况。

（4）证人李××证言，证实其与被告人王×娜202×年6月26日下的晚班，下班前点数时还看到了丢失的物品。

（5）证人赵×证言，证实202×年6月26日晚10时15分，王×娜给其打电话并来到其家。王×娜一进门就将两个包放在沙发上。王×娜27日凌晨走时将一个袋子放在其家。28日14时左右，王×娜给其打电话，说袋子里有项链和一个吊坠让其给送过来，16时许王×娜和民警就到了，于是赵×把这些东西交给民警。

(6) ××市××区价格认证中心出具的估价鉴定结论书,证实物品的价格为人民币137 819元。

(7) ××珠宝公司丢失货品明细,证实丢失物品的情况。

(8) 赃物照片,证实赃物的特征。

(9) 公安机关出具的案件来源、抓获经过,证实案发及抓获被告人的情况。

上述证据来源合法,客观真实,各证据之间互有关联性,并能形成证据链证实本案的主要事实,本院予以确认。二审查明的事实与一审法院认定的事实一致。

本院认为,上诉人王×娜身为公司职员,利用职务之便,侵吞本公司财物,数额巨大,其行为已构成职务侵占罪。公安机关因对上诉人王×娜产生怀疑对其进行询问,上诉人王×娜能如实供述自己的犯罪行为,系自首。原审法院认定事实清楚,证据充分,定罪准确,量刑适当,审判程序合法。关于赃物价格认定的问题,原审法院根据××市××区价格认证中心出具的估价鉴定结论,认定上诉人(原审被告人)王×娜侵占数额为人民币137 819元是正确的。虽然上诉人王×娜的辩护人认为该结论缺乏客观公正性,但无相关证据予以证实。故上诉人王×娜所提赃物价格认定过高的上诉理由及其辩护人的辩护意见无事实及法律依据,本院不予支持。关于本案的量刑,根据《中华人民共和国刑法》第二百七十一条的规定,公司、企业或其他单位的人员,利用职务上的便利,将本单位财物非法占为己有,数额较大的,处五年以下有期徒刑或者拘役;数额巨大的,处五年以上有期徒刑,可以并处没收财产。上诉人王×娜侵占本单位财物价值人民币137 819元,属数额巨大,按照上述规定,应判处五年以上有期徒刑。原审法院在量刑时考虑上诉人(原审被告人)王×娜有自首情节,在法定刑以下判处其有期徒刑三年六个月,量刑并无不当。故上诉人王×娜所提量刑过重的上诉理由于事实法律无据,本院不予支持。××省××市人民检察院建议驳回上诉,维持原判的意见正确,本院予以采纳。综上,依照《中华人民共和国刑事诉讼法》第二百三十六条第一项之规定,裁定如下:

驳回上诉,维持原判。

本裁定为终审裁定。

审判长 刘××
审判员 丁××
审判员 巴××
(院印)

二〇二×年一月二十二日

本件与原本核对无异

书记员 梁××

【思考与练习】

一、根据所给案例制作一份一审刑事判决书。

××省××市人民检察院向××市中级人民法院提出×检刑诉(202×)97号起诉书,指控被告人齐××在202×年5月与本案被害人周××(女,卒年34岁)相识并勾搭成奸，经常在一起鬼混，在此期间周××以种种借口向齐××借了50 000元钱。后来周××又有了别的相好，就和齐××疏远了。齐××不甘心人财两空，202×年10月1日来到周××家，索要50 000元借款，周××不给，二人吵了起来，接着动起手来。齐××用手掐住周××脖子，把周××掐昏。齐××怕周××不死，到周××家厨房拔下电饭锅的电源线，在周××的脖子上勒了几圈。又找出周××家的菜刀，向周××脖子猛砍十多刀，致使周××颈动脉、静脉和气管断裂，急性失血合并机械性窒息死亡。杀人后，齐××从周××的身上和家中抢得5个金戒指、一条金手链、一条金项链、1 500元现金和一部手机，价值10 000多元。

公诉机关认为齐××的行为构成抢劫罪，建议法院适用《刑法》第二百六十三条第一项、第五项处罚。××市中级人民法院在202×年3月31日受理此案后，组成合议庭进行审理。法院认为公诉机关的指控大部分是正确的，但被害人向被告人借款的事实，只有被告人齐××的口供，没有其他证据证明。法院不予认定。法院认为，周××另有新欢后，疏远了齐××，齐××争风吃醋，上门纠缠，二人言语不合，争吵进而动起手来。于是齐××产生杀人恶念，将周××杀死后，掠走周××的财物。

证据有：现场勘查笔录和刑事技术鉴定结论，证人赵××、汪××证言，从被告人家中收缴的金首饰、数码相机等，以及被告人的部分供述。

被告人及其辩护人杨××（××律师事务所律师）均提出，被害人欠债不还，并首先辱骂被告人，对本案的发生负有一定责任，要求从轻处罚。

齐××，男，1969年10月1日出生，××市××公司职员，汉族，大学文化，住××市××区××街××号。××市人。无前科，因本案在202×年10月10日被刑拘，202×年10月14日被批准逮捕，现羁押于××市看守所。

二、根据所给案例制作一份刑事裁定书。

广东省佛山市南海区人民法院审理佛山市南海区人民检察院指控原审被告人杨元、杨万里、杨仁新犯抢劫罪一案，于202×年4月26日作出（202×）粤0605刑初682号刑事判决。原审被告人杨万里不服，提出上诉。

原审被告人杨元、杨万里、杨仁新伙同杨凯、"阿局"（均另案处理）多次在一起密谋策划后，202×年10月28日深夜1时左右，拿着刀、撬杠等工具，驾乘一辆吉普车来到佛山市南海区九江镇沙头石江村嘉和公司办公大楼旁小巷，由杨仁新坐在车内望风接应，杨凯、"阿局"及被告人杨元、杨万里分别爬墙进入嘉和公司办公楼，持刀威胁在三楼睡觉的被害人卢少云并把他捆绑起来，搜房间，撬保险柜，抢走人民币29 000元、港币2 500元、一部iPhone XS型手机、一部华为P20型手机、一台IBM T60-D65型手提电脑、一块伯爵GOA08876手表（以上物品总价值人民币337 720元）。在此期间，被害人卢少云想要逃脱，被被告人杨元、杨万里及杨凯、"阿局"抓住打得鼻青脸肿，并重新捆绑（经鉴定，卢少云全身多处挫擦伤及划伤，系受钝性暴力作用致眼部、肢体软组织损伤，属轻微伤）。接着，被告人杨元、杨万里及杨凯、"阿局"又将办公楼内的9台电脑主机（价值人民币4 799.75元）拆下搬出办公室。这时，被害人卢少云又挣脱绳索呼救，杨元、杨万里及杨凯、"阿局"惊慌之下扔掉电脑主机，携带其他赃物与被告人杨仁新一起逃离。得手后，赃物被销赃，赃款被分占。

原判认定本案的赃款、赃物为：人民币29 000元、港币2 500元，IBM T60-D65型手提电脑一台（价值人民币12 880元）、iPhone XS手机一部（价值人民币3 344元）、华为

P20 型手机一部（价值人民币 1 496 元）、伯爵牌手表一块（价值人民币 134 300 元）及电脑主机 9 台（价值人民币 4 799.75 元）。

原判的证据有：

1. 被害人卢少云的陈述及辨认被告人杨元、杨万里的笔录。证实 202×年 10 月 28 日凌晨，他在沙头嘉和公司办公楼三楼睡觉时，有四名男子持刀对他进行殴打、捆绑并实施抢劫，共抢走现金人民币 29 000 元、港币 2 500 元、iPhone XS 手机一部（价值 6 000 元）、华为 P20 型手机一部（价值 5 000 元）、IBM T60-D65 型手提电脑一台（价值 16 700 元）、伯爵 GOA08876 手表一块（价值 134 300 元）及银行卡、证件等物。经辨认，被害人确认被告人杨元、杨万里就是案发当时实施抢劫的人。

2. 证人王华、谭兰开、谭建国（均为嘉和公司保安员）、郑均刚（嘉和公司旁小卖部店主）的证言及郑均刚辨认被告人杨万里、杨仁新的笔录。其中证人王华、谭兰开证实听被害人讲被抢劫；证人谭建国证实案发前看到有一辆吉普车停在其公司附近；证人郑均刚证实案发前看到有一辆吉普车停在案发地点附近，曾有两人下过车（经其辨认，确认该两人就是被告人杨万里、杨仁新）。

3. 被告人杨元在侦查阶段的供述及辨认作案现场、同案人的笔录。证实 202×年 10 月下旬的一天下午，杨凯开车带着他和杨万里、杨仁新及一不知名男子从东莞来到案发地点"搞东西"（当时他以为是去偷东西）。他们等到次日凌晨，杨凯、杨万里及不知名男子携带刀、手电筒翻墙进入一间工厂，杨仁新则留在车上。不久，杨凯打电话叫他拿铁棍进去。他进去后，上到三楼，看到那不知名的男子用刀看守着一个只穿内裤的男子。然后，杨凯让杨万里看着被制服的男子，杨凯和不知名的男子用铁棍撬保险柜，他跟在他们后面看。撬开后，里面有 1 万多元现金。随后杨凯又和不知名男子撬另一个保险柜，但没发现什么财物。在此期间，被制服的男子企图逃跑，被杨万里抓了回来，杨凯和不知名男子殴打并将其绑了起来。随后，由杨万里看守那男子，他们三人去拆电脑主机并准备往外搬。这时，不知名男子说被制服的男子逃跑了，于是他们马上从原路回到车上，逃回东莞。在车上，杨凯说搞到现金 2 万多元（有几千元是从那男子处搜到的）、一块手表、两部手机及一台手提电脑。他分得赃款 5 000 元。

4. 被告人杨万里在侦查阶段的供述及辨认作案现场的笔录。他供述的作案过程与被告人杨元所述基本相同，并称，是杨仁新提出去作案地点的，因为杨仁新对那里比较熟悉；他开始以为是去盗窃，作案过程是杨凯和"阿局"指挥的；共抢得两部手机、一台手提电脑、一个钱包（内有几千元现金）以及一个保险柜内的现金 1 万多元。因被害人逃脱，他们未能搬走电脑主机。他分得赃款 4 200 元。

5. 被告人杨仁新在侦查阶段的供述及辨认停车地点的笔录。证实作案当天，杨凯开一辆吉普车带着他和杨元、杨万里及一个不知名男子来到佛山市南海区一个镇。停车后，杨凯指着一家工厂说今晚就搞这家厂。当晚 12 时左右，杨凯、杨万里及那不知名男子拿着刀、铁棒及手电筒先进入那家厂，他和杨元留在车上。过了几分钟，杨元的电话响了，他拿着铁棒说"我也进去了"。大约 1 小时后，他们拿着工具跑出来说被人发现了，于是他们就开车逃回东莞。在车上，杨凯说搞到了现金和一块手表，搬出电脑但来不及拿了，还听他们说里面有一个男子，但他不知道该男子有无反抗。

6. 扣押、发还、处理物品清单。

7. 公安机关出具的抓获三被告人的经过证明、起赃经过证明。

8. 三被告人的户籍证明。

9. 法医学鉴定结论书。证实被害人卢少云身体多处划、擦伤,构成轻微伤。

10. 价格鉴定结论书。经佛山市南海区物价局价格认证中心鉴定,涉案的 IBM 手提电脑价值 12 880 元,正品伯爵手表价值 32 万元,iPhone XS 手机价值 3 344 元,华为 P20 手机价值 1 496 元。

11. 现场勘查记录及照片。

原判根据上述事实和证据,认定被告人杨元、杨万里以非法占有为目的,伙同他人采用暴力手段劫取公私财物,数额巨大,其行为均已构成抢劫罪。被告人杨仁新以非法占有为目的,伙同他人采用秘密手段盗窃公私财物,数额巨大,其行为已构成盗窃罪。被告人杨仁新在盗窃犯罪中负责望风,起次要作用,是从犯,依法从轻处罚。依照《中华人民共和国刑法》第二百六十三条、第二百六十四条、第二十七条、第五十六条第一款、第五十五条第一款、第五十二条、第五十三条之规定,作出如下判决:被告人杨元犯抢劫罪,判处有期徒刑十一年,剥夺政治权利三年,并处罚金人民币一万元;被告人杨万里犯抢劫罪,判处有期徒刑十一年,剥夺政治权利三年,并处罚金人民币一万元;被告人杨仁新犯盗窃罪,判处有期徒刑三年,并处罚金人民币 5 000 元。

杨万里上诉提出,他在本案中起辅助作用,是从犯;赃款赃物没有原判认定的那么多;原判量刑过重。

经审理查明,原判认定被告人杨元、杨万里犯抢劫罪、杨仁新犯盗窃罪的事实清楚,证据确实、充分,二审法院广东省佛山市中级人民法院对一审判决的事实予以确认。

对于杨万里提出其是从犯及赃款赃物没有原判认定的那么多等上诉意见,经查,上诉人杨万里参与本案密谋,积极参与实施抢劫犯罪,后分得赃款赃物,他在抢劫共同犯罪中所起的作用与原审被告人杨元等同案人的作用相当,不宜认定为从犯。原审判决认定事实清楚,证据确实、充分,定罪准确,量刑适当,审判程序合法。在 202×年 7 月 17 日以(202×)粤 06 刑二终 235 号裁定书裁定驳回上诉,维持原判。

二审法院广东省佛山市中级人民法院审判长吴文波、审判员王健、代理审判员古加锦,书记员李春嫦;原公诉机关广东省佛山市南海区人民检察院。

上诉人(原审被告人)杨万里,曾用名杨万理,男,1982 年 10 月 19 日出生于湖南省通道侗族自治县,侗族,初中文化程度,农民,住通道侗族自治县木脚乡木脚村老寨组。因本案于 202×年 11 月 29 日被羁押,同月 30 日被刑事拘留,202×年 1 月 5 日被逮捕。现押于佛山市南海区看守所。

原审被告人杨元,男,1992 年 6 月 24 日出生于湖南省通道侗族自治县,侗族,初中文化程度,农民,住通道侗族自治县临口镇临口村坪头组。因本案于 202×年 11 月 29 日被羁押,同月 30 日被刑事拘留,202×年 1 月 5 日被逮捕。现押于佛山市南海区看守所。

原审被告人杨仁新,男,1981 年 11 月 29 日出生于湖南省通道侗族自治县,侗族,小学文化程度,农民,住通道侗族自治县木脚乡更头村松树坪组。因本案于 202×年 11 月 29 日被羁押,同月 30 日被刑事拘留,202×年 1 月 5 日被逮捕。现押于佛山市南海区看守所。

三、刑事附带民事判决书写作时怎样体现民事部分"以附从主"的原则?

第五章　人民法院民事法律文书

【学习目标】

1. 熟练掌握一审民事判决书、民事调解书等常用人民法院民事诉讼文书的内容、格式和制作要求。
2. 了解其他民事裁判文书的制作和使用要求。

第一节　人民法院民事法律文书概述

人民法院民事法律文书也称民事裁判文书，是人民法院在民事诉讼中，依照《民事诉讼法》规定的程序，为解决具体的民事权利与义务的争议，就案件的实体问题或诉讼程序问题依法制作的具有法律效力的文书。

一、民事裁判文书的适用范围

（1）民事案件的实体问题，如婚姻家庭纠纷、合同纠纷、继承纠纷、侵权损害赔偿纠纷、经济纠纷、房产纠纷等有关民事权利与义务的纠纷。

（2）民事案件的程序问题，如管辖、是否准许撤诉、中止或终结诉讼等。

二、民事裁判文书的种类

（1）按照解决诉讼问题的性质，民事裁判文书分为民事判决书（解决诉讼实体问题）和民事裁定书（解决诉讼程序问题）。

（2）按照解决纠纷方式的不同，民事裁判文书分为民事判决书和民事调解书。

（3）按照诉讼程序的不同，民事裁判文书分为一审、二审和再审文书；督促程序的民事裁定书；公告催示程序的民事判决、裁定书；企业法人破产还债程序民事裁定书；执行程序的民事裁定书等。

三、民事裁判文书制作原则

为深入推进社会主义核心价值观融入裁判文书释法说理，正确贯彻实施《民法典》，进一步增强司法裁判的公信力和权威性，制作民事裁判文书时，应当坚持以下基本原则：

（1）法治与德治相结合。以习近平新时代中国特色社会主义思想为指导，贯彻落实习近平法治思想，将法律评价与道德评价有机结合，深入阐释法律法规所体现的国家价值目标、社会价值取向和公民价值准则。

（2）以人民为中心。要积极回应人民群众对公正司法的新要求和新期待，准确阐明事理，详细阐明法理，积极讲明情理，力求讲究文理，不断提升人民群众对司法裁判的满意度。

（3）政治效果、法律效果和社会效果的有机统一。立足时代、国情、文化，综合考量法、理、情等因素，加强社会主义核心价值观的导向作用，不断提升司法裁判的法律认同、社会认同和情理认同。

第二节　一审民事判决书

一、一审民事判决书的概念和适用

一审民事判决书，是指一审人民法院根据《民事诉讼法》规定的一审程序，对审理终结的一审民事案件就实体问题作出的书面决定。

一审民事判决书主要解决民事纠纷的实体问题，即有关民事权利与义务的争议。这些纠纷主要包括财产纠纷、婚姻家庭纠纷、经济纠纷、损害赔偿纠纷和劳动纠纷等。

根据《民事诉讼法》第一百五十五条的规定，判决书应当写明判决结果和作出该判决的理由，内容包括：案由、诉讼请求、争议的事实和理由；判决认定的事实和理由、适用的法律和理由；判决结果和诉讼费用的负担；上诉期间和上诉的法院。判决书由审判人员、书记员署名，加盖人民法院印章。

二、一审民事判决书的内容和制作要求

（一）标题

（1）标题由法院名称、文书名称和文书编号组成。

（2）法院名称前冠以省、自治区、直辖市所在地，涉外案件还应冠以国名。

（3）文书编号由收案年度＋法院代字＋案件性质代字＋案件顺序号组成，例如：北京市第三中级人民法院2024年的一份民事判决书的编号为"（2024）京03民初9876号"。

依照《中华人民共和国民事诉讼法》第一百五十六条规定就一部分事实先行判决的，第二份民事判决书开始可在文书编号后缀"之一""之二"等，以示区别。

（二）首部

1. 诉讼参加人基本情况

诉讼参加人包括当事人、诉讼代理人，全部诉讼参加人均分行写明。

（1）当事人身份事项。

写明"原告""被告"。反诉的写明"原告（反诉被告）""被告（反诉原告）"。有独立请求权第三人或者无独立请求权第三人，均写明"第三人"。

当事人是自然人的，写明姓名、性别、出生年月、民族、职业、工作单位和职务或者职业、住址和联系方式等。外国人写明国籍，无国籍人写明"无国籍"；我国港澳台地区的居民分别写明"香港/澳门特别行政区居民""台湾地区居民"。

共同诉讼代表人参加诉讼的，按照当事人是自然人的基本信息内容写明。

当事人是法人或者非法人组织的，写明名称、住所。另起一行写明法定代表人或者主要负责人及其姓名、职务。

当事人是无行为能力人或者限制行为能力人的，写明法定代理人或者指定代理人及其姓名、住所，并在姓名后用括号注明与当事人的关系。

（2）诉讼代理人事项。

诉讼代理人是法定代表人或指定代理人的，要写明其姓名、住所，并在姓名后括注与当事人的关系。

有委托诉讼代理人的，写明委托诉讼代理人的诉讼地位、姓名。委托诉讼代理人是当事人近亲属的，近亲属姓名后括注其与当事人的关系，写明住所；委托诉讼代理人是当事人本单位工作人员的，写明姓名、性别及其工作人员身份；委托诉讼代理人是律师的，写明姓名、律师事务所名称及律师执业身份；委托诉讼代理人是基层法律服务工作者的，写明姓名、法律服务所名称及基层法律服务工作者执业身份；委托诉讼代理人是当事人所在社区、单位及有关社会团体推荐的公民的，写明姓名、性别、住所及推荐社区、单位或有关社会团体名称。

委托诉讼代理人排列顺序，近亲属或者本单位工作人员在前，律师、法律工作者、被推荐公民在后。委托诉讼代理人为当事人共同委托的，可以合并写明。

2. 案件由来和审理经过

依次写明当事人诉讼地位和姓名或名称、案由、立案时间、适用普通程序、开庭日期、开庭方式、到庭参加诉讼人员、未到庭或者中途退庭的诉讼参加人、审理终结。

不公开审理的，写明不公开审理的理由，例如："因涉及国家秘密""因涉及个人隐私""因涉及商业机密，×××申请"等。

（三）事实

1. 当事人诉辩意见

（1）原告诉称，包括原告诉讼请求、事实和理由。

先写诉讼请求，后写事实和理由。

诉讼请求两项以上的，用阿拉伯数字加点号分项写明。诉讼过程中增加、变更、放弃诉讼请求的，应当连续写明。例如："诉讼过程中，×××增加诉讼请求：……""诉讼过程中，×××变更……诉讼请求为：……"

（2）被告辩称，包括对诉讼请求的意见、事实和理由。

被告承认原告主张的全部事实的，写明："×××承认×××主张的事实。"承认原告主张的部分事实的，先写明"×××承认×××主张的……事实。"，后写明有争议的事实。

被告承认全部诉讼请求的，写明："×××承认×××的全部诉讼请求。"被告承认部分诉讼请求的，写明承认部分的具体内容。

被告提出反诉的，写明："×××向本院提出反诉请求：1.……；2.……。"后接反诉的事实和理由。再另起段写明："×××对×××的反诉辩称，……。"

被告未作答辩的，写明："×××未作答辩。"

（3）第三人诉（述）称，包括第三人的主张、事实和理由。

有独立请求权的第三人，写明"×××向本院提出诉讼请求：……"，后接第三人的请求的事实和理由。

第三人未作陈述的,写明:"×××未作陈述。"

2. 证据和事实认定

对于证据数量较多的,原则上不一一列举,可以附证据目录清单。

对当事人没有争议的证据。写明:"对当事人无异议的证据,本院予以确认并在卷佐证"。对有争议的证据,写明争议证据的名称及法院对争议证据的认定意见和理由。

判决认定的事实,指人民法院经过查证所确认的事实。它包括当事人之间的法律关系、纠纷发生的时间、地点、原因、经过、情节,双方争议的焦点。对争议事实,应当写明事实认定的意见和理由。

(四)理由

理由是建立在事实和法律基础上对当事人的诉讼请求和当事人之间的争议进行公正合理的分析评判,是判决的重要依据。

(1)判决的理由部分。有争议焦点的,先列出争议焦点,再根据认定的事实、证据,分别分析认定,说明其正确和错误,后综合分析认定,分清是非责任。

(2)具体分析是否采纳原被告双方的诉讼主张。没有争议焦点的,直接写明裁判理由。就一部分事实先行判决的,写明:"本院对已经清楚的部分事实,先行判决。"

(五)裁判依据

在说理之后,作出判决前,应当援引法律依据。

分项说理后,可以另起一段,综述对当事人诉讼请求是否支持的总结评价,后接法律依据,直接引出判决主文。说理部分已经完成,无须再对诉讼请求进行总结评价的,直接另起段援引法律依据,写明判决主文。

援引法律依据,应当依照《最高人民法院关于裁判文书引用法律、法规等规范性法律文件的规定》处理。

法律文件引用顺序,先基本法律,后其他法律;先法律,后行政法规和司法解释;先实体法,后程序法。实体法的司法解释可以放在被解释的实体法之后。

(六)判决主文

判决主文两项以上的,各项前依次使用汉字数字分段写明。

单项判决主文和末项判决主文句末用句号,其余判决主文句末用分号。如果一项判决主文句中有分号或者句号的,各项判决主文后均用句号。

判决主文中可以用括注,对判项予以说明。括注应当紧跟被注释的判决主文。例:(已给付……元,尚需给付……元);(已给付……元,应返还……元);(已履行);(按双方订立的《××借款合同》约定的标准执行);(内容须事先经本院审查);(清单详见附件);等等。

判决主文中当事人姓名或者名称应当用全称,不得用简称。

金额用阿拉伯数字表示。金额前不加"人民币";人民币以外的其他种类货币的,金额前加货币种类。有两种以上货币的,金额前要加货币种类。

(七)尾部

(1)延迟履行责任告知。

(2)诉讼费用负担。

(3)告知当事人上诉权利。

（八）落款

落款包括合议庭署名、日期、书记员署名、院印。

三、制作一审民事判决书应注意的问题

（1）注意把符合条件的未成年人列为当事人。

（2）不要把死亡人列为当事人。如果属于财产权益的争议，应当更换当事人，由死者的合法继承人继续诉讼；如果属于人身关系的诉讼（如离婚、解除收养关系），则应当将案件终结。

（3）共同诉讼的案件，不要遗漏了共同诉讼人，不要把不符合第三人条件的错列为第三人。

（4）理由阐述在分清是非责任的基础上，必须对各当事人的诉讼主张具体分析，明确是否予以支持及原因。

四、一审民事判决书的格式与实例

（一）一审民事判决书的格式

×××人民法院

民事判决书

（××××）×民初×号

原告：……（写明姓名或名称、性别等基本情况）

法定代表人（或代表人）……（写明姓名和职务）

法定代理人（或指定代理人）……（写明姓名等基本情况）

委托代理人……（写明姓名等基本情况）

被告：……（写明姓名或名称、性别等基本情况）

法定代表人（或代表人）……（写明姓名和职务）

法定代理人（或指定代理人）……（写明姓名等基本情况）

委托代理人……（写明姓名等基本情况）

第三人……（写明姓名或名称等基本情况）

法定代表人（或代表人）……（写明姓名和职务）

法定代理人（或指定代理人）……（写明姓名等基本情况）

委托代理人……（写明姓名等基本情况）

……（写明当事人的姓名或名称和案由）一案，本院于××××年××月××日立案后，依法适用普通程序，组成合议庭（或依法由审判员×××独任审判），公开/因涉及（不公开开庭理由）开庭/不公开开庭进行了审理。……（写明本案当事人及其诉讼代理人等）到庭参加诉讼。本案现已审理终结。

×××向本院提出诉讼请求：1.……；2.……（明确原告的诉讼请求）

事实和理由：……（概述原告主张的事实和理由）

×××辩称，……（概述被告答辩意见）

×××诉/述称，……（概述第三人的主要意见）

当事人围绕诉讼请求依法提交了证据，本院组织当事人进行了证据交换和质证。对当

事人无异议的证据,本院予以确认并在卷佐证。对有争议的证据和事实,本院认定如下:……(写明法院是否采信证据,事实认定的意见和理由)

本院认为,……(写明争议焦点,根据认定的事实和相关法律,对当事人的诉讼请求作出分析评判,说明理由)

综上所述……(对当事人的诉讼请求是否支持进行总结评述)依照……,判决如下:

……

……

(分项写明判决结果)

…………(写明诉讼费用的负担)

如不服本判决,可在判决书送达之日起十五日内,向本院递交上诉状,并按对方当事人或者代表人的人数提出副本,上诉于×××人民法院。

审判长 ×××
审判员 ×××
审判员 ×××
(院印)
××××年×月×日

本件与原本核对无异

书记员 ×××

(二)一审民事判决书实例

实例一

××省××市××区人民法院
民事判决书

(202×)××民初1287号

原告:何××,女,1963年2月17日出生,汉族,住××市××区×××南街43号1-2-5。

被告:吴×,男,1984年2月23日出生,满族,住××市××新区××街四库巷9栋1号。

被告:××阳光出租汽车有限公司,所在地××市××区××中路115-1号。

法定代表人:刘××,该公司经理。

委托代理人:张×,男,1957年6月4日出生,汉族,住××市××区××北街5丙2-2-1。

被告:××联合财产保险股份有限公司××中心支公司,所在地××市××区××街124号(××大厦12层)。

负责人郑×,该公司总经理。

委托代理人:韩××,男,1984年9月9日出生,汉族,该公司职员,住××市××区××北街17号1-2-2。

原告何××诉被告吴×、××阳光出租汽车有限公司、××联合财产保险股份有限公司××中心支公司交通事故人身损害赔偿纠纷一案，本院于202×年11月22日立案后，依法适用普通程序，公开开庭进行了审理。本案原告何××、被告吴×、被告××阳光出租汽车有限公司委托代理人张×及被告××联合财产保险股份有限公司××中心支公司委托代理人韩××均到庭参加了诉讼，本案现已审理终结。

原告何××向本院提出以下诉讼请求：1. 要求被告赔偿原告医药费19 123元、交通费104元；2. 要求被告给付伤残赔偿金31 522元、鉴定费860元、精神损害抚慰金5 000元；3. 本案诉讼费由被告承担。

事实和理由：被告吴×所有的车辆将原告撞伤，经过××区交警大队认定，吴×负全部责任。

被告吴×承认原告何××主张的事实，同意按照法律规定赔偿。

被告××阳光出租公司承认原告何××主张的事实，称该车在我公司挂靠，实际车主为吴×，同意按照相关法律规定，由保险公司赔偿。

被告保险公司向本院提出反诉请求：1. 重新计算误工时间；2. 重新核准误工费用；3. 重新鉴定伤残等级；4. 对精神损失费、诉讼费、鉴定费不承担赔偿责任。

被告保险公司辩称，肇事车辆由该公司投保；请法院重新确认事故责任；对原告的误工时间有异议，原告提供的诊断记载只休息到202×年10月，因此误工不足503天，误工费数额也没有那么高；对原告的伤残等级有异议，要求重新鉴定。

经审理查明，202×年5月28日9点30分，被告吴×驾驶××ED061号轿车由东向西行驶至××区××路31号处，与由北向南横过道路的行人何××发生交通事故，致何××受伤。此案经××市公安局交警支队××区大队处理，认定吴×在此次事故中负全部责任，何××无事故责任。事故发生后，原告何××前后两次被送往××市第四人民医院就诊治疗，被诊断为"左锁骨骨折"。两次住院共26天，住院期间二级护理23天，三级护理3天，原告花费医疗费共计人民币19 146.94元。出院后，原告遵医嘱在家休息27周。202×年10月17日，受××市公安局交通警察支队××区大队的委托，××正泰司法鉴定所对原告何××伤情作出鉴定，鉴定意见为何××伤残等级为十级。后原告就赔偿问题与被告协商未果，遂于202×年11月22日起诉来院。

另查，本案肇事车辆××ED061号出租车实际车主为被告吴×，该车挂靠于被告××阳光出租汽车有限公司，并以该公司名义在××联合财产保险股份有限公司××中心支公司投保了机动车交通事故责任强制险和第三者责任险，后者保险限额为300 000元，并约定了不计免赔偿率特别条款，本事故发生在保险期限内。

上述事实，有双方当事人的陈述及原、被告提供的经法庭举证、质证的交通事故处理卷宗、门诊病例、住院病历、医药费收据、诊断书、用药明细、证明、收据、鉴定费收据、鉴定书、保险单等证据材料在卷佐证，本院依法予以确认。

本院认为，公民享有生命健康权。本次事故经××市公安局交警支队××大队认定，吴×负此次事故的全部责任，原告何××无事故责任，故被告吴×应对原告此次交通事故所发生的合理经济损失予以赔偿。被告××阳光出租汽车有限公司作为吴×的挂靠单位，对车辆负有管理权利，并享有收益权，故其应对原告的损失承担连带赔偿责任。

关于原告要求被告保险公司承担民事赔偿责任的诉讼主张，因本案肇事车辆在保险公司投保了交强险和第三者责任险，依据有关法律规定，交通事故受害方对加害方投保的保险公司有法定的直接请求权，保险公司应直接对受害方予以赔偿，故保险公司应先依据交强险保险条例的规定，对原告进行赔偿，超出的部分，再按第三者责任险的合同约定进行补充赔偿。

关于原告要求被告给付医疗费人民币 19 146.94 元、住院伙食补助费 1 300 元、护理费 1 317.16 元的诉讼请求，因属于合理赔偿范围，并提出了相关法定证据予以证明，且三被告均无异议，故本院对原告的上述请求予以支持。

关于原告要求被告给付误工费的诉讼请求，因原告向法庭提供了薪资证明、工资条等证据予以证明，真实有效，故本院对原告的上述证据予以采信。关于误工时间问题，原告虽要求计算至定残之日止，但从其诊断书的医嘱休息时间记载，其并非持续误工状态，因此误工时间应以医嘱休息时间为准。故具体误工费数额为 1 800 元/月÷30 天×7 天×27 周＝11 340 元。

关于原告要求被告给付交通费 104 元的诉讼请求，虽原告未向法庭提供证据，但结合原告住院、复查等实际情况，属于合理支出，本院予以支持。

关于原告要求被告给付鉴定费 860 元的诉讼请求，因属于客观实际发生的费用，且原告向法庭提供了相应的证据予以证明，故本院对上述请求予以支持。

关于原告要求被告给付伤残赔偿金的诉讼请求，虽被告保险公司提出原告的伤情不构成伤残，并对伤残鉴定结果提出异议，但其并没有提供相应证据予以证明，故本院对其抗辩意见不予支持。因原告经鉴定已构成十级伤残，按照一审法院所在地上一年度城镇居民人均可支配收入标准，自定残之日起计算，并结合原告的年龄及伤残等级情况，故其具体赔偿数额为 15 761 元×20 年×10％＝31 522 元。

关于原告要求被告给付精神损害抚慰金的诉讼请求，因本次交通事故直接给原告的身体造成严重伤害，并给原告造成一定的经济损失和精神伤害，故本院对原告的该项诉讼请求酌情予以支持。

综上所述，依照《中华人民共和国民法典》第一百零四条、第一千一百七十九条、第一千一百八十三条，《中华人民共和国道路交通安全法》第七十六条和《最高人民法院关于审理人身损害赔偿案件适用法律若干问题的解释》第十七条、第十八条、第十九条、第二十条、第二十一条、第二十二条、第二十三条及《最高人民法院关于确定民事侵权精神损害赔偿责任若干问题的解释》第一条以及《最高人民法院关于民事诉讼证据的若干规定》第二条之规定，判决如下：

一、被告××联合财产保险股份有限公司××中心支公司于本判决生效之日起十日内一次性给付原告何××医疗费人民币 19 146.94 元。

二、被告××联合财产保险股份有限公司××中心支公司于本判决生效之日起十日内一次性给付原告何××住院伙食补助费人民币 1 300 元。

三、被告××联合财产保险股份有限公司××中心支公司于本判决生效之日起十日内一次性给付原告何××误工费人民币 11 340 元。

四、被告××联合财产保险股份有限公司××中心支公司于本判决生效之日起十日内一次性给付原告何××护理费人民币 1 317.16 元。

五、被告××联合财产保险股份有限公司××中心支公司于本判决生效之日起十日内一次性给付原告何××交通费人民币 104 元。

六、被告××联合财产保险股份有限公司××中心支公司于本判决生效之日起十日内一次性给付原告何××伤残赔偿金人民币 31 522 元。

七、被告××联合财产保险股份有限公司××中心支公司于本判决生效之日起十日内一次性给付原告何××鉴定费人民币860元。

八、被告××联合财产保险股份有限公司××中心支公司于本判决生效之日起十日内一次性给付原告何××精神损失费4 000元。

对上述款项，各被告如果未按本判决指定的期间履行给付金钱义务，应当依照《中华人民共和国民事诉讼法》第二百六十四条之规定，加倍支付迟延履行期间的债务利息。

九、驳回原、被告其他诉讼请求。

诉讼费871元，由被告吴×承担。

如不服本判决，可在判决书送达之日起十五日内，向本院递交上诉状，并按对方当事人的人数提出副本，上诉于××省××市中级人民法院。

审判员　战××
（院印）
二○二×年二月二十六日

本件与原本核对无异

法官助理　×××
书记员　任××

实例二

××市××区人民法院

民事判决书

（202×）××民初2533号

原告：吕××，女，1981年10月20日生，汉族，××油田浅海采油厂第三采油作业区职工，住××市××区××街××号××雅苑3-2-401室。

委托代理人：杜×俊，××天平律师事务所律师。

被告：刘××，男，1978年10月11日出生，汉族，××油田技术服务公司运输服务处司机，住××市××新区××大街××小区19-903室。

委托代理人：李×贤，××盛大律师事务所律师。

原告吕××诉被告刘××离婚纠纷一案，本院受理后，依法组成合议庭公开开庭进行了审理。原告吕××及其委托代理人杜×俊，被告刘××及其委托代理人李×贤到庭参加诉讼。本案现已审理终结。

原告吕××向本院提出诉讼请求：1.解除原、被告之间的婚姻关系；2.婚生子刘×田由被告抚养；3.婚后住房被被告以540 000元的价格私自转卖，并用卖房款购买了"本田"牌轿车一辆，要求公平分割夫妻共同财产；4.本案诉讼费用由被告承担。

事实和理由：与被告结婚后十余年，由于家庭矛盾导致夫妻感情破裂。202×年11月，原告曾起诉离婚，被法院判决驳回。此后一年多，原被告一直分居，无任何往来，双方夫妻感情已彻底破裂，故再次起诉到法院。

被告刘××同意离婚，同意夫妻财产依法分割。被告的工作经常出野外，每年外出至少半年，孩子由原告抚养更为适宜。被告因买房向杨×国借款7 000元、向赵×波借款

70 000元、向曹×借款7 000元、向邓×平借款1 800元、向白×伟借款3 000元、向刘×东借款15 000元，共计借款103 800元，用540 000元卖房款偿还了上述债务。"本田"牌轿车系被告父亲购买，与原、被告无关，被告只是驾驶人。

当事人围绕诉讼请求依法提交了证据，本院组织当事人进行了证据交换和质证。本院认定事实如下：

200×年7、8月间，原、被告经人介绍相识并自由恋爱，200×年9月14日登记结婚，201×年5月4日生育一子刘×，现××市××区实验学校四年级学生。因原结婚证双方生日登记有误，无法给孩子上户口，201×年6月20日，原、被告又重新补办了结婚证。婚后初期，原、被告夫妻感情尚可。婚后双方没有住房，居住在被告父母家。202×年3月14日，被告酒后因琐事殴打了原告。202×年3月下旬，为缓和家庭矛盾，被告贷款288 000元购买了××小区北区10-3-102室住房一套（建筑面积92.11平方米），原告得知后出资首付款76 000元。202×年3月28日，被告给原告出具保证书一份，保证做到以下几条："1. 房子是我私自决定购买，所以由我自己还款，一切债务与吕××无关；2. 以后不许有动手打人的行为；3. 戒烟戒酒；4. 平时在家多辅导孩子的学习……"被告每月还贷3967.5元，还款三个月后，因无钱还贷，202×年9月9日，被告自行以540 000元的价格将该房卖掉，双方为此产生矛盾，经常吵闹，现已分居。202×年11月16日，原告曾起诉要求与被告离婚，202×年12月10日，被本院判决驳回原告的诉讼请求，不准原、被告离婚。202×年11月22日，原告再次起诉来院，要求与被告离婚。

根据原告的申请，本院查询了被告的公积金、养老保险费及银行存款情况，截至202×年1月28日，被告刘××的公积金为34 412.18元；截至202×年1月，被告刘××的养老保险费为38 567.28元，其中个人缴费30 593.27元。

202×年1月28日，被告刘××的建设银行账号4367××0063××120××存款余额为9.75元；账号6227××000××0494××余额为0.77元；账号0063××998××3010××余额为0元；工行账号0302××17××3614××存款余额为1 586.70元；账号0302××44××02299××余额为565.72元；账号0302××18××28587××余额为33.04元；被告刘××在农行无存款记录。

根据被告的申请，本院查询了原告的公积金、养老保险费及银行存款情况。截至202×年1月10日，原告吕××的公积金为91 863.58元；养老保险费为42 316.85元，其中个人缴费32 999.24元；××3000××16×账户，户名吕××，系中信证券××营业部的资金账户，截至2024年1月18日，中信证券××营业部资金账户对账单显示，原告吕××库存股票型××股份800股，资产市值12 592元，资金余额8 571.51元，总资产为21 163.51元。

关于银行存款的情况，202×年1月10日，原告吕××工行账号6222××04××000251××存款余额为10.66元；账号0222××18××000265××存款余额为1元；农行账号××22××04××0562××存款余额为1元；202×年1月12日，建行账号6222××06××004196××存款余额为0元；账号6222××06××009700××存款余额为465.51元；账号0××152××065561××存款余额为4.08元。

根据被告的申请，本院调取了原告202×年的工资收入统计台账，原告吕××201×年实发工资总额为44 395.24元；202×年应发工资66 941.93元，扣除三险两金后实发工资为49 871.13元。

另查，原、被告婚前均无财产。

双方婚后共同财产有：202×年3月下旬，被告贷款288 000元购买了××小区北区10-3-102室住房一套（建筑面积92.11平方米），在买房时原告交纳了首付款76 000元，被告偿还了三个月的贷款11 902.5元（3 967.5元/月×3个月＝11 902.5元）。购买该房时，被告交纳了房屋评估费1 700元、住宅登记费及住宅他项登记费160元、住宅转让手续费492.66元、二手房契税3 600元。202×年9月9日，被告自行以540 000元的价格将该房卖掉，卖房款现在被告手中。

原、被告另有其他夫妻共同财产为："康佳"牌34英寸彩电一台，音响一套，木质组合家具一套（厅柜、五开门大衣柜、五斗橱、梳妆台、双人床各一个，床头柜两个），圆桌、休闲椅三件套一套。以上家具、电器均在被告父亲家中存放，由被告占有使用。

被告现驾驶的辽××D69×号"本田"牌轿车一辆，系202×年10月10日以183 000元购买，该车登记的所有人为被告的父亲刘明延。

以上事实，有原、被告各自提交的证据、双方的陈述及本院的调查材料等证据证实。

本院认为，原、被告虽系自主婚姻，婚后初期感情尚可，但因被告动手殴打原告、擅自决定卖房、家庭关系处理不当，使双方产生矛盾，导致原告起诉离婚。现原、被告均同意离婚，本院予以准许。

关于子女抚养问题，考虑到原、被告婚生子刘×一直随被告在祖父家生活，改变生活环境恐对刘×的健康成长不利，因此，刘×以随被告生活为宜。关于抚养费的数额，原告吕××202×年实发工资为44 395.24元，2020年应发工资66 941.93元，实发工资为49 871.13元。刘×现为×××实验小学三年级学生，考虑到其实际需要、原告的负担能力、当地的实际生活水平，本院酌情确定原告每月给付刘×抚养教育费1 000元，至刘×18周岁为止。

关于财产分割问题，根据相关法律规定，原、被告婚前个人财产归各自所有，婚后共同财产根据财产的具体情况依法分割。

202×年9月9日，被告自行以540 000元的价格将××小区北区10-3-102室住房一套卖掉。在购买该房时，被告贷款288 000元（其中有三个月的贷款11 902.5元被告已经偿还），交纳了房屋评估费1 700元、住宅登记费及住宅他项登记费160元、住宅转让手续费492.66元、二手房契税3 600元，以上五项应从中剔除，余款270 144.84元（现在被告处）以及原告的公积金91 863.58元、养老保险费32 999.24元、股票总资产21 163.51元、被告的公积金34 412.18元、养老保险费30 593.27元，共计481 176.62元均属夫妻共同财产。

关于存款问题，经查询，原、被告账户内均无大额存款，无法认定双方有共同存款。

被告主张因买房向杨×国借款7 000元、向赵×波借款70 000元、向曹×借款7 000元、向邓×平借款1 800元、向白×伟借款3 000元、向刘×东借款15 000元，共计借款103 800元，用卖房款偿还了上述债务。而证人杨×国自称被告刘××借款4 000元，与被告的陈述不符，除杨×国、邓×平的证人证言原告认可外，其余均不认可，本院确认被告因买房向杨×国借款4 000元、向邓×平借款1 800元，该5 800元属夫妻共同债务。被告的其他借款主张与上次诉讼中被告本人的陈述不一致，与证人证言也不相符，被告未提交充分的证据加以证实，本院对此不予采信。202×年3月28日，被告给原告出具了保证书一份，表示"房子是我私自决定购买，所以我自己还款，一切债务与吕××无关"，该保证书系被告刘××的真实意思表示，本院对此予以确认，被告因买房所借的共同债务5 800元应由被告个人承担。

关于讼争的辽××D69×号"本田"牌轿车问题，该车登记的所有人系被告父亲刘明延，不属原被告婚后夫妻共同财产，与原、被告无关。原告主张该车属于婚后夫妻共同财产，未提交相应的证据证明，本院对此不予采信。

关于原被告其他夫妻共同财产的分割，本院结合本案的具体情况，酌情确定"康佳"牌34英寸彩电一台、音响一套、木质组合家具一套（厅柜、五开门大衣柜、五斗橱、梳妆台、双人床各一个，床头柜两个）、圆桌、休闲椅三件套一套均归被告刘××所有。

被告擅自变卖夫妻共同财产（××小区北区10-3-102室住房），在分割夫妻共同财产时应予少分，本院结合本案的实际情况，酌情确定婚后共同财产原告分得60%，即原、被告夫妻共同财产481 176.62元×60%＝288 705.972元；被告分得40%，即481 176.62元×40%＝192 470.648元。在原、被告各自名下的财产归各自所有的基础上，被告刘××应给付原告吕××共同财产对价款135 344.91元，即481 176.62元×60%－原告名下的公积金91 863.58元－养老保险费32 999.24元－股票总资产21 163.51元＝142 679.642元。

综上，依据《中华人民共和国民法典》第一千零七十九条、第一千零八十五条、第一千零八十七条第一款、第一千零九十二条，《最高人民法院关于适用〈中华人民共和国婚姻法〉若干问题的解释（二）》第十一条第二项、第三项，《最高人民法院关于人民法院审理离婚案件处理子女抚养问题的若干具体意见》第3条、第7条、第8条、第11条，《中华人民共和国民事诉讼法》第六十七条第一款，《最高人民法院关于民事诉讼证据的若干规定》第二条第二款之规定，判决如下：

一、准予原告吕××与被告刘××离婚。

二、原、被告婚生之子刘×由被告抚养，原告吕××自202×年8月起每月给付抚育费1 000元，至刘×18周岁为止。

三、原、被告婚后共同财产"康佳"牌34英寸彩电一台、音响一套、木质组合家具一套（厅柜、五开门大衣柜、五斗橱、梳妆台、双人床各一个，床头柜两个）、圆桌、休闲椅三件套一套均归被告刘××所有。

四、被告刘××于本判决生效后十日内给付原告吕××共同财产对价款142 679.642元。

五、驳回原告吕××的其他诉讼请求。

如未按照本判决指定的期限履行给付金钱义务，应当依照《中华人民共和国民事诉讼法》第二百六十四条之规定，加倍支付迟延履行期间的债务利息。

如不服本判决，可在判决书送达之日起十五日内，向本院递交上诉状，并按对方当事人的人数提出副本，上诉于××省××市中级人民法院。

审判长　曹××

审判员　史××

代理审判员　江××

（院印）

二〇二×年三月二十三日

本件与原本核对无异

书记员　金×

第三节　二审民事判决书

一、二审民事判决书的概念和适用

二审民事判决书是指上一级人民法院对不服第一审人民法院判决、裁定而上诉的民事案件进行审理后所作的书面决定。

二审民事判决书可以及时、有效地纠正一审民事判决或裁定可能发生的错误，从而切实保护当事人的合法权益，提高审判质量。

二、二审民事判决书的内容及制作要求

二审民事判决书的格式与一审民事判决书相似，由首部、事实、理由、主文（即二审判决结果）和尾部五部分组成。

（一）首部

（1）标题。写明法院名称和文书种类，例如："江苏省南京市中级人民法院民事判决书"。

（2）案号。由收案年度＋法院代字＋案件性质代字＋案件顺序号组成。例如：最高人民法院的文书案号为"（202×）最高法民终××号"。

（3）当事人身份情况。依次写明上诉人（原审诉讼地位）、诉讼代理人、被上诉人（原审诉讼地位）等人的姓名、性别、出生年月日、民族、籍贯、职业、住址等相关事项。例如：由原告提起上诉的案件——上诉人（原审原告）：××。

有多个上诉人或者被上诉人的，相同身份的当事人之间以顿号分割。双方当事人提起上诉的，均列为上诉人。

（4）案由。写明上诉人对哪一级一审法院的哪一编号判决或裁定不服，二审法院合议庭的组成情况，审理的过程。

（二）事实

事实部分主要写明如下几项内容：

（1）概述上诉人提起上诉的请求和主要理由。

（2）被上诉人的答辩意见和第三人的意见。

（3）概括原审认定的事实和判决结果。

（4）二审法院采信证据、认定的事实的意见和理由，对一审相关事实的评判。

（三）理由

（1）叙述上诉人不服原审判决或裁定的理由以及对这些理由的分析认定，正确的予以支持，错误的予以驳斥。

（2）分析原审判决是否正确，正确的予以维持，错误的予以纠正。

（3）援引判决所依据的法律条款。

（四）主文

（1）原判决认定事实正确，适用法律恰当，应写明"驳回上诉，维持原判"。

（2）原判决认定事实正确，适用法律不当，依法改判，写明"原判决撤销"，然后写明改判的内容。如果是部分改判，则写明改判的是哪一部分及具体内容。

（五）尾部
（1）写明"本判决为终审判决"。
（2）审判人员署名、制作日期及书记员署名。
（3）用印。

三、制作二审民事判决书应注意的问题

（1）关于一审时第三人没有参加诉讼，为了简化程序、便利诉讼，有些能合并审理案件中有第三人的案件，原则上可以合并审理，并在裁判文书中加列第三人。但是，二审中增加的第三人，应当仅限于调解解决的案件，或者增加的是无独立请求权的第三人，且判决结果不涉及第三人的实体权益。如果增加的虽然是无独立请求权的第三人，但判决要求其履行一定义务的，则应当将案件发回原审人民法院重新审判。

（2）对一审认定的当事人间争议的主要事实，不要照抄、照搬，而应在不失其原意的基础上进行概括，简明扼要地加以叙述。

（3）二审判决理由的阐述要针对上诉、原判，加强事理分析。

（4）依法改判的案件，判决结果的表述要规范。

四、二审民事判决书的格式与实例

（一）二审民事判决书的格式

×××人民法院
民事判决书

（××××）×民终×号

上诉人（原审××）：×××，……（写明姓名、性别、出生年月日等基本身份事项或名称等）

法定代理人/指定代理人/法定代表人/主要负责人：×××，……

委托代理人：×××，……（写明姓名、单位、职务等基本事项）

被上诉人（原审××）：×××，……（写明姓名、性别、出生年月日等基本身份事项或名称等）

法定代理人/指定代理人/法定代表人/主要负责人：×××，……

委托代理人：×××，……

原审原告/被告/第三人：×××，……（姓名或名称等基本情况）

法定代理人/指定代理人/法定代表人/主要负责人：×××，……

委托代理人：×××，……（写明姓名、单位、职务等基本事项）

上诉人×××因与被上诉人×××/上诉人×××及原审原告/被告/第三人×××（写明案由）一案，不服×××人民法院（××××）×民初×号民事判决，向本院提出上诉。本院于××××年××月××日立案后，依法组成合议庭，开庭/因涉及……（写明不开庭理由）不开庭进行了审理。上诉人×××、被上诉人×××、原审原告/被告/第三人×××（写明当事人和其他诉讼参加人的诉讼地位和姓名或者名称）到庭参加诉讼。本案现已审理终结。

×××上诉请求：……（写明上诉请求）。事实和理由：……（概述上诉人主张的事实和理由）。

×××辩称，……（概述被上诉人答辩意见）

×××述称，……（概述原审原告/被告/第三人陈述意见）

一审法院认定事实：……（概述一审认定事实）。一审法院认为，……（概述一审裁判理由）。判决：……（写明一审判决主文）

本院二审期间，当事人围绕上诉请求依法提交了证据。本院组织当事人进行了证据交换和质证（当事人没有提交新证据的，写明：二审中，当事人没有提交新证据）。对当事人二审争议的事实，本院认定如下：……（写明二审法院采信证据、认定事实的意见和理由，对一审查明事实相关的评判）

本院认为，……（根据二审认定的事实和相关法律规定，对当事人的上诉请求进行分析评判，说明理由）

（写明判决结果，分四种情况）

1. 维持原判用

表述为："综上所述，×××的上诉请求不能成立，应予驳回；一审判决认定事实清楚，适用法律正确，应予维持。依照《中华人民共和国民事诉讼法》第一百七十七条第一款第一项规定，判决如下：

"驳回上诉，维持原判。"

2. 全部改判用

表述为："综上所述，×××的上诉请求成立，予以支持。依照《中华人民共和国×××法》第×条（适用法律错误的，应当引用实体法）、《中华人民共和国民事诉讼法》第一百七十七条第一款第×项规定，判决如下：

"一、撤销×××人民法院（20××）×民初×号民事判决；

"二、……（写明改判的具体内容，内容多的应分项书写）"

3. 部分改判用

表述为："综上所述，×××的上诉请求部分成立。本院依照《中华人民共和国×××法》第×条（适用法律错误的，应当引用实体法）、《中华人民共和国民事诉讼法》第一百七十七条第一款第×项规定，判决如下：

"一、维持×××人民法院（20××）×民初×号民事判决的第×项（对一审维持判项，逐一写明）；

"二、撤销×××人民法院（20××）×民初×号民事判决的第×项（将一审判决错误项逐一撤销）；

"三、变更×××人民法院（20××）×民初×号民事判决第×项为……（写明部分改判的具体内容，内容多的应分项书写）"

4. ……（写明新增判项）

一审案件受理费用……元，由……负担。二审案件受理费……元，由……负担。

本判决为终审判决。

审判长　×××
审判员　×××
审判员　×××
（院印）
××××年×月×日

书记员　×××

（二）二审民事判决书实例

××省××市中级人民法院
民事判决书

（202×）××中法民终××号

上诉人（原审被告）：胡×平，男，1974年5月22日出生，汉族，××省××市人。

被上诉人（原审原告）：姜×红，女，1978年12月2日出生，汉族，××省××市人。

上诉人胡×平因与被上诉人姜×红民间借贷纠纷一案，不服××省××市××区人民法院（202×）××法民初5452号民事判决，向本院提出上诉。本院于202×年×月×日立案后，依法组成合议庭，开庭进行了审理。本案现已审理终结。

胡×平上诉请求：第一，撤销一审判决，依法改判；第二，本案的诉讼费用由姜×红承担。事实和理由：一、胡×平写给姜×红的收据，落款日期为9月17日，而离婚民事调解书是202×年9月22日生效，故该30 000元收据是夫妻关系存续期间产生的，属于夫妻共同财产，其已于（202×）××民初9126号民事调解书中已经依法分割；二、一审认定胡×平欠款并判决其承担诉讼费用不合理。

姜×红辩称：30 000元的借款属于胡×平欠姜×红的债务，分割财产时，姜×红给付胡×平100 000元，故30 000元属于借款。

一审法院认定事实：姜×红与胡×平原系夫妻关系。202×年9月17日，姜×红给了胡×平30 000元，胡×平向姜×红出具了一份收据，内容为"现姜×红个人付给胡×平3万元（30 000元）做偿还债务用。"该收据落款时间为202×年9月17日。胡×平对202×年9月17日收到姜×红30 000元无异议，并主张自己系当天出具的收据。姜×红、胡×平双方于202×年9月21日经东莞市人民法院调解离婚，并约定姜×红应于202×年9月25日前一次性支付胡×平70 000元作为偿还债务使用。202×年9月24日，胡×平向姜×红出具一份收据，内容为："胡×平已收取姜×红付给的偿还债务款柒万元整（70 000.00元）。"胡×平确认该收据的真实性，但主张在201×年9月24日当天仅收到姜×红支付的40 000元，因姜×红称前一张收据已丢失，便出具了该份金额为70 000元的收据。姜×红则主张，两张收据均系202×年9月24日写的，9月17日姜×红给胡×平钱的时候，胡×平并没有出具收据，9月24日姜×红再次给胡×平70 000元时，胡×平写了一张70 000元收据的同时，还补写了一张30 000元的收据，该收据的时间就写回到202×年9月17日。姜×红因主张胡×平仍欠其30 000元未还，遂诉至原审法院，请求判如所请。

庭审中，胡×平申请姜×红的母亲王华姿作为证人出庭作证，拟证明姜×红仅向胡×平支付了70 000元。证人王华姿在庭审中表示，不清楚姜×红和胡×平之间关于涉案款项的事情。

对于202×年9月24日姜×红给了胡×平70 000元还是40 000元，双方存在争议。胡×平主张姜×红仅仅给了40 000元，而姜×红则主张给了胡×平70 000元，并主张其中的50 000元系向其妹妹借的，10 000元系和平区一个朋友的还款，另外10 000元系自己凑足的。姜×红于庭后向法庭提交了其妹妹姜×菲的储蓄对账单，拟证明202×年9月24日其妹妹取出60 000元，借给姜×红50 000元。原审法院通知胡×平到庭对姜×红提交的储蓄对账单发表质证意见或提交书面质证意见，但胡×平未到庭发表质证意见，也未在期限内提交书面质证意见。

一审法院认为，姜×红主张202×年9月17日、9月24日共向胡×平支付了100 000元，有民事调解书及胡×平出具的两张收据为证，原审法院予以确认。根据双方的约定，姜×红应于202×年9月25日之前向胡×平支付70 000元，因此除去70 000元之外的30 000元则应视为胡×平向姜×红的借款。姜×红主张胡×平尚欠其借款30 000元未还，原审法院予以确认。胡×平主张202×年9月24日仅收到姜×红支付的40 000元，而总共收到姜×红给付的70 000元，但未提交任何证据予以证明，原审法院不予采信。虽然双方未约定还款期限，但根据《中华人民共和国民法典》第五百一十一条第四项的规定，姜×红作为债权人有权随时要求胡×平履行还款义务。因此，姜×红要求胡×平归还借款30 000元，理据充分，原审法院予以支持。判决，依照《中华人民共和国民法典》第五百一十一条第四项、第六百七十五条以及《中华人民共和国民事诉讼法》第六十七条第一款、第一百二十一条的规定，判决胡×平应于本判决发生法律效力之日起三日内向姜×红归还借款30 000元。一审案件受理费275元由胡×平承担。

二审中，当事人没有提交新证据。对当事人二审争议的事实，本院认定如下：依照《中华人民共和国民事诉讼法》第一百七十五条的规定，本院针对上诉人胡×平的诉讼主张进行审查。现本案的争议焦点在于：一、姜×红于202×年9月24日给付胡×平的是70 000元还是40 000元；二、胡×平是否向姜×红借款30 000元。

本院认为，关于争议焦点一，标注日期为"202×年9月24日"的收据可以证明胡×平收取姜×红给付的70 000元的事实，胡×平主张202×年9月24日仅收到40 000元的款项，只有其个人的陈述，未能提交其他证据证明其主张，依照《最高人民法院关于民事诉讼证据的若干规定》第二条的规定，胡×平应承担举证不能的后果，本院对其主张不予采信。

关于争议焦点二，夫妻共同财产是指婚姻关系存续期间夫妻双方的生产经营等收益，夫妻对此有平等的处理权。而姜×红于202×年9月17日交付给胡×平的30 000元，是在两人离婚诉讼期间发生，双方明确了该30 000元是姜×红个人交给胡×平，胡×平收到钱后的用途是用于清偿胡×平个人因赌博而产生的债务。胡×平收到该30 000元并非夫妻在婚姻关系存续期间的家庭收入，姜×红对交付出去的30 000元再没有处分权，该笔款项不属于《中华人民共和国婚姻法》第十七条所规定的夫妻共同财产的范围，而是胡×平与姜×红之间产生的婚内债务。姜×红根据（202×）××民一初9126号民事调解书支付给胡×平70 000元，这实际上是对姜×红与胡×平夫妻关系存续期间财产的分割。至于202×年9月17日支付的30 000元款项的性质，双方并无约定是赠与或是在离婚时经过处理，原审对此认定为借款并无不当。

综上所述，原审判决认定事实清楚，适用法律正确，程序合法，依法应予维持。上诉人胡×平的上诉理由均不能成立，依法应予驳回。依照《中华人民共和国民事诉讼法》第一百七十七条第一款第一项的规定，判决如下：

驳回上诉，维持原判。

本案二审诉讼费用550元，由上诉人胡×平承担。

本判决为终审判决。

审判长　陈××

审判员　林××

代理审判员　朱××

（院印）

二〇二×年八月十七日

书记员　梁×

第四节　民事调解书

一、民事调解书的概念和适用

民事调解书是指人民法院主持调解，在查清案件事实、分清是非的基础上，根据双方当事人互相谅解达成的协议所制作的法律文书。

《民事诉讼法》第九条规定，人民法院审理民事案件，应当根据自愿和合法的原则进行调解；第九十六条规定，人民法院审理民事案件，根据当事人自愿的原则，在事实清楚的基础上，分清是非，进行调解。

调解是人民法院处理民事纠纷、解决实体问题的重要方式之一，法律效力与民事判决相同。

民事调解书与民事判决书的区别有：

（1）解决纠纷的方式不同。民事调解书是人民法院依法进行调解，促成双方当事人自愿、合法地达成解决纠纷的协议，并予以认可的法律文书；民事判决书则是人民法院对案件经过审理，就诉讼双方当事人纠纷的解决而依法作出判决的法律文书。

（2）体现的意志不同。民事调解书在合法的前提下，体现了诉讼双方当事人的意志，是人民法院依法对诉讼双方当事人自愿达成解决纠纷协议的确认；民事判决书体现的是人民法院的意志及国家意志。

（3）内容及文书样式不同。民事调解书的内容比较简单，样式上不要求写明有关审理程序方面的问题及调解理由；民事判决书的内容较为复杂，样式上也有严格要求。

（4）发生法律效力的时间不同。根据《民事诉讼法》第一百条第三款的规定，民事调解书经双方当事人签收后，即具有法律效力，不论哪个审理程序都是如此；但一审民事判决书送达当事人后并不立即生效，只有超过了法定的上诉期限，当事人不上诉的，才发生法律效力。

按照不同审级，民事调解书可以分为一审民事调解书、二审民事调解书和再审民事调解书。

二、民事调解书的内容和制作要求

民事调解书由首部、正文和尾部三部分组成。

（一）首部

（1）标题与文书编号。标题分行居中写明"×××人民法院民事调解书"字样；文书编号写在标题的右下方，如"（2024）×民初×号"。

（2）当事人的身份情况。当事人的身份情况依次写明原告、被告、第三人的姓名、性别、出生年月日、民族、职业、住址等情况。如果当事人是法人或者非法人组织的，则写明其名称等基本情况。

（3）案由。案由写明案件的性质，例如"返还不当得利""合同货款纠纷"等。

（二）正文

（1）写明当事人的诉讼请求和案件事实。

（2）达成协议过程。概要说明在法院主持调解下达成协议的过程。

（3）协议的内容。协议的内容要分项写，并且要明确具体。

（4）写明诉讼费用负担。

（三）尾部

（1）写明协议内容符合法律规定，法院予以确认及调解书的法律效力。

（2）审判人员署名，制作日期。

（3）用印。

（4）书记员署名。

三、制作民事调解书应注意的问题

（1）当事人双方达成协议的内容，不得违背有关法律、政策的规定或者损害国家、集体和他人的合法权益。

（2）协议内容应是有法律上的实在意义并能予以执行的，说服教育性质的词句不要写在调解书上。

（3）协议内容是在双方自愿的基础上达成的，用字遣词应反映出自愿的语气，不能使用强制性的语气。

（4）某些情况下，达成调解协议后不需制作调解书，当事人在协议上签字盖章即产生法律效力。《民事诉讼法》规定的这类案件有：调解和好的离婚案件、调解维持收养关系的案件、能够即时履行的案件、其他不需要制作调解书的案件。这类案件的调解协议与生效调解书具有同等法律效力。

四、民事调解书的格式和实例

（一）民事调解书的格式

×××人民法院
民事调解书

（××××）××民初×号

原告：×××，……

法定代理人/指定代理人/法定代表人/主要负责人：×××，……
委托诉讼代理人：×××，……
被告：×××，……
法定代理人/指定代理人/法定代表人/主要负责人：×××，……
委托诉讼代理人：×××，……
第三人：×××，……
法定代理人/指定代理人/法定代表人/主要负责人：×××，……
委托诉讼代理人：×××，……
（以上写明当事人及其他诉讼参加人的姓名或名称等基本信息）

原告×××与被告×××，第三人×××……（写明案由）一案，本院于××××年××月××日立案后，依法适用普通程序，公开/因涉及……（写明不公开开庭的理由）不公开开庭进行了审理（开庭前调解的，不写开庭情况）。

……（写明当事人的诉讼请求、事实和理由）

本案在审理过程中，经本院主持调解，当事人自愿达成如下协议/当事人自愿和解达成如下协议：

一、……

二、……

（写明协议的内容）

上述协议，不违反法律规定，本院予以确认。

案件受理费……元，由……负担（写明当事人的姓名或者名称、负担金额。调解协议包含诉讼费用负担的，则不写）。

本调解书经双方当事人签收后，即具有法律效力/本调解协议经各方当事人在笔录上签名或者盖章，本院予以确认后即具有法律效力（各方当事人同意在调解协议上签名或者盖章后发生法律效力的）。

审判长　×××
审判员　×××
审判员　×××
（院印）
××××年×月×日

本件与原本核对无异

书记员　×××

（二）民事调解书实例

××市××区人民法院
民事调解书

（202×）××民初1289号

原告：王××，男，1981年10月19日出生，汉族，农民，住××省××县××镇石道村五组。

委托代理人：毕国荣，××天平律师事务所律师。

被告：万××，女，1982年9月6日出生，汉族，农民，户籍所在地××省××县××镇石道村五组，现住址××市××区××乡富阳六组。

委托代理人：赵志义，辽宁××律师事务所律师。

原告王××与被告万××离婚纠纷一案，本院于202×年××月××日立案后，依法适用普通程序，公开开庭进行了审理。

原告王××，要求与被告离婚，婚生女王×由原告抚养，被告给付抚养费每月300元。坐落于××县××镇翔村五组、××县××镇石道村五组的住房归原告所有。原告王××诉称，与被告结婚初期感情尚可，并育有婚生子女王×。后因家庭琐事经常发生纠纷，2009年双方曾经签订离婚协议。2018年原告外出打工，双方长期分居，夫妻关系名存实亡。

被告万××，同意与原告解除婚姻关系，要求依法分割夫妻共同财产。万××辩称，原告所主张的两处住房一处为结婚时原告父母赠与，另一处为原、被告婚后自建，均为夫妻共同财产。

本案在审理过程中，经本院主持调解，当事人自愿达成如下协议：

一、原告王××与被告万××自愿解除婚姻关系。

二、双方婚生女王×由原告王××自愿、自行抚养，抚养费自行负担；被告万××探望孩子时，原告王××自愿协助。

三、被告万××自愿放弃对位于××县××镇翔村五组、××县××镇石道村五组房产权利的主张；原告王××自愿一次性给予被告万××经济补偿金人民币贰万元整（20 000.00元），于202×年1月26日给付。

四、双方当事人再无其他纠纷。

上述协议，不违反法律规定，本院予以确认。

本调解书经双方当事人签收后，即具有法律效力。

案件受理费300元，减半收取，由原告王××负担。

审判长　赵　×
审判员　李××
审判员　尹××
（院印）
二〇二×年一月十五日

本件与原本核对无异

书记员　李××

第五节　民事裁定书

一、民事裁定书的概念和适用

民事裁定书是指人民法院在审理民事案件过程中，为解决诉讼程序问题而依法作出的书面处理决定。

民事裁定书与民事判决书的区别有：

（1）民事裁定书解决诉讼程序问题；而民事判决书解决诉讼实体问题，即有关民事权利与义务争议问题。

（2）民事裁定书内容简单，格式上不要求有事实和理由的区分；民事判决书内容较为复杂，格式上要求事实与理由分开书写。

（3）上诉的规定不同。民事裁定书除法律明文规定准许当事人上诉的以外，一般不允许上诉，一经送达即发生法律效力；民事判决书除法律明文规定一审终结的以外，都准许上诉，上诉期间，已经送达的判决书没有发生法律效力。此外，民事裁定书的上诉期限为10日，而民事判决书的上诉期限为15日。

（4）每件民事案件只能有一份生效的民事判决书，但可以有多份生效的民事裁定书。

按照不同的审判程序，民事裁定书可以分为一审、二审、再审、特别程序、审判监督程序、督促程序、公告催示程序等多种程序的民事裁定书。

二、民事裁定书的内容和制作要求

民事裁定书适用的情况很多，写法也各不相同。下面以不予受理民事裁定书为例，介绍一审民事裁定书的内容和写法。

（一）首部

（1）标题。标题应写明制作机关名称和文书名称。如"海南省三亚市天涯区人民法院民事裁定书"。机关和文书名称应分行列写。

（2）文书编号。参照民事判决书的文书编号写法和要求。对同一案件出现多份裁定书的，首份裁定书直接使用文书编号，第二份裁定书开始在文书编号后缀"之一""之二"等，以示区别。

（3）当事人的身份情况。参照民事判决书来写。需要注意的是，在不予受理起诉的民事裁定书中的原告，仅为起诉人一方，其与被诉方尚无法定的诉讼关系与联系。为使起诉人的称谓与诉讼成立后的当事人称谓有所区别，故称其为起诉人，而且不列被诉人一项。

（二）正文

（1）收到起诉状的时间和起诉事由。

（2）法院认为不符合法定受理条件和不予受理的理由。

（3）裁定所依据的法律依据和裁定结果。表述为："××××年×月×日，本院收到×××的起诉状，……（写明起诉的事由）。经审查，本院认为，……（写明不符合起诉条件，不予受理的理由）。依照……（写明适用的法律条文）的规定，裁定如下：对×××的起诉，本院不予受理。"

（4）诉讼费用的负担。

（三）尾部

（1）交代上诉权。

（2）法庭组成人员签署姓名、日期，书记员署名。

（3）用印。

三、民事裁定书的格式与实例

(一) 民事裁定书的格式（对起诉不予受理用）

×××人民法院
民事裁定书

(20××) ×民初×号

起诉人：×××……。

……

（以上写明起诉人及其代理人姓名或名称等基本信息）

××××年××月××日，本院收到×××的起诉状。起诉人×××向本院提出诉讼请求：(1)……(2)……（明确原告诉讼请求）。事实和理由：（概述原告主张的事实和理由）。

本院经审查认为，……（写明对起诉不予受理的理由）。

依照……（写明裁定所依据的法律条、款、项）的规定，裁定如下：

对×××的起诉，本院不予受理。

如不服本裁定，可以在裁定书送达之日起十日内，向本院递交上诉状，上诉于×××人民法院。

审判长　×××
审判员　×××
审判员　×××
二〇××年×月×日
（院印）
书记员　×××

(二) 民事裁定书实例

实例一（对起诉不予受理用）

辽宁省沈阳市××区人民法院
民事裁定书

(20××) ××民初3011号

起诉人：王××，男，1955年11月22日出生，汉族，沈阳市××公司××厂退休职工，住××区××小区20栋××号。

××××年××月××日，本院收到王××的起诉状。起诉人王××向本院提出诉讼请求：(1) 请求法院判令沈阳市××区城市管理局人员张××，沈阳市××区城市管理局共同赔偿医药费20 000元；(2) 承担本案的诉讼费100元。事实和理由：王××诉称，他每天晚上5点左右在市场卖菜，晚上以后仍然让卖。但案发当日管理人员张××叫他走，并把他的菜往车上拉，先打了他亲属，他去拉架，就把他打了，造成他人身受到伤害。

本院认为，通过庭上质证，被告张××系被告沈阳市××区城市管理局下属工作人员。原告为市场业户，被告沈阳市××区城市管理局系受托于××区政府，对于原告所在市场依照市政府有关规定进行行政管理工作，原告与被告张××所发生的矛盾性质实质应为一种管理与被管理的关系。原告为相对人，被告张××属职务行为，其责任应由本单位承担。而被告沈阳市××区城市管理局属于受委托的单位所实施的行政行为，双方当事人并非平等主体，非民事法律范围所能调整，故原告应先行申请行政处理后，再依法提起行政诉讼。故依照《中华人民共和国民事诉讼法》第一百二十七条之规定，裁定如下：

对王××的起诉，本院不予受理。

诉讼费100元，由王××承担。

如不服本裁定，可在裁定书送达之日起十日内，向本院递交上诉状，上诉于辽宁省沈阳市中级人民法院。

审判长　×××
审判员　×××
审判员　×××
二〇××年×月×日
（院印）

书记员　×××

实例二（中止诉讼）

辽宁省沈阳市××区人民法院
民事裁定书

（202×）××民初879号

原告：王×兰，女，1969年10月22日出生，汉族，无职业，住沈阳市××区××小区44号××。

被告：吴×畏，男，1962年8月23日出生，汉族，系××市××集团公司营运处干部，住××市××区××街××巷××号。

原告王×兰与被告吴×畏人身损害赔偿纠纷一案，本院于××××年××月××日立案。

本案在审理过程中，需要追加吴×限为本案共同被告。现吴×限无法找到，原告王×兰、被告吴×畏均无法提供查找线索，致使诉讼不能继续进行，需找到吴×限后，恢复诉讼。根据《中华人民共和国民事诉讼法》第一百五十三条第一款第六项之规定，裁定如下：

本案中止诉讼。

审判长　曹××
审判员　石××
审判员　李××
二〇二×年五月二十四日
（院印）

书记员　常××

【思考与练习】

一、婚姻案件、损害赔偿案件、继承案件的民事判决书事实部分应写明哪些内容?

二、简述民事调解书与民事判决书的区别与联系。

三、根据如下案例制作一份一审民事判决书。

王×的妻子李×在202×年10月25日向××市××区人民法院起诉,要求与王×离婚。诉状陈述:王×和李×在2016年4月经别人介绍认识,同年9月结婚。婚后不久,李×觉得王×精神有点不大对劲,后来越来越严重,总是直着眼自言自语。2018年5月,王×在李×陪同下到××市精神疾病治疗中心检查,诊断为"心因性精神障碍",进行心理治疗一个月并服药后好转。同年9月,王×再次发病,送医院后诊断为"精神分裂症(未定型)",住院治疗3个月,出院小结为"好转,变化随诊"。此后,王×又多次发病,长期住院治疗。2018年11月22日,李×生下一子王小×。王×在家时,性情变得狂躁,经常打骂李×,甚至因为王小×哭闹而打骂王小×。李×结婚3年多,王×大部分时间是在精神疾病治疗中心住院,所以李×认为夫妻感情已经破裂,自己和孩子的身心健康无法获得保障,要求与王×离婚。孩子归李×,不要王×负担生活费。二人有两处住房,分别位于××市××区××大街×号(两室两厅,建筑面积100平方米)、××市××区××栋×号(两室,建筑面积50平方米),李×要前一处住房,其他夫妻共同财产依法分割。李×出具证据:(1)结婚证,证明夫妻关系;(2)房屋所有权证两份,证明两处住房为夫妻共同财产;(3)王×住院病历,证明王×病情;(4)证人赵××(系邻居)证实材料,证明王×经常打骂李鸿。

王×正在住院,他的父亲王老×(××市××公司总经理,1957年4月5日生,汉族,住××市×××花园×号)答辩说,王×经长期治疗,病情不断好转,王×和李×夫妻感情不错,从有利于王×康复考虑,不同意离婚;王小×是王家子孙,即使离婚也不能给李×;两处住房均是王老×单位分配给王老×的,购买产权也是王老×出钱(有王老×公司出具的证明),考虑到王×和李×的情况才过户到王×名下,所以房子不能给李×。王老×提供以下证据:(1)结婚证;(2)王×主治医生陈××出具的证明,证明王×病情好转;(3)证人于××(王家邻居)证言,证明夫妻感情融洽;(4)王老×公司证明,证实两处住房都是公司先后分配给王老×的,由王老×出资购买。

××市××区人民法院受理此案后,组成合议庭于202×年12月12日不公开审理,查明事实基本如李×所诉,房屋来源如王老×所诉。庭审中,双方对各自的第(1)份证据均无异议。王老×对李×的第(2)份证据,提出房产证虽写的是王×的名字,但实际上是自己的,李×无权分割;对李×的第(3)份证据,提出不能证明王×病情日趋严重;对第(4)份证据,提出证人与李×关系密切,是伪证。

李×对王老×的第(2)份证据,提出是医生个人出具,无证明力;对第(3)份证据,提出证人是王家老邻居,出具假证;对第(4)份证据,提出房子已过户到被告名下,应认定为夫妻共同财产。

李×,1989年3月15日出生,××市××商场职工,汉族,住××市××区××大街×号。其诉讼代理人杨××,××市××律师事务所律师。

王×,1986年7月1日出生,××市××公司职工,汉族,住址同李×,现正住院。

合议庭组成人员:李××,审判长;审判员邓××(主审)、张××。

判决书编号:202×年第3234号;作出判决时间:202×年2月1日。

第六章 人民法院行政法律文书

【学习目标】

1. 熟练掌握一审行政判决书的内容、格式和制作要求。
2. 了解二审行政判决书及行政赔偿调解书的制作和使用要求。

第一节 人民法院行政法律文书概述

推进全面依法治国的根本目的是依法保障人民权益。行政诉讼要践行以人民为中心的发展理念，牢牢站稳人民立场，通过规范化的人民法院行政法律文书，传达"让人民群众在每一个司法案件中感受到公平正义"的理念，积极回应人民群众诉求，实现司法为民、公正司法。

一、行政法律文书的概念

行政法律文书，是指人民法院在行政诉讼中，依照法律、法规的规定，为解决行政机关行政行为引发的行政争议，代表国家对案件的实体问题和程序问题行使审判权时，依法制作的具有法律效力的法律文书。

《中华人民共和国行政诉讼法》（以下简称《行政诉讼法》）第二条第一款明确规定："公民、法人或者其他组织认为行政机关和行政机关工作人员的行政行为侵犯其合法权益，有权依照本法向人民法院提起诉讼。"可见，行政诉讼法是解决行政争议，保障公民、法人或其他组织的合法权益的一项重要的法律制度，而人民法院的行政裁判文书则是其代表国家行使行政裁判权的具体体现，是行政诉讼活动的必然产物，也是人民法院行政诉讼活动是否依法进行的如实记载。因此，规范地制作行政裁判文书，对维护权利人的合法权益，保障行政法律、法规的正确实施，维护和监督行政机关依法行使行政职权，加强和促进社会主义民主和法治建设，构建社会主义和谐社会，具有重要的作用。

二、行政法律文书的种类

按照裁判案件的方式不同，行政法律文书可分为行政判决书、行政裁定书和行政赔偿调解书。按照审判程序的不同，行政法律文书可分为第一审裁判文书、第二审裁判文书和再审裁判文书。

第二节 行政判决书

一、行政判决书的概念和制作依据

一审行政判决书，是第一审人民法院依照行政诉讼法规定的第一审程序，对审理终结的行政案件，依照法律法规，就案件的实体问题作出处理决定时使用的法律文书。

《行政诉讼法》第六十九条、第七十条以及第七十二条至第七十八条详细规定了一审行政判决书的主要内容。

为使行政裁判文书更好地为行政审判工作服务，不断提高行政裁判文书的制作质量，最高人民法院于 2015 年 4 月 29 日公布了《行政诉讼文书样式（试行）》。共公布文书样式 132 个，包括人民法院制作并发给当事人的判决（调解）类文书、裁定类文书、决定类文书、通知类文书等共 96 个，人民法院内部用报告、函件类文书 14 个和指导当事人诉讼行为用的文书 22 个。

二、一审作为类行政判决书的内容和制作方法

（一）首部

首部依次写明标题、文书编号、当事人及其诉讼代理人基本情况、案件由来、审判组织、审判方式和审判过程。

1. 标题

标题分上下两行，居中写明制作文书的法院名称、文书名称，即"×××人民法院行政判决书"。

2. 文书编号

文书编号是不同案件的序列编号，应贯彻一案一号的原则。文书编号由立案年度、法院代字、案件性质、审判程序代字和案件顺序号组成。例如，（2024）浙 0106 行初 51 号，（2024）琼 96 行初 34 号。

（二）正文

1. 原告方诉讼参与人基本情况

原告是自然人的，写明姓名、性别、出生年月日、居民身份证号码、民族和住址等基本情况；原告是法人的，写明法人的名称、所在地区，并另起一行写明法定代表人或代表人的姓名、职务；原告是个体工商户的，写明业主的姓名、性别、出生年月日、民族、籍贯、住址等，起有字号的，应在原告姓名之后用括号注明"系××（字号）业主"。

原告是无民事行为能力人或限制民事行为能力人的，应写明其法定代理人的姓名、性别、住址及与被代理人的关系。

原告有委托代理人的，写明委托代理人的基本情况，写法同民事判决书此项内容。

2. 被告方诉讼参与人基本情况

写明被诉行政机关的名称、所在地址，并另起一行写明法定代表人或代表人的姓名和职务，再另起一行写明诉讼代理人的基本情况。

如果有第三人的，列在被告之后，写法同上。

3. 案件由来、审判组织、审判方式和审理过程

格式规定的惯用写法是：

"原告×××不服××××（行政主体名称）……（行政行为），于××××年×月×日向本院提起诉讼。本院于××××年×月×日受理后，于××××年×月×日公开（或不公开）开庭审理了本案。……（写明到庭的当事人、代理人、证人、鉴定人、勘验人或翻译人员等）到庭参加诉讼……（写明其他重要程序活动，如被批准延长本案审理期限等情况）。本案现已审理终结。"

如果有第三人参加诉讼的，写明：

"因×××与本案被诉行政行为有法律上的利害关系，本院依法通知其为第三人参加诉讼。"

如果是自然人或法人申请作为第三人参加诉讼的，则写为：

"因×××与本案被诉行政行为有法律上的利害关系，经×××申请，本院依法准许其为第三人参加诉讼。"

若当事人经两次合法传唤无正当理由拒不到庭的，应在"本案现已审理终结"一语前写明"原（被）告经本院两次合法传唤，无正当理由，拒不到庭"。

若当事人在庭前进行了证据交换的，写明：

"本院于××××年×月×日组织原、被告及第三人进行了证据交换，并送达了证据清单副本。"

4. 事实

事实包括当事人争议的行政行为的内容、原告诉称、被告辩称、经庭审查明的事实和证据。

（1）当事人争议的行政行为的内容。这一部分首先应详细叙述被告实施的行政行为的主要内容，包括认定的事实、适用的法律法规和具体的处理结果，然后写明作出行政行为的证据，要写明证据的名称、内容，证据的证明目的，提供证据的时间。若是经法院批准延期提供证据的，应当说明。

（2）原告诉称。概括叙述原告的诉讼请求和理由，写明原告提供的证据。

（3）被告辩称。概括叙述被告的答辩理由和要求。如果有第三人参加诉讼的，应写明第三人的意见以及提供的证据。

（4）经庭审查明的事实和证据。这部分通常写明两部分内容。首先要写明庭审举证（或者交换证据）、质证、认证的情况，所有证据材料都要写明其具体内容，对于双方有争议的事实和证据，还应在质证的基础上，对证据加以分析、认证，并阐明采信的理由，然后写明经庭审查明认定的事实，要将行政争议发生的时间、地点、内容、过程等要素客观、真实、具体地叙述清楚。

5. 理由

理由包括判决理由和法律根据两部分内容。

（1）判决理由应根据庭审查明的事实，结合案件的具体情况，正确适用法律法规，运用法学理论，就行政主体作出的行政行为是否合法、原告的诉讼请求是否合理进行充分的分析论证，阐明判决的理由。

论证被诉行政行为的合法性，应着重论证以下内容：被告是否具有法定职权；被诉行政行为是否符合法定程序；被诉行政行为认定事实是否清楚，主要证据是否充分；适用法律、法规、司法解释、行政规章和其他规范性文件是否正确；被告是否超越职权、滥用职权；行政处罚是否显失公平。同时，对当事人在适用法律方面的意见，应阐明是否采纳的理由。

（2）法律根据。具体引述判决所依据的法律、法规。引述时要准确、完整、具体。如果既要引用法律法规，又要引用司法解释的，应先引用法律法规，后引用司法解释。

6. 判决主文

根据案件的具体情况和有关法律规定，判决主文主要有以下几种情况：

（1）维持行政机关行政行为的，表述为：

"维持××××（行政主体名称）××××年×月×日作出的……（文书编号）……（行政行为名称）"

（2）撤销行政机关行政行为的，表述为：

"一、撤销××××（行政主体名称）××××年×月×日作出的……（文书编号）……（行政行为名称）

"二、责令××××（行政主体名称）在×日内重新作出行政行为（不需要重新作出的，此项不写；不宜限定期限的，期限不写）。"

（3）部分撤销行政机关行政行为的，表述为：

"一、维持××××（行政主体名称）××××年×月×日作出的……（文书编号）……（行政行为名称）的第×项，即……（写明维持的具体内容）

"二、撤销××××（行政主体名称）××××年×月×日作出的……（文书编号）……（行政行为名称）的第×项，即……（写明撤销的具体内容）

"三、责令××××（行政主体名称）在×日内重新作出行政行为（不需要重新作出的，此项不写；不宜限定期限的，期限不写）。"

（4）判决变更行政机关行政行为的，表述为：

"变更××××（行政主体名称）××××年×月×日作出的……（文书编号）……行政处罚决定（或行政复议决定，或属行政处罚等性质的其他行政行为），改为……（写明变更内容）"

（5）驳回原告诉讼请求的，表述为：

"驳回原告要求撤销（或变更、确认违法等）××××（行政主体名称）××××年×月×日作出的……（文书编号）……（行政行为名称）的诉讼请求。"

（6）确认被诉行政行为合法或有效的，表述为：

"确认××××（行政主体名称）××××年×月×日作出的……（文书编号）……（行政行为名称）合法（或有效）。"

（7）确认被诉行政行为违法或无效的，表述为：

"一、确认××××（行政主体名称）××××年×月×日作出的……（文书编号）……（行政行为名称）违法（或无效）；

"二、责令××××（行政主体名称）在……（限定的期限）内，……（写明采取的补救措施；不需要采取补救措施的，此项不写）"

（8）驳回原告赔偿请求的，表述为：

"驳回原告×××关于……（赔偿请求事项）的赔偿请求。"

（9）判决被告予以赔偿的，表述为：

"被告××××（行政主体名称）于本判决生效之日起×日内赔偿原告……（写明赔偿的金额）"

（三）尾部

尾部与一审民事判决书尾部的内容和写法相同。

三、制作一审行政判决书应注意的问题

（1）一审不作为类行政案件（仅指拖延履行和不予答复）行政判决书，其内容和制作方法与一审作为类行政判决书大体相同。但在事实证据、判决理由和判决主文方面，与作为类行政判决书又有所不同，制作时应按照样式要求注意区别。

（2）本文书尾部的附录部分，按照最高人民法院2014年11月1日印发的《一审行政判决书样式（试行）》样式之一附录的规定："根据案件的不同需要，可将判决书中的有关内容载入附录部分，如：将判决书中所提到的法律规定条文附上，以供当事人全面了解有关法律规定的内容。又如：群体诉讼案件中原告名单及其身份情况也可以列入此部分。"

四、一审行政判决书的格式及实例

（一）行政判决书的格式（一审请求撤销、变更行政行为类案件用）

×××人民法院

行政判决书

（××××）×行初××号

原告×××，……（写明起诉人的姓名或名称等基本情况）

法定代表人（或代表人）×××，……（写明姓名和职务）

委托代理人（或指定代理人、法定代理人）×××，……（写明姓名等基本情况）

被告×××，……（写明行政主体名称和所在住址）

法定代表人×××，……（写明姓名和职务）

委托代理人×××，……（写明姓名等基本情况）

第三人×××，……（写明姓名或名称等基本情况）

法定代表人×××，……（写明姓名、职务）

委托代理人（或指定代理人、法定代理人）×××，……（写明姓名等基本情况）

原告×××不服被告×××（行政主体名称）……（行政行为），于××××年××月××日向本院提起行政诉讼。本院于××××年××月××日立案后，于××××年××月××日向被告×××送达了起诉状副本及应诉通知书。本院依法组成合议庭，于××××年××月××日公开（或不公开）开庭审理了本案。……（写明到庭参加庭审活动的当事人、行政机关负责人、诉讼代理人、证人、鉴定人、勘验人和翻译人员等）到庭参加诉讼。……（写明发生的其他重要程序活动，如：被批准延长本案审理期限等情况）。本案现已审理终结。

被告×××（行政主体名称）于××××年××月××日作出……（被诉行政行为名称），……（简要写明被诉行政行为认定的主要事实、定性依据和处理结果）。

原告×××诉称，……（写明原告的诉讼请求、主要理由以及原告提供的证据、依据等）。

被告×××辩称，……（写明被告的答辩请求及主要理由）。

被告×××向本院提交了以下证据、依据：1.……（证据的名称及内容等）；2.……

第三人×××述称，……（写明第三人的意见、主要理由以及第三人提供的证据、依据等）。

本院依法调取了以下证据：……（写明证据名称及证明目的）。

经庭审质证（或庭前交换证据、庭前准备会议），……（写明当事人的质证意见）。

本院对上述证据认证如下：……（写明法院的认证意见和理由）。

经审理查明，……（写明法院认定的事实和证据。可以区分写明当事人无争议的事实和有争议但经法院审查确认的事实）。

本院认为，……（写明法院判决的理由）。依照……（写明判决所依据的行政诉讼法以及相关司法解释的条、款、项、目）的规定，判决如下：

……（写明诉讼费用的负担）

如不服本判决，可在判决书送达之日起十五日内，向本院递交上诉状，并按对方当事人的人数提出副本，上诉于×××人民法院。

审判长　×××

审判员　×××

审判员　×××

（院印）

××××年××月××日

本件与原本核对无异

书记员　×××

（二）一审行政判决书实例

××市××区人民法院

行政判决书

（202×）粤××行初×××号

原告：孙××，男，1988年7月14日出生，汉族，深圳新科××后勤保障有限公司××分公司职员，住址：××市××区××南街71号4-6-1。

委托代理人：郝××，辽宁××律师事务所律师。

委托代理人：王××，女，1962年9月15日出生，汉族，××市××风机厂退休工人，住址：××市××区××街22-1号132室。

被告：××市人力资源和社会保障局，住所地：××市××区八经路23号。

法定代表人：冯××，该局局长。

委托代理人：潘×，该局工作人员。

委托代理人：汪××，该局工作人员。

第三人：深圳新科××后勤保障有限公司××分公司，住所地：××经济技术开发区××路105号。

法定代表人：李××，该公司区域总监。

委托代理人：王××，该公司经理。

原告孙××诉被告××市人力资源和社会保障局、第三人深圳新科××后勤保障有限公司××分公司不服工伤认定决定一案,向本院提起行政诉讼,本院受理后,依法组成合议庭,公开开庭进行了审理。本案原告孙××及委托代理人郝××、王××,被告××市人力资源和社会保障局的委托代理人潘×、汪××,第三人深圳新科××后勤保障有限公司××分公司的委托代理人王××到庭参加诉讼。本案现已审理终结。

被告××市人力资源和社会保障局于202×年9月20日作出×劳工认字(202×)2371号工伤认定决定,申请人深圳新科××后勤保障有限公司××分公司简述:202×年6月7日,孙××在参加单位组织的篮球比赛时,不慎摔倒受伤。

经审查申请人提供的证据,认定其所述情况属实。

根据国务院《工伤保险条例》第十四条第一项"在工作时间和工作场所内,因工作原因受到事故伤害的"应当认定为工伤的规定,对孙××在休闲游中受到的伤害,不符合工伤认定条件,不予认定为工伤。

原告孙××诉称:202×年6月6日至8日,原告所在单位第三人深圳新科××后勤保障有限公司××分公司组织员工到大连与业务关系单位大连××家居公司进行业务走访和业务联谊活动。6月7日原告在单位安排的篮球比赛活动中,不幸摔伤,经××医学院奉天医院诊断为左膝外侧半月板损伤,左前交叉韧带损伤,住院治疗14天后转入××市第五人民医院进行了外侧半月板切除术,现在还在治疗中。

原告受伤后,原告向第三人申请认定工伤,第三人认为是工伤,并向被告××市人力资源和保障局申请认定工伤,但是,被告认为原告是在休闲游中负伤,作出×劳工认字(202×)2371号工伤认定决定,不予认定工伤,原告不服,向××省人力资源和社会保障厅申请复议。202×年1月4日,××省人力资源和社会保障厅作出×人社复字(202×)44号行政复议决定书,决定予以维持,原告依法向人民法院提起诉讼。

原告是在参加单位组织的集体活动中受伤,这是客观事实,二级行政机关也承认这一基础事实,仅以不符合《工伤保险条例》第十四条第一项:在工作时间和工作场所内,因工作原因受到事故伤害,应当认定工伤的规定,而不予认定工伤,显然属适用法律不当。因为《工伤保险条例》第十四条第五项规定,因工外出期间,由于工作原因受到伤害或者发生事故下落不明的,也是认定为工伤的情形。而原告单位不是传统的生产企业,是提供后勤保障的服务性公司,单位经常组织员工与业务单位进行走访和联谊,来宣传和开展业务,因此,单位组织的活动就是工作的一部分,原告单位组织的走访、联谊和篮球比赛就是完成单位安排的工作,所以,原告在单位组织的篮球比赛中受伤,无可非议的是因工受伤,否则,第三人也不会去为原告申报工伤。然而,被告将企业组织的业务联谊认为是休闲游,并僵化地理解工作时间和工作场所,将原告在单位安排的篮球比赛中受伤认定为休闲游中受伤的,显然不符合事实。

原告作为单位的员工参加单位组织的集体活动和参加篮球比赛,均是完成单位工作的一部分,且本次活动中运动服及住宿费均是第三人支付,所以原告在比赛中受伤,实属因工受伤,应认定为工伤,并享受工伤待遇。现原告的膝盖已无法弯曲,半月板已被摘除,被告不予认定工伤,严重损害原告的合法权益。请求法院查清事实,正确适用法律,撤销被告作出的工伤认定决定,认定原告为工伤,维护司法公正,并向本庭提供如下证据:

(1) 202×年6月7日第三人的证明材料。

(2) 202×年6月10日第三人的证实材料。

（1）号证据和（2）号证据证明单位是组织者，原告作为单位的员工，只能服从单位的安排，是在完成工作。认定原告的受伤不享受工伤待遇，这样不符合工伤办法的规定，也不符合立法的本意。

（3）××医学院奉天医院住院病案材料，证明原告受伤的诊断和住院情况。

（4）××市第五人民医院病案材料，证明原告受伤做了左膝半月板切除手术，证明手术情况。

被告××市人力资源和社会保障局在法定期限内向本院递交答辩状，辩称如下。

一、职权依据

《工伤保险条例》第五条第二款规定："县级以上地方各级人民政府社会保险行政部门负责本行政区域内的工伤保险工作。"

二、事实证据

（1）申请人简述。202×年6月7日，公司组织活动去大连，我公司与大连××公司在大连举行篮球友谊赛，在打球过程中，孙××投篮落地后突然摔倒在地，当时左膝部已无法弯曲，后回到××经××医学院奉天医院诊断为左膝外侧半月板损伤。

（2）事实依据。经审查申请人提供的证据材料，公司的《大连、旅顺、金石滩休闲游篮球赛通知》中记载活动内容为：

6月6日：中午在单位集合出发到大连金石滩度假区；入住当地度假村，晚上进行烧烤、篝火晚会及游戏。

6月7日：早餐后，在黄金海岸组织集体游戏；下午与××公司组织篮球友谊赛；晚饭后夜游星海广场。

6月8日：早餐后赴大连TT野战俱乐部进行真人CS；返回××。

以上证据能够证明这次活动不是体育比赛，是休闲游，不符合《工伤保险条例》的工伤认定条件。

三、法定要件

根据国务院《工伤保险条例》第十四条第一项："在工作时间和工作场所内，因工作原因受到事故伤害的"应当认定为工伤的规定，孙××是在休闲游中受伤的，不是在工作时间、工作场所、因工作原因受到事故伤害的，不予认定为工伤。

四、法定程序

根据人力资源和社会保障部《工伤认定办法》第四条、第七条的规定，被告受理了申请人提出的工伤认定申请。经审查当事人提供的证据，作出工伤认定决定，并对当事人进行送达。

五、适用依据

《工伤认定办法》第四条、第七条的规定。国务院《工伤保险条例》第十四条第一项"在工作时间和工作场所内，因工作原因受到事故伤害的"，应当认定为工伤的规定。

综上所述，被告于202×年9月20日作出的×劳工认字（202×）2371号工伤认定决定，事实清楚，适用得当，程序合法，请予以维持。并向本庭提供如下证据：（1）工伤认定申请表及身份证复印件，证明单位提出工伤认定申请；（2）营业执照副本复印件，证明单位法人资格；（3）申请人提交工伤（亡）认定材料清单，提交申请认定工伤材料；（4）劳动合同书、录用职工登记表，证明原告与第三人存在劳动关系；（5）大连、旅顺、金石滩休闲篮球赛通知，证明本次活动是单位组织的休闲游；（6）单位提交的事故报告；

(7)证人袁××、王××的证明;(8)病历材料,证明医院诊断的情况;(9)受理通知书、送达回证,证明程序合法。(6)号证据和(7)号证据证明孙××是在休闲游的篮球赛活动中受伤。第三人深圳新科××后勤保障有限公司××分公司未陈述意见。

在本庭审查时,原告对被告提供的(1)~(4)、(8)~(9)号证据的真实性及证明的目的均无异议。对(5)~(7)号证据的真实性均无异议,对证明的目的均有异议。对于(5)号证据,原告认为是公司组织的活动,原告是受第三人安排参加比赛,不是休闲游。对于(6)号证据和(7)号证据,原告认为他是在比赛中摔倒受伤的,事故报告中没提到休闲游,证人证言中也没提到事实上的休闲游,故不能证明是休闲游。证据不足,不能成立。第三人对被告提供的(1)~(9)号证据的意见与原告相同。对原告提供的(1)号证据和(2)号证据,被告认为不能证明第三人组织的活动不是休闲游,只能证明篮球比赛是休闲游的一个活动。对(3)号证据和(4)号证据,被告认为工伤认定是将医院诊断的情况为认定依据,但原告没有被认定为工伤。原告提供的证明材料只能说明原告在大连受伤的情况,不能说公司给医疗费就是工伤,公司没有职权判定职工是否符合工伤。第三人对提供的证据均无异议。

经本庭质证,被告提供的(1)~(4)、(8)~(9)号证据,原告及第三人对这些证据的真实性及证明目的均无异议,能够实现其证明目的,本院予以采信。被告提供的(5)~(7)号证据,原告及第三人对其真实性无异议,本院对其真实性予以确认,对被告所证明的问题,因均不能实现目的,故对其证明目的本院依法不予采信。原告提供的(1)~(4)号证据,能够实现其证明目的,本院予以采信。

经审理查明:原告孙××系第三人深圳新科××后勤保障有限公司××分公司职工。202×年5月31日,第三人书面通知了公司决定,202×年6月6日至8日公司组织员工到大连、旅顺、金石滩,与大连××家居公司进行休闲游篮球赛活动,原告作为队员参加活动。202×年6月7日,在第三人与大连××家居公司进行篮球比赛过程中,原告投篮落地后突然摔倒受伤。后到××医学院奉天医院、××市第五人民医院治疗,经医院诊断为左膝外侧半月板损伤,左前交叉韧带损伤等。202×年8月4日,第三人向被告申请工伤认定。被告于202×年9月20日作出××认字(202×)2371号工伤认定决定,认定原告受伤不属于工伤。原告不服,向××省人力资源和社会保障厅申请行政复议,××省人力资源和社会保障厅于202×年1月4日作出×人社复字(202×)44号行政复议决定书,对被告作出的工伤认定结论予以维持。原告仍不服而提起诉讼。

本院认为:根据《工伤保险条例》第五条第二款"县级以上地方各级人民政府社会保险行政部门负责本行政区域内的工伤保险工作"的规定,被告作为县级以上地方人民政府劳动保障行政部门,依法享有行使对工伤事故进行认定的法定职权。根据《工伤保险条例》第十四条的规定:"职工有下列情形之一的,应当认定为工伤:(一)在工作时间和工作场所内,因工作原因受到事故伤害的;(二)工作时间前后在工作场所内,从事与工作有关的预备性或者收尾性工作受到事故伤害的;(三)在工作时间和工作场所内,因履行工作职责受到暴力等意外伤害的;(四)患职业病的;(五)因工外出期间,由于工作原因受到伤害或者发生事故下落不明的;(六)在上下班途中,受到非本人主要责任的交通事故或者城市轨道交通、客运轮渡、火车事故伤害的;法律、行政法规规定应当认定为工伤的其他情形"等,上述条款对职工认定工伤作了规定,职工在工作时间、工作场所,由于工作原因遭受事故或意外伤害是认定工伤的基本条件。被告作出的工伤认定决定以原告孙××是在休闲游中受到的伤害，不符合《工伤保险条例》第十四条的规定为由，不认定工伤。但由于法律条文的有限、有条件和相对稳定的特性，使得《工伤保险条例》未能穷尽所有工伤性质认定的情形，应结合具体受伤者的实际情况，依据工伤保护的法律原则和精神处理工伤认定案件，这样既符合法律精神，更有利于用人单位的工作开展。针对用人单位和劳动者在劳动关系中的不同地位赋予了他们对等的权利义务，法律重在保护与用人单位相比处于弱势地位劳动者的合法权益。本案中，去大连、旅顺、金石滩进行休闲篮球赛的活动由第三人组织并由其承担经费，是第三人的单位行为，有别于与他人相约旅游的私人行为。原告作为第三人的职工，参加休闲游篮球赛的活动是受公司安排参与的，该活动方式和内容并不违背法律禁止性的规定，也不影响集体活动的性质，应视为属于工作的内容。而这种集体活动除是职工享受的一种福利待遇外，更是单位加强职工之间的团结和睦，增强员工凝聚力，调动员工积极性，提高工作效率的一种手段和方式，同时也是第三人工作拓展的需要，即第三人组织的集体活动与工作存在关联。且原告在参加活动中摔倒受伤，没有任何主观上的过错。被告将参加单位组织的集体活动认为是利用休闲游的方式从事与工作无关的活动，继而认定原告受伤不属于工伤不当，应予以撤销，并由被告重新作出行政行为。依照《中华人民共和国行政诉讼法》第七十条第一项之规定，判决如下：

（1）撤销被告××市人力资源和社会保障局于202×年9月20日作出的×劳工认字（202×）2371号工伤认定决定。

（2）被告××市人力资源和社会保障局重新作出行政行为。

诉讼费五十元，由被告××市人力资源和社会保障局负担。

如不服本判决，可在判决书送达之日起十五日内向本院递交上诉状，并按对方当事人的人数提出副本，上诉于××省××市中级人民法院。

审判长　×××
审判员　×××
审判员　×××
（院印）
二〇二×年×月×日

本件与原本核对无异

书记员　×××

第三节　二审行政判决书

一、二审行政判决书的概念和制作依据

二审行政判决书是第二审人民法院对当事人不服第一审判决提出上诉的行政诉讼案件，按照第二审程序审理终结后，就案件的实体问题作出处理决定时制作的法律文书。

《行政诉讼法》第八十五条规定："当事人不服人民法院第一审判决的，有权在判决书送达之日起十五日内向上一级人民法院提起上诉。"按照最高人民法院的相关规定，第二审人民法院对上诉案件的审理，应当对第一审人民法院认定的事实、适用的法律法规、作

出的判决进行全面审查，不受上诉范围的限制。

二、二审行政判决书的内容和制作方法

二审行政判决书由首部、事实、理由、判决主文和尾部五部分组成。

（一）首部

首部包括标题、文书编号、当事人及其诉讼参加人基本情况和案由、审判组织、审判方式等内容。此部分与第一审行政判决书的内容和制作方法不同的是：

（1）文书编号，审判程序代字为"终"，如"（202×）××终×号""（2024）闽行终××号"。

（2）当事人的称谓用二审中的称谓，如"上诉人（原审×告）""被上诉人（原审×告）"，其他内容与第一审行政判决书写法相同。

（3）案由、审判组织、审判方式。《行政诉讼法》第八十六条规定："人民法院对上诉案件，应当组成合议庭，开庭审理。经过阅卷、调查和询问当事人，对没有提出新的事实、证据或者理由，合议庭认为不需要开庭审理的，也可以不开庭审理。"

（二）事实

事实包括上诉争议的内容以及二审查明认定的事实和证据。

（1）上诉争议的内容。写明原审认定的事实和判决结果，简述上诉人的上诉请求及主要理由和被上诉人的主要答辩内容。这部分内容既要概括简练，抓住争议焦点，防止照抄原审判决书、上诉状和答辩状，又要不失原意。

（2）二审查明的事实和证据，要根据案件的不同情况来叙述。如果原审判决事实清楚，上诉人也无异议的，简要地确认原判认定的事实即可；如果原审判决事实清楚，但上诉人提出异议的，应对有异议的问题进行重点分析，予以确认；如果原审判决认定事实不清，证据不足，经二审查清后改判的，则应当具体叙述查明的事实和有关证据。

（三）理由

二审行政判决书理由部分的表述方法与一审作为类行政判决书此部分的表述方法大体相同。第一，针对上诉请求和理由，根据二审查明的事实和证据，对原审判决认定的事实是否清楚、证据是否充分、适用法律法规是否正确、审判程序是否合法、上诉理由是否成立、上诉请求是否合理合法、被上诉人的答辩和请求是否合理等进行分析论证，阐明二审判决的理由。第二，引用二审判决依据的法律条文。应引用《行政诉讼法》第八十九条的规定。其中全部改判或者部分改判的，除先引用《行政诉讼法》的有关条款外，还应同时引用改判所依据的实体法的有关条款。

（四）判决主文

判决主文分为四种情况：

（1）维持原审判决的，表述为："驳回上诉，维持原判。"

（2）对原审判决部分维持、部分撤销的，表述为：

"一、维持×××人民法院（××××）××行初×号行政判决第×项，即……（写明维持的具体内容）

"二、撤销×××人民法院（××××）××行初×号行政判决第×项，即……（写明撤销的具体内容）

"三、……（写明对撤销部分作出的改判内容。如无须作出改判的，此项不写）"

(3) 撤销原审判决，维持行政机关的行政行为的，表述为：

"一、撤销×××人民法院（××××）××行初×号行政判决；

"二、维持××××（行政机关名称）××××年×月×日（××××）××号处罚决定（复议决定或其他行政行为）。"

(4) 撤销原审判决，同时撤销或变更行政机关的行政行为的，表述为：

"一、撤销×××人民法院（××××）××行初×号行政判决；

"二、撤销（或变更）××××（行政机关名称）××××年×月×日（××××）×号处罚决定（复议决定或其他行政行为）。

"三、……（写明二审法院改判结果的内容。如无须作出改判的，此项不写）"

（五）尾部

尾部的写法与第二审民事判决书相同。

三、制作二审行政判决书应注意的问题

（1）制作二审行政判决书，要具体体现二审的特点，无论是叙述事实还是阐述理由，都要注意针对性，要注重说理，增强说服力。

（2）二审诉讼费用的负担，要区别情况作出决定。对驳回上诉，维持原判的案件，二审诉讼费用由上诉人承担；双方当事人都提出上诉的，由双方分担；对撤销原判，依法改判的案件，应同时对一、二审的各项诉讼费用由谁负担，或者共同分担的问题作出决定，相应变更一审法院对诉讼费用负担的决定。

四、二审行政判决书的格式及实例

（一）二审行政判决书的格式（二审维持原判或改判用）

×××人民法院

行政判决书

（××××）××行终×号

上诉人（原审×告）×××，……（写明姓名或名称等基本情况）

被上诉人（原审×告）×××，……（写明姓名或名称等基本情况）

（当事人及其他诉讼参加人的列项和基本情况的写法，除当事人的称谓外，与一审行政判决书样式相同）

上诉人×××因……（写明案由）一案，不服××××人民法院（××××）×行初字第××号行政判决，向本院提起上诉。本院依法组成合议庭，公开（或不公开）开庭审理了本案。……（写明到庭的当事人、诉讼代理人等）到庭参加诉讼。本案现已审理终结。（未开庭的，写"本院依法组成合议庭，对本案进行了审理，现已审理终结"）

……（概括写明原审认定的事实、理由和判决结果，简述上诉人的上诉请求及其主要理由和被上诉人的主要答辩的内容及原审第三人的陈述意见）

……（当事人二审期间提交新证据的，写明二审是否采纳以及质证情况，并说明理由。如无新证据，本段不写）

经审理查明，……（写明二审认定的事实和证据）

本院认为，……（写明本院判决的理由）。依照……（写明判决依据的法律以及相关司法解释的条、款、项、目）的规定，判决如下：

……（写明判决结果）

……（写明诉讼费用的负担）

本判决为终审判决。

审判长　×××

审判员　×××

审判员　×××

××××年×月×日

（院印）

本件与原本核对无异

书记员　×××

（二）二审行政判决书实例

××省××市中级人民法院

行政判决书

（202×）辽××行终10号

上诉人（原审原告）张××，男，1954年6月12日出生，汉族，××省××市人，系农民，住址××省××市××乡××村。

委托代理人苏×，××律师事务所律师。

被上诉人（原审被告）××市××乡人民政府，地址××市××乡。

法定代表人陈××，系该乡乡长。

委托代理人包×，男，系该乡人民政府土地助理员。

委托代理人孟×，男，系该乡人民政府司法助理员。

上诉人张××因土地行政处罚争议一案，不服××市人民法院（202×）××行初3号行政判决，向本院提起上诉。本院依法组成合议庭，对本案进行了审理，现已审理终结。

原审认定的基本事实是：张××于2000年被批准建住房时，因房基地高于东邻石××家房，石××干涉，张××让出15厘米的胡同。2018年，石××翻建住房，因房基地又高于张××家，张××干涉。在村干部调解下，双方达成两家房中间留有32厘米胡同的协议。2019年，张××在翻建东山墙时，向东移位15厘米。××市××乡人民政府于同年×月×日，依据《中华人民共和国土地管理法》第七十八条的规定，作出限张××于接到本处罚决定后15日内拆除砌筑，退回原址，将非法占用土地交集体管理的行政处罚决定。张××不服乡政府处罚决定，于202×年1月23日向××市人民法院起诉。原审判决驳回张××的诉讼请求，维持××市××乡人民政府×改发（202×）20号处罚决定。案件受理费×××元，由张××负担。

张××提出上诉，请求撤销原判和行政处罚决定。其主要理由是，上诉人是在政府批准建房范围内修复倒塌的东山墙，没有侵占集体土地，因而不应受到行政处罚。

××市××乡人民政府答辩：上诉人于2000年建房时，已同意让出15厘米的胡同，于2018年在村干部主持下与石××达成两家房中间留出32厘米胡同的协议。自此，该土地已不属于张××使用面积。张××借翻修东山墙之机侵占土地，违反了《中华人民共和国土地管理法》第七十八条，被上诉人作出限期拆除非法砌筑，归还土地的行政处罚是正确的，原审作出维持这一行政处罚决定的判决也是正确的，上诉审法院应当维持原判。

经审理查明：2000年4月，上诉人所在的村组织和乡、市两级人民政府先后批准上诉人张××东靠石××家房建4间房，两家房中间不准留胡同。施工中，石××以上诉人建房房基高于其家房为由，不准上诉人贴靠其房建房，上诉人不得不同意留出15厘米胡同。2018年，石××原地翻建房屋，上诉人以石××翻建房基高于其家房基为由，提出异议。经村委会调解，双方达成了两家房中间留有32厘米胡同的协议。2019年上诉人在修复倒塌的东山墙时，距石××家房西山墙17厘米处砌筑，由此而引起石××的争议。因两家不能自行解决争议，被上诉人遂作出了前述的行政处罚决定。

上述事实，有被上诉人提交的材料和一、二审法院收集的建房审批文书，现场勘查照片，证人证言笔录和当事人陈述笔录在卷为凭。这些证据业已经过当事人的质证和本院的审查。

本院认为，上诉人所在的村、乡、市三级组织，明确规定上诉人紧靠石××家房建房不得留有胡同，石××要求上诉人建房必须留有胡同，显然无理。张××、石××虽然于2018年达成两家房中间留有32厘米胡同的协议，但该协议违背政府关于建房的审批决定，且政府从未收回归上诉人使用的15厘米宽度的地段，双方的协议没有法律效力，上诉人有权在政府批准的石××提出争议的15厘米宽度地段内砌筑山墙。被上诉人将上诉人该行为确认为非法占用集体土地，并施以行政处罚，没有法律根据，应予撤销。原审作出维持该行政处罚，显属错判，应予纠正。上诉人的上诉理由成立，其请求合法，应予支持。依照《中华人民共和国行政诉讼法》第八十九条第二项的规定，判决如下：

一、撤销××市人民法院（202×）××行初3号行政判决。

二、撤销××市××乡人民政府于202×年×月×日作出的×改发（202×）20号处罚决定。

一、二审案件受理费各×××元，均由被上诉人××市××乡人民政府负担。

本判决为终审判决。

审判长　×××

审判员　×××

审判员　×××

（院印）

二〇二×年三月十二日

书记员　×××

本件与原本核对无异

第四节　行政赔偿调解书

一、行政赔偿调解书的概念和制作依据

行政赔偿调解书是指人民法院在审理行政赔偿案件的过程中，根据《行政诉讼法》的

规定，对可以调解的，通过调解促使当事人自愿达成解决赔偿争议的协议后，制作的具有法律效力的法律文书。

《行政诉讼法》第七十六条规定："人民法院判决确认违法或者无效的，可以同时判决责令被告采取补救措施；给原告造成损失的，依法判决被告承担赔偿责任。"最高人民法院在相关的司法解释中也规定：人民法院审理行政赔偿案件在坚持合法、自愿的前提下，可以就赔偿范围、赔偿方式和赔偿数额进行调解。调解成立的，应当制作行政赔偿调解书。

行政案件不适用调解，但行政赔偿诉讼可以适用调解。调解不仅适用于第一审程序，也适用于第二审程序和审判监督程序。

本节只介绍一审行政赔偿调解书。

二、行政赔偿调解书的内容和制作方法

（一）首部

本文书的首部和尾部的写法与第一审作为类行政判决书相同。不同的是，标题标明"行政赔偿调解书"，案由应单独列出。

（二）正文

（1）简要写明当事人的诉讼请求和案件的事实。

（2）写明经人民法院调解，双方当事人自愿达成协议的内容。

（3）写明诉讼费用的负担。

（4）写明"上述协议，符合有关法律规定，本院予以确认。"并另起一行写明"本调解书经双方当事人签收后，即具有法律效力。"的规定用语。

（三）尾部

审判人、书记员署名，注明制作文书的日期，加盖人民法院印章。

三、制作行政赔偿调解书应注意的问题

在制作行政赔偿调解书时，应注意以下问题：

（1）调解应当根据当事人自愿的原则，在有关赔偿问题事实清楚、是非分清的基础上进行。

（2）协议的内容不得违反法律规定，同时注意明确、具体，便于履行。

（3）诉讼费用的负担，由当事人协商解决的，可作为协议内容的最后一项，由法院决定的，应另起一行写明。

四、行政赔偿调解书的格式及实例

（一）行政赔偿调解书的格式

××××人民法院
行政赔偿调解书

（××××）×行赔××号

原告××××，……（写明姓名或名称等基本情况）

法定代表人×××，……（写明姓名、职务）

委托代理人（或指定代理人、法定代理人）×××，……（写明姓名等基本情况）

被告×××，……（写明行政主体名称和所在地址）

法定代表人×××，……（写明姓名、职务）

委托代理人×××，……（写明姓名等基本情况）

第三人×××，……（写明姓名或名称等基本情况）

法定代表人×××，……（写明姓名、职务）

委托代理人（或指定代理人、法定代理人）×××，……（写明姓名等基本情况）

原告×××因与被告×××……（写明案由）行政赔偿一案，于××××年××月××日向本院提起行政赔偿诉讼。本院于××××年××月××日立案后，于××××年××月××日向被告送达了起诉状副本及应诉通知书。本院依法组成合议庭，于××××年××月××日公开（或不公开）开庭审理了本案（不公开开庭的，写明原因）。……（写明到庭参加庭审活动的当事人、行政机关负责人、诉讼代理人、证人、鉴定人、勘验人和翻译人员等）到庭参加诉讼。……（写明发生的其他重要程序活动，如：被批准延长审理期限等）。本案现已审理终结。

经审理查明，……（写明法院查明的事实）

本案在审理过程中，经本院主持调解，双方当事人自愿达成如下协议：

……（写明协议的内容）

上述协议，符合有关法律规定，本院予以确认。

本调解书经双方当事人签收后，即具有法律效力。

审判长　×××

审判员　×××

审判员　×××

（院印）

××××年×月×日

本件与原本核对无异

书记员　×××

（二）行政赔偿调解书实例

××市××县人民法院

行政赔偿调解书

（20××）××行赔12号

原告：曾×，女，生于1977年10月2日，汉族，××市××县人，农民，住××县××镇××村。

委托代理人：段×，××市××律师事务所律师。

被告：××市××县公安局（以下简称"××县公安局"），地址：××县××镇××街××号。

法定代表人：罗×，该局局长。

委托代理人：陈×奎，××县公安局法制科科长。

委托代理人：梁×鸿，××县公安局××派出所所长。

原告曾×因与被告××县公安局×××因行政赔偿一案，于20××年××月××日向本院提起行政赔偿诉讼。本院于20××年××月××日立案后，于20××年××月××日向被告送达了起诉状副本及应诉通知书。本院依法组成合议庭，于20××年××月××日公开开庭审理了本案。双方当事人及委托代理人均到庭参加诉讼。本案现已审理终结。

经审理查明：

20××年12月30日23时左右，被告××县公安局所属××派出所根据上级公安机关的统一部署，实施"雷霆四号"行动。在依法对××宾馆进行检查时，发现三名形迹可疑的女青年（后经审查，三名女青年系原告曾×所经营的××歌城的服务员），便带回派出所进行审查。在审查过程中，××歌城的经营者即原告曾×来到××县公安局××派出所，见派出所大门已锁，便在大门外叫喊"怎么把门锁了？"这时派出所一位民警出来问她有什么事。曾×说："我来问一下，我那三个女孩犯了什么法？"那位民警说不关她的事，叫她回去。曾×被××县公安局××派出所的民警劝走。但没过多久，曾×又拿着几件衣服来到派出所，见大门又是锁着的，便在大门外大声喊："怎么又把门锁了？"派出所一个民警出来问她有什么事，曾×说给三个女孩送衣服，民警说用不着送衣服，叫她回去。曾×很生气，在那里大声质问："三个女孩犯了什么法？"曾×在那里吼了一阵后，一位民警说："你今天想干什么？"曾×说："我不想干什么，三个女孩没有犯法，我要带她们回去。"派出所民警告诫她：不要在那里吼，影响派出所办公，否则就拘留她。曾×仍在那里吼："我又没有犯法，你们要抓就抓。"派出所那位民警和另外四个民警就来拉她，他们抓住曾×的双手往派出所里拉，曾×就用脚蹬着派出所铁门不进去，并使劲向外挣扎。派出所民警在拉扯过程中致曾×手臂受伤，曾×受伤后痛得倒在地上。民警认为她是在耍赖，仍强行将曾×拖进派出所。曾×被拖到派出所办公室后，说她的右手臂被打断了，派出所副所长冯×便通知曾×的丈夫杨×后，立即将曾×送往××县人民医院进行救治。经××县人民医院诊断，曾×右肱骨中下段明显肿胀，剧烈压痛，有骨擦感及假关节活动，所受伤为"右肱骨中下段粉碎性骨折"。20××年2月26日，曾×经××县人民医院手术治疗好转出院，共花去医药费16 780元，此款已由××县公安局××派出所予以支付。出院证记载治疗结果为"好转"，住院57天，注意事项：（1）休息4个月；（2）适当服药；（3）坚持循序渐进功能锻炼；（4）1年后随访复查。

20××年4月30日，曾×与××县公安局××派出所自愿达成调解协议，协议载明：20××年12月30日，甲方（××县公安局××派出所）在执行职务时，与乙方（曾×）发生冲突，不慎使乙方受伤。甲方除承担已经为乙方支付的16 780元医疗费外，还一次性赔偿乙方后续医药费、伤残补助费、住院治疗期间的伙食补助费、护理费、误工费等共计26 800元；此后乙方不得以任何理由要求甲方再行给予赔偿；该协议经双方签字后生效，生效后若一方反悔，应向对方支付违约金1 000元。

之后，曾×发现手臂病情恶化了，便到××县人民医院复查，经复查医院认为要进行第二次手术，曾×再次找到被告××县公安局要求给予继续治疗，被告便借支5 000元人民币给曾×作为医疗费，并称不足部分先由原告自行垫支，待治疗终结后该怎么解决就怎么解决。原告曾×遂于20××年11月24日到××中心医院诊治。该院诊断为"右肱骨中下段骨折术后骨不连、右肩外展障碍"，于是为其施行"右肱骨切开复位植骨内固定"手术。术后两周曾×因医药费原因主动要求出院。出院证记载：曾×住院25天，于20××年12月19日出院。出院医嘱：（1）门诊随访；（2）院外拆线；（3）前臂吊带悬挂；

(4) 前臂适度内外旋；(5) 前臂夹板固定。此次所花医疗费、放射费及其后的随访门诊费、零星药费共计 11 389.95 元、交通费 496 元。

20××年 12 月 26 日，××市××司法鉴定所受××县××法律服务所委托，鉴定曾红"右上肢伤残程度为九级"，鉴定费用为 450 元。20××年 7 月 7 日，××市法医学会司法鉴定所受××市××律师事务所委托，鉴定曾×的损伤程度属轻伤，鉴定费用为 500 元。20××年 1 月 19 日，曾×以被告××县公安局违法实施具体行政行为，造成其身体伤害为由向本院提起行政诉讼，请求确认被告工作人员在执行职务过程中致原告受伤的行为违法，并附带提起行政赔偿请求，要求被告赔偿原告医疗费 28 000 元、交通费 280 元、误工费 6 010.60 元、残疾赔偿金 184 050 元，共计为 218 340.6 元。

本案在审理中，原告曾×于 20××年 1 月 23 日向本院申请进行丧失劳动能力程度的鉴定，被告认为原告尚处于治疗阶段，应待治疗终结后再进行鉴定为宜，遂申请暂缓本案的审理。本院认为被告的申请理由成立，于 20××年 2 月 9 日裁定本案中止诉讼。20××年 9 月 28 日，曾×治疗终结后，再次向本院提出进行丧失劳动能力程度的鉴定，本院依法委托××法医验伤所对其进行鉴定。20××年 10 月 24 日，××法医验伤所给出鉴定结论：曾×目前伤残程度属九级伤残（部分丧失劳动能力），鉴定费用为 2 110 元。20××年 11 月 20 日，本院收到鉴定书后遂恢复本案的审理。

本案在审理过程中，经本院主持调解，双方当事人自愿达成如下协议：

一、由被告××县公安局于 20××年 1 月 31 日前，一次性赔偿原告曾×医疗费、护理费、营养费、住院期间伙食补助费、交通费、误工费、残疾赔偿金共计 81 580 元（其中被告××县公安局已为原告曾×支付医疗费 16 780 元、各种赔偿费用 26 800 元以及原告曾×向被告××县公安局借支的 5 000 元医疗费，应从此款中扣除，现被告××县公安局实际还应支付给原告曾×33 000 元）。

二、原告曾×的伤现已完全治愈，被告××县公安局对原告曾×的赔偿已经终结，此后原告曾×所受伤的右手不论出现何种意外，被告××县公安局均不再承担任何责任。

三、本案的各种鉴定费用 3 060 元，由原告曾×自愿承担。

上述协议，符合有关法律规定，本院予以确认。

本调解书经双方当事人签收后，即具有法律效力。

审判长　李××

审判员　魏××

审判员　田××

二○××年一月二十二日

本件与原本核对无异

书记员　彭××

【思考与练习】

根据所提供的案例制作一份一审行政判决书。

原告赵×，住辽宁省沈阳市××区××街××号。男，汉族，1970 年 4 月 19 日出生。

原告赵×不服被告广州市公安局××区分局治安处罚行政纠纷一案，于 202×年 2 月

28日向本院提起行政诉讼，赵×诉称："由于我提出的信访事项被告未能答复处理，在此期间我只在被告广州市公安局××区分局那里泡过方便面吃，住了一个晚上，根本没有大吵大闹，我的目的只是希望被告能处理相关案犯，并不是缠访，为这点小事被告未告知就拘留我，是小题大做和打击报复，其行政处罚行为违法。故要求：（1）撤销被告穗公×决字〔202×〕0082号《公安行政处罚决定书》；（2）判令被告赔偿1000元。"

被告广州市公安局××区分局辩称："原告夫妇因对我局的信访事项答复不满意，在202×年12月20日中午，不听从我局工作人员的劝阻，在我局信访工作接待室用自己带来的电饭煲插上电源煮食，当晚原告夫妇还在我局传达室睡觉，12月21日下午我局机关下班后，原告夫妇再度来到我局传达室，为避免二人在该处睡觉行为的发生，我局立即告知二人将行李搬离，二人不听从劝告，原告还暴跳如雷指责辱骂我局工作人员。由于原告的行为已扰乱我们公安局的正常工作秩序，且情节严重，我局依法对原告作出行政拘留五天的处罚决定。我局对原告的处罚决定事实清楚，证据确实，程序合法，处罚得当，请法院驳回原告的诉讼请求。"

广州市××区人民法院受理此案后，组成合议庭，于202×年4月26日公开开庭审理了案件。原告赵×，被告广州市公安局××区分局的委托代理人江×，到庭参加了诉讼。

法院经审理查明：原告夫妇在被告处信访期间的202×年12月20日中午，在广州市公安局××区分局信访接待室里泡食方便面，晚上则将自带的棉被物品铺放在被告的传达室睡觉，至12月21日早晨。同年12月21日中午，原告夫妇仍在被告处泡食食物，下午4时许，被告的工作人员要原告夫妇将传达室内的行李搬走，原告没有搬离其行李，经被告的工作人员劝导，原告夫妇仍情绪激动大声陈述其意见，被告于是对原告采取了强制传唤措施，原告在接受讯问期间，承认其行为确有不当。被告向原告告知，其信访期间在相关工作场所发生的煮食、睡觉、不听从劝告大吵大闹的行为，扰乱了机关的正常工作秩序，违反了治安管理的法律规定，拟对原告作行政处罚处理。202×年1月1日，被告对原告作出了穗公×决〔202×〕第0082号《公安行政处罚决定书》，给予原告行政拘留五日的处罚。同日，原告被实施拘留。之后，原告提起行政复议。202×年2月13日，广州市公安局作出穗公法复〔202×〕3号《行政复议决定书》，维持被告所作的行政行为。原告不服，遂提起诉讼。

法院认为：按照《信访条例》的相关规定，信访人有按法定的权限和程序向各级国家工作部门表达意志的权利，但在行使权利的同时必须合法合理。如果仅凭个人的主观意志去行使信访权利，不遵守社会公共秩序和信访秩序，将会导致对信访秩序的损害。原告在被告处信访期间，将被告的传达、信访接待场所用作饮食甚至睡觉场所，在被告劝告后仍不愿将行李物品搬离，此行为既无助于原告信访事项的解决，又严重地扰乱了国家机关正常的工作秩序，原告为自身行为所提出的辩解，不足以说明其具有合法性和合理性。

被告对已发生的构成违反治安管理规定的行为依法采取必要的现场处置措施，并根据《中华人民共和国治安管理处罚法》第二十三条第一款第一项的规定，作出对原告行政拘留五天的治安处罚决定，事实清楚，适用法律法规正确，程序合法，本院判决驳回原告诉讼请求。原告提出赔偿损失1000元的主张，缺乏合法依据，本院不予支持，故作出（202×）××行初0083号判决。

被告广州市公安局××区分局地址：广州市同福中路368号；法定代表人：麦××，局长；委托代理人李××、罗×，均为被告单位法制科警员。

判决依据的法律条款：《行政诉讼法》第六十九条。

第七章 监狱管理文书

【学习目标】

1. 熟练掌握提请减刑建议书、监狱起诉意见书等监狱常用法律文书的格式、内容和制作要求。
2. 了解监狱管理文书的种类和其他法律文书的制作和使用。

第一节 监狱管理文书概述

一、监狱管理文书的概念

习近平法治思想是高树法治中国坐标、厘定中国法治圭臬的庄重宣示,是历史逻辑、实践逻辑、发展逻辑相互融通和系统集成的法治理论体系。监狱管理文书的规范是贯彻落实习近平法治思想,深化监狱法治的法理表达,深化监狱法治的实体阐释,系统把握监狱法治的现实进路,为监狱现代之治提供法治动能的生动体现。

监狱管理文书,是监狱依照《刑事诉讼法》和《中华人民共和国监狱法》(以下简称《监狱法》)的有关规定,为处理有关执行刑罚和改造罪犯的法律事务而依法制作的专门文书。

二、监狱管理文书的分类

根据不同的分类标准,监狱管理文书有以下几种划分方法。

(一)根据文书格式划分

(1)填写式文书,包括罪犯奖励处罚通知书、罪犯死亡通知书等。
(2)表格式文书,包括罪犯收监登记表、罪犯出监鉴定表等。
(3)文字叙述式文书,包括减刑假释建议书、监狱起诉意见书等。
(4)笔录式文书,包括讯问笔录、现场勘查笔录等。

(二)根据文书内容划分

(1)监狱执行刑罚文书,包括收监文书、建议提请类文书、出监文书等。
(2)狱政管理文书,包括对罪犯的奖惩文书、使用械具、抓捕脱逃罪犯文书等。
(3)监狱侦查文书,包括狱内案件立案文书、结案文书、笔录等。

(三)根据受文对象和处理方式划分

(1)监狱机关内部文书,包括监狱内使用的登记、报告、审批文书。

(2) 监狱对外文书,包括向检察机关、人民法院提请处理或裁定的文书,向上级机关发出的文书,向罪犯家属或有关部门发出的各种文书。

第二节　提请减刑建议书

一、提请减刑建议书的概念和适用

提请减刑建议书,是监狱依照法定程序,对符合减刑条件的罪犯向人民法院提出减刑建议时所制作的文书。

监狱对判处有期徒刑、无期徒刑和死刑缓期二年执行的罪犯建议减刑,分别依照《刑法》第七十八条、第七十九条所规定的条件进行。从程序看,对有期徒刑罪犯的减刑,由监狱提出建议,由所在地区中级人民法院裁定;对无期徒刑和死刑缓期两年执行罪犯的减刑,由监狱提出建议,经省(自治区、直辖市)监狱管理局审核后,由高级人民法院裁定。

二、提请减刑建议书的内容和制作要求

提请减刑建议书由首部、正文、尾部三部分组成。

（一）首部

(1) 标题。分两行写明制作意见书的执行机关名称和文书名称。

(2) 文书编号。在标题右下方注明文书编号,一般由年度、机关代字、文书代字、序号组成,如"(20××)××监减字第××号"。

(3) 罪犯的基本情况。依次写明提请减刑的罪犯的姓名、性别、出生年月日、民族、原户籍所在地、罪名,作出生效判决的人民法院、判决时间、判决书编号、刑种、刑期,交付执行的时间和服刑所在的监狱等。

如果罪犯在服刑期间刑种、刑期或服刑场所发生变化,也应注明。

（二）正文

正文包括以下两项内容:

(1) 符合减刑条件的具体事实及证据材料,包括表现的具体事实及证据材料。表现的具体事实及证据材料是制作提请减刑建议书的重点,也是人民法院对罪犯准确作出减刑裁定的前提和依据。在叙述悔改表现时,应重点写明罪犯怎样遵守监规纪律、加速思想改造、努力学习文化技术、积极参加生产劳动等情况;在叙述立功表现时,应重点写明罪犯在劳动生产中的发明创造或重大技术革新及突出贡献,揭发了某个案件或检举了其他犯罪行为,抢救了国家财产或消除灾害事故,制止了监狱内的犯罪活动或其他破坏活动,在其他方面作出有益于人民和社会的事情等。叙述悔改和立功表现的具体事实时,要实事求是、准确可靠、清楚明白、证据充分,不要用制作者的感情或主观愿望去代替客观事实,也不能用鉴定性语言代替具体事实的叙述。

(2) 减刑的理由和法律依据。减刑的理由是对悔改和立功表现的具体事实进行高度概括后所作的结论,用语要精辟、明白,表明监狱和劳改场所对减刑罪犯改造表现的具体看法和结论。法律依据要写明制作减刑建议书依据《刑法》《刑事诉讼法》的何条何款。报请减刑的罪犯刑种不同,援引的条款也不同:对死缓犯提请减刑,实体条件和限度依据《刑法》第五十条第一款、《刑事诉讼法》第二百六十一条第二款,程序条件依据《刑事诉讼法》第五百三十四条第一款第一项;对有期徒刑犯、无期徒刑犯(包括死缓犯减为无期

徒刑犯和原判死缓或无期徒刑已减为有期徒刑的罪犯）的减刑或假释，实体条件和限度依据《刑法》第七十八条，程序条件依据是《刑法》第七十九条和《刑事刑诉法》第五百三十四条第一款第二至四项。

（三）尾部

（1）主送机关。根据《刑法》第七十九条的规定，对于犯罪分子的减刑，由执行机关向中级以上人民法院提出减刑建议书。

（2）制作文书的执行机关名称，并加盖公章。

（3）制作文书的时间。

（4）附项。用条款式写明随建议书所移送的罪犯改造档案及其卷数、页数，有关证据材料及其份数、件数等。

三、提请减刑建议书的格式与实例

（一）提请减刑建议书的格式

××××监狱
提请减刑建议书

（　）××监减字第____号

罪犯_____，曾用名_____，男（女），____年__月__日生，____族，____文化，原户籍所在地_____，因_____罪经_____人民法院于____年__月__日以（　　）____第____号刑事判决书判处_____，附加_____，刑期自____年__月__日至____年__月__日止，于____年__月__日送我狱服刑改造。服刑期间执行刑期变动情况：_____。

该犯服刑改造期间，确有_____表现，具体事实如下：

认罪悔罪方面：_____

遵规守纪方面：_____

学习教育方面：_____

劳动改造方面：_____

该犯考核分截至____年__月__日，共兑现表扬奖励____次。

为此，根据《中华人民共和国监狱法》第____条、《中华人民共和国刑法》第____条第____款、《中华人民共和国刑事诉讼法》第____条第____款的规定，建议对罪犯_____予以减刑。特提请裁定。

此致

_____人民法院

××××监狱
（公章）
____年__月__日

附件：罪犯____卷宗材料共____卷____册____页。

（二）提请减刑建议书实例

××省××监狱
提请减刑建议书

（2024）××监减字第××号

  罪犯王××，曾用名王××，男，1982年4月5日出生，汉族，原户籍所在地××省××市××乡××村，因故意杀人罪经××省高级人民法院于2022年1月13日以（2022）××法刑终124号刑事判决书判处死刑，缓期2年执行。附加剥夺政治权利终身，于2022年3月14日送我狱服刑改造。

  该犯在服刑改造期间，确有悔改表现，具体事实如下：

  认罪悔罪方面：罪犯王××入监初期沉默寡言，思想压力较大。根据他的表现，××劳动改造支队对其进行了有针对性的改造教育，该犯对自己所犯罪行逐渐有了较深刻的认识。该犯在思想汇报中写道："我的罪行是极其严重的，我的犯罪给受害人的家属造成了痛苦和灾难，政府对我的判刑改造是我罪有应得。政府给我留下一条命，就是对我最大的宽大。"同时还表示要坚决按政府的指示办事，努力改造自己。

  学习教育方面：在政治理论学习中，该犯能认真联系自己的犯罪实际，积极发言。在技术学习和文化学习中，该犯能认真遵守课堂纪律，及时完成作业，学习成绩较好。2023年被评为二支队"五好学员"。该犯还能积极地为"在押人员宣传组"写稿件，2023年共投稿件30篇，全部被支队举办的学习周报或大队板报组采纳刊登。2023年被评为"文化宣传积极分子"，受到支队的物质奖励。

  劳动改造方面：在劳动中，能较好地完成生产任务。2022年9月，在中队下达工时为160小时修理两辆汽车的劳动中，该犯积极与技工许××配合，仅用80个小时就完成了任务，节约工时50%。2023年4月，在制作落水管时，计划工时160小时，由于该犯积极努力，仅用136小时就完成了任务，同时节省钢板4平方米，价值约1000元。

  综上所述，该犯能够遵守监规，积极参加政治、文化和技术学习，积极参加劳动，完成生产任务，确有一定的悔改表现。

  为此，根据《中华人民共和国刑事诉讼》第二百六十一条第二款的规定，建议对罪犯王××予以减刑，特提请审核裁定。

  此致
××省高级人民法院

××省××监狱
（公章）
二〇二四年四月十一日

  附件：罪犯王××劳改档案共1卷61页。

  提请假释建议书的格式和制作要求与提请减刑建议书相似，故不作专门讲解。

  假释是附条件的提前释放，必须按法定条件和程序进行。根据《刑法》第八十一条、第八十二条、第八十三条的规定，被判处有期徒刑的罪犯，执行原判刑期二分之一以上；被判处无期徒刑的罪犯，实际执行十三年以上，如果认真遵守监规，接受教育改造，确有悔改表现，没有再犯罪的危险的，可以假释。如有特殊情况，经最高人民法院核准，可以不受上述执行刑期的限制。

提请假释建议书的事实部分写法与提请减刑建议书相同，但须注意围绕事实结论的核心书写：(1) 确有悔改表现，没有再犯罪的危险；(2) 具有涉及国家政治、国防、外交方面特殊需要的情况。

第三节 对罪犯刑事判决提请处理意见书

一、对罪犯刑事判决提请处理意见书的概念和适用

对罪犯刑事判决提请处理意见书属于罪犯申诉处理文书，是监狱在执行刑罚过程中，认为对罪犯的判决有错误，或者根据罪犯申诉，认为判决可能有错误，转请人民检察院或者人民法院处理所制作的文书。

制作对罪犯刑事判决提请处理意见书的法律依据是《刑事诉讼法》第二百七十五条和《监狱法》第二十四条。

依法制作对罪犯刑事判决提请处理意见书，对于及时纠正判决中的错误，维护法律的公正性，保护罪犯的合法权益具有重要意义。

二、对罪犯刑事判决提请处理意见书的内容和制作要求

对罪犯刑事判决提请处理意见书分为正本和存根两联，正本由首部、正文和尾部三部分组成。

（一）首部

(1) 标题。写明文书名称即"对罪犯刑事判决提请处理意见书"。

(2) 文书编号。在标题下方注明文书编号，一般由年度、机关代字、文书代字、序号组成，如"(20××)×监刑××号"。

(3) 主送机关。主送机关为人民检察院或人民法院。

（二）正文

正文内容可表述为："罪犯×××经×××人民法院以（××××）××刑终×××号刑事判决书判处×××。在执行刑罚中，我狱（所）发现对罪犯×××的判决可能有错误。具体理由是：……"

具体理由部分主要有两方面：

一是原判决在认定事实方面确有错误，如事实不清，证据不足，错抓错判，张冠李戴等。

二是适用法律方面的错误，如案件定性错误、量刑畸重畸轻等。

无论属于哪种情况，书写该项内容时都应该将监狱所收集到的有关证据表述清楚，必要时附上有关证据或证据线索。

正文后部为程序化文字。

（三）尾部

(1) 写明执行机关名称并加盖公章。

(2) 写清发文时间。

(3) 存根。存根的主要内容有罪犯的姓名、罪名、刑期、提请理由、转递单位、时间、承办人、回复时间和回复结果。存根由监狱保存备查。

三、对罪犯刑事判决提请处理意见书的格式与实例

（一）对罪犯刑事判决提请处理意见书的格式

对罪犯刑事判决提请处理意见书
（存根）
（　）监刑　号

姓名＿＿＿＿
罪名＿＿＿＿
刑期＿＿＿＿
提请理由＿＿＿＿＿＿＿
＿＿＿＿＿＿＿＿＿＿＿＿
＿＿＿＿＿＿＿＿＿＿＿＿
＿＿＿＿＿＿＿＿＿＿＿＿

时间：＿＿＿年＿＿月＿＿日
承办人：＿＿＿＿＿＿＿＿＿
回复时间：＿＿＿年＿＿月＿＿日
回复结果：＿＿＿＿＿＿＿＿
＿＿＿＿＿＿＿＿＿＿＿＿

（骑缝章：字第　号）

对罪犯刑事判决提请处理意见书
（正本）
（　）监刑　号

＿＿＿＿＿：

　　罪犯＿＿＿＿经＿＿＿＿人民法院以（　）＿＿＿号刑事判决书判处＿＿＿＿。在刑罚执行中，我狱（所）发现对罪犯＿＿＿＿的判决可能有错误，具体理由是：＿＿

　　为此，根据《中华人民共和国监狱法》第二十四条和《中华人民共和国刑事诉讼法》第二百七十五条的规定，提请你院对＿＿＿＿＿＿的判决予以处理，并将处理结果函告我监（所）。

××××监狱
（公章）
年　月　日

（二）对罪犯刑事判决提请处理意见书实例

对罪犯刑事判决提请处理意见书
（正本）

（202×）××监刑 61 号

×××市中级人民法院：

　　罪犯李××，经×××市中级人民法院以（2018）××刑初 54 号刑事判决书判处有期徒刑十五年。在刑罚执行过程中，我狱（所）发现对李××的判决可能有错误。具体理由是：判决书认定李××对杨××（女）多次实施强奸，已构成强奸罪，判处有期徒刑十五年，送我监服刑。在一次其亲属来我监探视时，管教人员发现，与该犯的父母一同来探视的自称是该犯未婚妻的一名年轻女子，竟是李××强奸案的被害人杨××。在进一步的询问中，杨××向我们陈述的情况是：杨××与李××系自由恋爱，受到杨××父母的强烈反对，在得知二人已多次发生两性关系后，杨××的父母向公安机关控告李××强奸了杨××。在立案调查和诉讼中，迫于父母的强大压力，杨××向办案人员作了不利于李×

××的陈述，指控李××对她实施了强奸行为。李××被判刑后，杨××十分后悔，瞒着她的父母，以李××未婚妻的名义到监狱看望李××。该案被害人对我监狱管教人员陈述，当时是在父母的强大压力下才向法庭作了虚假的陈述。在该案中，杨××的陈述是关键性的证据，如果杨××现在的陈述属实，那么李××的强奸罪名则不能成立。我们的意见是请你院对这一新的情况和证据作进一步核实。

为此，根据《中华人民共和国监狱法》第二十四条和《中华人民共和国刑事诉讼法》第二百七十五条的规定，提请你院对李××的判决予以处理，并将处理结果函告我监（所）。

×××监狱

（公章）

二〇二×年十月九日

第四节　监狱起诉意见书

一、监狱起诉意见书的概念和适用

监狱起诉意见书是指监狱管理机关等执行机关对罪犯在监狱又犯新罪或者发现原判决有遗漏罪行的情况，认为应当追究罪犯的刑事责任，依法要求人民检察院向人民法院提起公诉而制作的法律文书。

《刑事诉讼法》第二百七十三条第一款规定："罪犯在服刑期间又犯罪的，或者发现了判决的时候所没有发现的罪行，由执行机关移送人民检察院处理。"这是监狱和其他执行机关制作起诉意见书的法律根据。

二、监狱起诉意见书与公安机关起诉意见书的异同

（一）相同点

（1）性质相同。两者都有同等的法律效力，都是以案件侦查终结的结论为依据而制作的法律文书，是移送人民检察院审查决定的起诉意见。

（2）以事实为基础的特征相同。叙述罪犯在服刑期间所犯新罪或漏罪都要求真实、准确、具体，对犯罪的性质以及时间、地点、动机、目的、情节、手段、结果七要素也要交代清楚明白。

（3）行文格式、内容基本相同。两者都包括标题和编号、犯罪嫌疑人或罪犯的基本情况、主要犯罪事实和证据、起诉理由和法律根据、移送审查的人民检察院等内容。

（二）不同点

（1）制作起诉意见书依据的法律条款不同。公安机关制作的起诉意见书是依据《刑事诉讼法》第一百六十二条；而监狱等执行机关制作的起诉意见书是依据《刑事诉讼法》第二百七十三条。

（2）起诉案件范围不完全相同。公安机关起诉的案件基本上是发生在社会上的各类刑事案件；监狱等执行机关起诉的案件是罪犯在服刑改造期间所犯新罪或发现原判决时所没有发现的漏罪，并且应当追究刑事责任的案件，一般属于狱内案件，范围较小。

（3）被起诉的作案分子不同。公安机关要求起诉的作案分子一般是社会上的自由人，

起诉意见书中称作案分子为犯罪嫌疑人；而监狱等执行机关的起诉意见书中要求起诉的作案分子是正在服刑的罪犯。

（4）尾部的署名不同。公安机关制作的起诉意见书应写明文书签署人（局长）的职务和姓名，或签名盖章；监狱制作的起诉意见书落款不写文书签署人（监狱长），而是写监狱机关的全称，还要加盖公章。

三、监狱起诉意见书的内容及制作要求

监狱起诉意见书由首部、正文和尾部三部分构成。

（一）首部

（1）标题。分两行书写制作机关名称和文书名称。

（2）文书编号。由年度、机关代字、文书代字、序号组成。如"（202×）×监管起×号"。

（3）罪犯的基本情况。依次写清罪犯的姓名、性别、年龄（出生年月日）、民族、籍贯、文化程度、原判罪名、原判法院、原判年月日、原判决书编号、刑种、刑期以及交付执行的年月日和执行机关等。如果同案移送审查起诉的罪犯有数人，应按主犯在前、从犯在后的排列顺序，分别按上述要求依次写明。罪犯在服刑改造期间，曾有被减刑、加刑、调换过服刑改造场所等情况，也应逐一写明，以便为人民检察院提供该犯在服刑改造期间的详细情况，有利于案情的审查。

（4）案由。写明经审查认定的罪名，如："现经调查证实，罪犯×××在服刑期间，发现了判决时所没有发现的应当追究刑事责任的罪行，主要事实如下："。

（二）正文

这是起诉意见书的重点部分，应着重写明以下两个方面的内容。

1. 犯罪事实和证据

（1）要实事求是、客观地综述监狱狱侦部门调查核实的罪犯又犯新罪或被发现漏罪的犯罪事实。叙述犯罪事实的核心有七个要素，即犯罪时间、地点、动机、目的、手段、情节和后果。

（2）写清侦查中所获得的能证明犯罪事实存在，已构成犯罪，并需要追究刑事责任的主要证据。如有哪些物证、书证、证人证言等。

（3）罪犯重新犯罪后的认罪态度。认罪态度对于审查起诉和量刑有一定意义，要尽可能反映出来。写犯罪事实部分应紧扣新罪和漏罪。起诉意见书中叙述的犯罪事实，应是罪犯在服刑改造期间发生或在判决时没有发现而又应当追究其刑事责任的犯罪事实，不能把已判处刑罚的犯罪事实写入起诉意见书。对同一犯罪主体的犯罪行为不可分割起诉，即既有新犯之罪，又有漏判之罪的，应当一并办理。在写作中，一要客观，实事求是，严禁使用任何不实之词；二要文字准确，要能够贴切地反映事实真相；三要突出主犯，详略得当；四要严格区分罪与非罪的界限，所叙述的应是《刑法》规定的、有充分证据证明的犯罪事实，而不是一般违反监规监纪、不服管教等错误，不能以错为罪。写证据要求确凿、充分、具体。

2. 起诉意见书的理由和法律根据

这是起诉意见书的主旨所在，大致包括以下几方面的内容：

（1）对犯罪事实进行分析、概括，阐明罪犯在服刑改造期间又犯有或隐瞒什么罪行，其性质如何，危害程度怎样，造成了什么后果或影响等。

（2）援引有关的《刑法》条文和《刑事诉讼法》条款，以确认其应当追究的刑事责任和明确移送审查起诉的法律根据。

（3）提出请求人民检察院依法处理。例如："综上所述，罪犯×××在服刑改造期间，抗拒改造，在监内又进行××犯罪活动，严重破坏了监管秩序，触犯了刑法，已构成重新犯罪。其犯罪事实清楚，证据确凿，本人也供认不讳，并记录在卷。为此，根据《中华人民共和国刑法》第××条和《中华人民共和国刑事诉讼法》第二百七十三条第一款的规定，特将此案移送你院审查，并依法处理。"

（三）尾部

（1）分两行写明致送的人民检察院全称，即"此致""×××人民检察院"。

（2）落款。制作文书的年月日，加盖起诉机关公章。

（3）附项。注明随同起诉意见书移送的罪犯改造档案的卷数、页数；罪犯新犯之罪或漏判之罪的案卷材料的卷数、页数；其他随同移送的证据材料的件数；有些无法移送的证据材料的名称、数量及存放地点。

四、监狱起诉意见书的实例

××省××监狱

起诉意见书

（202×）××监管起37号

罪犯徐××，男，1982年4月11日出生，汉族，原户籍所在地××省××县××乡××村，因盗窃罪经××市××区人民法院于2018年9月17日以（2018）××法刑初297号刑事判决书判处有期徒刑8年，于2018年11月3日交付执行，现押于××监狱。

罪犯张××，男，1995年10月21日出生，汉族，原户籍所在地××省××市××区××大街××号，因强奸罪经××市××区人民法院于2019年3月5日以（2019）××法刑初字第105号刑事判决书判处有期徒刑10年，于2019年5月11日交付执行，现押于××监狱。

现经侦查，罪犯徐××、张××在服刑期间涉嫌犯有故意杀人罪、强奸罪和盗窃罪。主要事实如下：

罪犯徐××、张××系我监狱一监区十中队罪犯。202×年1月中旬以来，徐、张二犯抗拒改造，策划脱逃，并多次进行密谋。202×年2月14日晚9时半许，二犯趁负责清扫车间之机，翻越监狱工厂后围墙脱逃。

202×年2月16日凌晨3时许，二犯撬门潜入××市五三乡"轩茗"茶艺社行窃时，发现有3名女员工住在茶艺社二楼宿舍。徐犯上前关灭电灯，用尖刀对着女工，张犯恶语恐吓，欲行强奸。由于3名女员工奋起反抗，大声呼救，致使强奸未遂，但女工刘×玲在与徐犯搏斗中，双手被徐犯持刀砍伤。右手无名指、左手小指骨折致残。

202×年2月21日凌晨1时，徐、张二犯窜至××县××厂女工杨××住处，翻窗入室，然后撞开该女工卧室。徐犯持刀对着该女工颈部，逼其交出钱财，并指使张犯找来玻纤绳将该女工双手反绑，在室内翻找，劫得"依波"牌女表1只，现金599元。随后徐、张二犯又将杨××轮奸。作案后，二犯唯恐罪行暴露，遂起杀人恶念。徐犯用被子捂住被害人头部，张犯用铁锤猛击其头部，直至被害人死亡才逃离现场。

徐、张二犯于2月22日分头逃窜后，徐犯先后流窜至××市、××县、××市共盗窃作案 9 次，窃得现金 7 480 余元、烟酒等物价值 2 300 余元。202×年 3 月 4 日上午，徐犯被××公安分局缉捕干警在××市轮船码头抓获后，11 时许企图再次逃跑，被抓获。

张犯先后流窜至××县、××市盗窃，作案 3 次，窃得现金 4 300 元，自行车 1 辆、衣物 12 件，价值 1 250 余元。202×年 3 月 20 日，张犯被××市公安机关抓获审查后押回我监狱。

以上事实，有现场勘查笔录和相关刑事技术鉴定结论，现场照片，罪犯徐××、张××的供述，受害人刘×玲、蔡××、高××等人的证言，在押罪犯李××、高××的证言，我监狱管教人员武××的证言等证实。

综上所述，罪犯徐××、张××在服刑期间，抗拒改造，脱逃后流窜进行杀人、强奸、盗窃等一系列犯罪活动，对监狱秩序、社会秩序及人民的生命财产危害特别严重，性质、情节、手段恶劣，其行为已涉嫌故意杀人、强奸和盗窃犯罪。根据《中华人民共和国监狱法》第六十条、《中华人民共和国刑法》第二百三十二条、第二百三十六条第三款第四项、第二百六十四条和《中华人民共和国刑事诉讼法》第二百七十三条第一款的规定，特提请你院审查，依法起诉。

此致
××市人民检察院

××××监狱
（公章）
二〇二×年十月十二日

附件：（1）罪犯徐××档案共 1 卷 1 册 105 页。
　　　（2）罪犯张××档案共 1 卷 1 册 178 页。
　　　（3）罪犯徐××、张××涉嫌重新犯罪的案卷材料共 2 卷 4 册 329 页。

【思考与练习】

一、简述监狱起诉意见书与公安机关起诉意见书的区别与联系。

二、根据所给案例制作一份提请减刑建议书。

罪犯陈×自服刑改造以来，经过反复教育，对其所犯罪行的社会危害性有了正确的认识，曾多次表示要痛改前非，重新做人。该犯积极参加政治、文化学习，从 2023 年以来，文科考试成绩均在 90 分以上，连年被评为监狱的优秀学员。在生产劳动中，该犯服从分配，努力完成生产任务，同时在技术上刻苦努力，现已成为车间 M2120 线上的操作能手。

在平时的改造中，该犯能服从管教，遵守罪犯改造行为规范，积极维护监内秩序，勇于同违反监规的罪犯做斗争。2023 年 8 月 7 日午休时，同监犯张×与崔×发生殴斗，双方动用了木棍、砖头等凶器。该犯见状，立即上前劝阻，最终制止了一场恶性事件的发生。为此，该犯的面部、背部被木棍、砖头打伤多处。

2024 年 7 月，该犯与另一名犯人一起，主动承担了 1 500 件 7205 型产品外圈的生产任务。为了按时向用户交货，该犯不顾炎热和蚊虫叮咬，每天坚持操作 12 个小时以上，结果比原计划提前 7 天完成了生产任务。在 2024 年的"双增双节"活动中，该犯不怕麻烦，以旧代新，全年共利用废旧砂轮451块，为车间降低了生产成本，提高了经济效益。该犯在2023年度和2024年度，两次被监狱评为"改造积极分子"，双百分考核名列车间第二。

罪犯陈×的基本情况：陈×，男，于2020年1月3日送××省××监狱执行劳动改造。现年26岁，汉族，××省××县人，因奸淫幼女罪、抢劫罪，经××县人民法院于2020年12月19日以（2020）×法刑终104号刑事判决书判处有期徒刑15年，剥夺政治权利3年。

三、试评析下列提请假释建议书。

××××监狱
提请假释建议书

罪犯：王××，男，1976年9月××日出生，汉族，原户籍所在地陕西省西安市古城区××大街××号251室，因故意伤害罪经西安市古城区人民法院于2022年11月19日以（2022）××法刑初×号刑事判决书判处有期徒刑4年，刑期自2022年6月11日至2026年6月10日止，于2022年12月9日送我狱服刑改造。服刑期间执行刑期变动情况：无。

该犯在近期确有悔改表现，具体事实如下：

罪犯王××自服刑改造以来，能够深刻认识到自己的犯罪行为给他人和社会所造成的危害性，能够深挖犯罪根源，真诚悔罪。

在遵守监规纪律方面，该犯能够严格以《监狱服刑人员行为规范》为准绳，从严要求自己，改造期间无违规违纪行为。

在改造中，该犯能够听从指挥，服从分配。下队后先后担任××××××××××监护犯，×××××××××，小哨等。该犯无论在哪个改造岗位上都能恪尽职守、一丝不苟、以身作则、敢于和一切违规违纪行为做斗争，时刻把集体荣誉放在第一位。

在"三课"学习中，该犯刻苦认真，能够认真听讲、遵守课堂纪律、按时完成作业，在各项专项活动的考试中均取得了较好的成绩。

综上所述，罪犯王××自服刑改造以来，能够遵守监规纪律，积极参加改造，"三课"学习认真，较好地完成了改造任务，确有悔改表现，改造成绩突出。考核成绩：获××个"积极"。

为此，根据《中华人民共和国监狱法》第三十二条、《中华人民共和国刑法》第八十一条第一款、《中华人民共和国刑事诉讼法》第二百七十三条第二款的规定，建议对罪犯王××予以假释。特提请裁定。

此致
陕西省西安市中级人民法院

××××监狱
（公章）
二〇二四年三月五日

附件：罪犯王××卷宗材料共1卷1册175页。

第八章 公证、仲裁文书

【学习目标】

1. 了解公证与仲裁文书概况，能够参考格式和实例较为规范地制作要素式公证文书。

2. 熟练掌握公证申请书、婚姻状况公证书、保全证据公证书、合同公证书、继承公证书等常用公证文书及仲裁申请书、仲裁答辩书等常用仲裁文书的制作和使用。

第一节 公证、仲裁文书概述

法治是人类文明进步的标志，也是推进中国式现代化的必由之路。党的二十大报告明确要求"全面推进国家各方面工作法治化"，"在法治轨道上全面建设社会主义现代化国家"，为坚持全面依法治国、推进法治中国建设进一步指明了方向。公证、仲裁文书作为中国特色社会主义法律工作中的重要一环，在坚持全面依法治国，推进法治中国建设中发挥着至关重要的作用。

一、公证文书

公证文书是国家公证机构依照《中华人民共和国公证法》（以下简称《公证法》）的规定和当事人的申请，按照法定的程序依法证明法律行为、有法律意义的事实和文书的真实性、合法性，以保护公民身份上、财产上的权利和合法利益所制作的各类文书的总称。

公证是国家为保证法律的正确实施，预防纠纷，减少诉讼，保护自然人、法人和非法人组织的合法利益而设立的一种预防性的司法证明制度。

公证证明的对象是法律行为、有法律意义的文书和事实。公证文书必须依照法律规定的程序和格式制作，是一种非诉讼法律文书，具有特殊的法律效力。

（一）公证文书的适用范围

公证文书主要适用于以下情况：

（1）公证法律行为。主要公证各类合同、协议、收养、认领亲子、继承、遗嘱、声明、招标、拍卖、抽签、开奖以及法律允许的各种有奖活动。

（2）公证有法律意义的事实。证明法律事件，如出生、死亡、不可抗力事件、意外事件等；证明其他在法律上有一定影响的事实，如亲属关系、学历、经历、法人的资信情况等。

(3) 公证有法律意义的文书。如证明专利证书，法人营业证书，公司章程，董事会决议，文书的副本、复印本与原本相符，文书的译文与原文相符，文件上的签名印鉴属实等。

(4) 赋予债权文书强制执行效力。根据《公证法》的规定，对经公证的以给付为内容并载明债务人愿意接受强制执行承诺的债权文书、债务人不履行或者履行不适当的，债权人可以依法向有管辖权的人民法院申请执行。

(5) 保全证据公证。

(二) 公证文书的效力

公证文书具有如下效力：

(1) 证据效力。证据效力是指公证文书是一种可靠的证据，具有证明公证的法律行为、有法律意义的事实和文书真实、合法的证明力，接受者无须审查，可直接作为认定事实的根据。《民事诉讼法》第七十二条规定："经过法定程序公证证明的法律事实和文书，人民法院应当作为认定事实的根据。"证据效力是公证书最基本的效力。

(2) 强制执行效力。强制执行效力是指公证机构依法赋予强制执行效力的债权文书，债务人不履行时，债权人可以直接向有管辖权的人民法院申请强制执行，而不再经过诉讼程序。这是法律赋予公证机构的特殊职能，是法律强制性在公证活动中的体现。

(3) 法律要件效力。公证书的法律要件效力又称为"法律行为成立要件效力"，是指依照法律、法规、规章的规定或国际惯例或当事人的约定，特定的法律行为或法律证明才能成立，并产生法律效力；不履行公证程序，则该项法律行为就不能成立，不具有法律效力。

(4) 其他效力。《民法典》第六百五十八条第二款规定，经公证的赠与合同，赠与人不得撤销，并应当实际履行。

(三) 公证文书的种类

(1) 公证书，是公证机构对当事人申请公证的事项，经过审查核实，认为符合公证条件，并依法定程序制作的，具有特殊法律效力的司法证明书。

(2) 公证决定书，是公证机构根据事实和法律，为解决某些公证程序事项而作出的书面处理意见。

(3) 公证通知书，是公证机构向当事人通告公证决定或其他公证程序事宜的文书，分为口头通知、书面通知和公告通知三种。

(4) 辅助性公证文书，是在办理公证业务活动中制作的服务于办证的文书，包括公证法律意见书、司法建议书、公证接待簿、公证登记簿、公证申请表、谈话笔录、调查笔录、调查公函、调查报告、现场勘验笔录、勘验报告、送达回证、公证档案文书等。

二、仲裁文书

仲裁文书是仲裁关系主体在仲裁活动过程中依据《中华人民共和国仲裁法》（以下简称《仲裁法》）和仲裁规则制作的具有法律效力的文书。

(一) 仲裁文书的特点

(1) 仲裁文书的制作主体是仲裁机构和仲裁当事人。在我国，仲裁机构指的是仲裁委员会，包括中国国际经济贸易仲裁委员会、中国海事仲裁委员会以及依照《仲裁法》组建的各级仲裁委员会。

（2）仲裁文书的制作必须符合法律和仲裁规则的规定。仲裁文书的制作和使用必须在法律和仲裁规则规定的期限内进行，超过法定期限，仲裁文书将不产生法律效力。

（3）仲裁文书具有一定的法律效力或法律意义。仲裁调解书、仲裁裁决书还具有强制执行的法律效力，非经法定程序，任何人不得予以变更或撤销。

（二）仲裁文书的种类

（1）根据制作主体的不同，可以将仲裁文书分为仲裁机构制作的仲裁文书和当事人制作的仲裁文书。前者如仲裁调解书、仲裁裁决书等；后者如仲裁申请书、仲裁答辩书等。

（2）根据案件是否具有涉外因素，可以将仲裁文书分为国内仲裁文书和涉外仲裁文书。

（3）根据用途的不同，可以将仲裁文书分为仲裁申请书、仲裁答辩书、仲裁调解书、仲裁裁决书以及撤销仲裁裁决申请书等。

第二节　公证申请书

一、公证申请书的概念

公证申请书是申请人为证明某个法律行为或者某项有法律意义的文书、事实的真实性、合法性而向公证机构提交的请求予以公证的法律文书。

二、公证申请书的内容

公证申请书由首部、正文、尾部三部分构成。

（一）首部

（1）文书标题（公证申请书）。

（2）申请人的基本情况（姓名、性别、出生年月日、籍贯、民族、职业、工作单位、住址等）。

（二）正文

正文需逐项写明申请公证事项、公证书用途、证明文件等。事项的表述要明确、具体；申请公证的理由要充分；公证书使用目的要交代明确。

（三）尾部

（1）申请人签字（盖章）。

（2）注明申请日期。

三、制作公证申请书应注意的问题

（1）申请人必须是有完全民事行为能力的人。不满18周岁的未成年人和不能辨认自己行为的成年人如需申请公证，应由其法定代理人、监护人出面办理，否则不得申请。

（2）公证申请书应到申请人户籍所在地、法律行为或事实发生地公证机构递交。涉及财产转移的公证，申请人可以在户籍所在地或主要财产所在地公证机构递交。

（3）申请事项必须真实、合法。

四、公证申请书的格式与实例
(一) 公证申请书的格式

公证申请书

××市××公证处：

申请人基本情况：姓名、性别、出生年月日、民族、工作单位、职务、地址、邮编、传真、电话、身份证号码等。

申请公证事项：

……………

公证书用途：

……………

附件：(1) ……
　　　(2) ……

申请人（签名或盖章）
××××年×月×日

(二) 公证申请书实例

公证申请书

××市××公证处：

申请人李××，女，1989年8月4日出生，汉族，身份证号码21010×19890804××××。申请人于2007年9月至2011年7月在中华人民共和国辽宁大学中文专业（四年制）学习，成绩合格，获文学学士学位。现任××××职业技术学院讲师，住××省××市××区××东路××-××号，邮编31××××，电话89××03××。

申请公证事项：学历公证。

公证书用途：出国学习、工作。

申请人拟赴国外学习、工作，特向贵处提出学历公证申请。

附件：(1) 辽宁大学中文专业本科毕业证书。
　　　(2) 辽宁大学文学学士学位证书。
　　　(3) 身份证。

申请人　李××
二○二×年七月一日

第三节　婚姻状况公证书

一、婚姻状况公证书的概念和适用

婚姻状况公证书是公证机构依法对当事人现存的婚姻状况这一法律事实的真实性、合法性给予证明的公证文书。

常见的婚姻状况公证书有结婚公证书、夫妻关系公证书、未婚公证书、离婚公证书、丧偶公证书、未再婚公证书等。

婚姻状况公证书是我国公民在域外办理探亲、结婚、定居、留学等法律手续所不可缺少的法律文件。公证婚姻状况的方式有两种：一种是直接证明，即公证书中直接证明当事人在公证时的婚姻状况事实；另一种是间接证明，即证明结婚证书上的签名、印鉴属实。

二、婚姻状况公证书的内容和制作要求

（一）婚姻状况公证书的内容

婚姻状况公证书由首部、正文（证词）、尾部三部分构成。

（1）首部、尾部与其他公证书相近。

（2）正文（证词）要根据证明事实的种类、内容选用不同格式。如已达法定婚龄者的未婚公证书证词如下所述："兹证明×××（男或女，××××年×月×日出生，现住××省××市××街××号）至××××年×月×日（单位出具证明或公证处查证的时间）未曾登记结婚。"

（二）婚姻状况公证书的制作要求

（1）发往域外使用的结婚公证书，应在公证书左下方粘贴夫妻二人单人或合影免冠照片，并加盖公证机构钢印；用于继承的公证书，如配偶一方已死亡，另一方提供不了死者的照片，应加以说明。

（2）当事人经人民法院判决离婚的时间应以该法院出具的判决书为准。

（3）当事人结婚证书遗失的，可根据有关证明为其出具夫妻关系公证书，但是不宜出具结婚公证书。

三、婚姻状况公证书的实例

未再婚公证书

〔202×〕××证婚××号

根据申请人王×强所在单位××中学证明和××市××区婚姻登记中心〔2015〕××号离婚协议书，兹证明王×强（男，1979年7月16日出生）与李×燕（女，1983年2月23日出生）于2003年5月1日在沈阳市××区登记结婚，于2015年10月25日在沈阳市××区婚姻登记中心协议离婚。离婚证书编号〔2015〕×××××。王×强离婚后至202×年12月15日来本处公证之日止未再登记结婚。

中华人民共和国××省××市××公证处

（公章）

二〇二×年××月××日

注：申请人王×强因赴××国担任汉语教师，为办理出国手续的需要，向公证机构申请婚姻状况公证书，故需向公证员提供个人身份证、单位证明、离婚证书、原结婚登记证、结婚双人照片等证据资料，供公证处核实。

第四节　亲属关系公证书

一、亲属关系公证书的概念和适用

亲属关系公证书是公证机构依法证明申请人与其他公民（关系人）之间因血缘、婚姻或者收养而产生的亲缘关系真实、合法所出具的公证文书。

亲属关系公证书是常见的民事公证文书，是办理出国探亲、定居、继承域外财产、申请劳工伤亡赔偿、申请减免税收等事务时不可缺少的法律文件。

二、亲属关系公证书的内容和制作要求

亲属关系公证书由首部、正文、尾部三部分构成。

（一）首部

（1）标题、编号。

（2）逐一列明申请人及关系人的姓名、性别等基本情况。亲属间的称谓要使用法定的、规范的、准确的称谓，方言或习惯称谓可在法定称谓后用括号注明。

（二）正文

正文即证词部分。证词需要根据证明对象、公证书用途的不同采用不同的格式。

公证机构必须查明公证文书的使用目的、使用地和文书用途，再据此制作适用的亲属关系公证书。如到加拿大申请探亲所需要的亲属关系公证书，必须按我方和加方共同商定的公证书格式制作。

用于继承的亲属关系公证书应将所有属于继承人范围的亲属列于公证书中。如该范围的亲属有人已死亡，要注明何时死亡，并附死亡公证书。

（三）尾部

尾部的内容与其他公证书相近。

三、亲属关系公证书实例

亲属关系公证书

〔202×〕沈证外×××号

申请人陈×宇，男，1984年6月14日出生，现住沈阳市于洪区××北大街×××号。关系人吴×兰，女，1960年9月4日出生，现住加拿大渥太华市×××大街×××号。根据沈阳市××区户籍管理机关档案核查，兹证明陈×宇是关系人吴×兰的婚生子。陈×宇的母亲吴×兰与陈×光于1980年3月20日在辽宁省沈阳市结婚。申请人陈×宇是关系人吴×兰的儿子。

中华人民共和国辽宁省沈阳市××公证处
公证员（签名或盖章）
（公章）
二〇二×年××月××日

注： 这是一份要在加拿大使用的亲属关系公证书，按照规定和使用国的要求，亲属关系公证书需要加贴二寸免冠照片，照片加贴部位还要加盖骑缝钢印。

第五节　保全证据公证书

一、保全证据公证书的概念和适用

保全证据公证书是指在诉讼开始之前，公证机构根据自然人、法人或者非法人组织的申请，对与申请人权益有关的、日后可能灭失或者难以提取的证据加以验证提取，以保持它的真实性和证明力所出具的公证文书。

常见的保全证据公证书有保全证人证言公证书、保全物证（书证）公证书、保全视听资料（软件）公证书、保全行为公证书四种。

保全证据一般应当由两名公证人员共同进行。

保全证据公证书适用于以下范围：

（1）对客观存在的物品（包括文书）的保全。

（2）保全的物证为商品时，要注明商品的品牌、型号、生产厂家名称、售价等。保全的物证为房屋等不动产时，要注明位置、坐落、四至、面积、结构、附属物等。物证不在公证机构的，应注明存放地点。

（3）一般性、事务性工作可记入谈话笔录，但不用写入公证书证词。

二、保全证据公证书的内容和制作要求

保全证据公证书分为首部、正文、尾部三部分。

（一）首部

首部包括标题、编号、申请人身份事项等。自然人应写明姓名、性别、出生日期、住址，外国人应写明国籍；法人或非法人组织要写明全称、住所地，法定代表人或代理人的姓名、性别、出生日期，申请人有数人时，应一并列明，有代理人的，应当写明代理人的基本情况，身份证号码或护照号码可酌情写明；没有关系人的可以不写。总体要求与其他要素式公证书相同。

（二）正文

正文即证词部分。根据保全对象、保全方法的不同有所不同，包括必备要素和选择要素两部分内容。

（1）保全证据公证要重点查明申请人的身份和行为能力；保全的证据与申请人的合法权益有哪些关系；保全的证据是否要灭失或者难以取得；需要保全的证据的实际情况，以便确定保全证据的方案。

（2）公证书要全面、客观地反映所保全证据的真实情况，记明保全的时间、地点、理由、方式、方法和保全的过程及保全的结果。

（3）保全证人证言，公证员要直接询问证人和有利害关系的人，必要时，要用录音机录音；保全物证、书证，主要采用照相、封存、复制、勘验和鉴定等方法，对不在公证处的实物，公证人员应进行现场勘验；保全视听资料主要采取封存、复制等方法。保全的证

据较多时，要制作保全证据的清单并逐项列明。

（4）附件的名称、顺序号应在公证书证词中列明。

（三）尾部

尾部包括署名、公证机构出证日期、公证机构公章等，写法与其他要素式公证书相似。

三、保全证据公证书的格式与实例

（一）保全证据公证书的格式

公 证 书

〔 〕××证××号

申请人：甲（基本情况）
关系人：乙（基本情况）
公证事项：保全物证（书证）

证词内容
一、必备要素
（1）申请人姓名或全称、申请日期及申请事项。
（2）保全标的的基本状况，包括：物证的名称、数量、表状特征等；书证的数量、名称、页数、标题、形成时间等。
（3）保全物证或书证的时间、地点。
（4）保全的方式、方法，包括：申请人提交、公证人员提取、公证人员记录、现场勘验、照相录像、技术鉴定等。
（5）保全证据的关键过程。
1）参与保全的人员，包括：承办公证人员及在场的相关人员的人数、姓名。
2）公证人员在保全过程中所做的主要工作。如对重要事实进行了现场勘验、询问，对取得的证据履行了提示义务等。
3）物证（书证）取得的时间、方式，或物证的存在方式、地点、现状等。
4）取得的证据数量、种类、形式、存放处所等；当事人对取得的证据予以确认的方式和过程。
（6）公证员结论。它应包括以下内容：保全证据的方式、方法、程序是否真实、合法，用于作证的书面文件（如发票、产地证明等）要同时证明这些书证的真实性。取得证据的数量、种类、日期，取得证据的存放方式及存放地点。

二、选择要素
（1）申请保全证据的原因、用途。
（2）办理该项公证的法律依据（公证法规或有关规章等）。
（3）有书证能够证明物品的来源或存在的，应写明书证的名称。
（4）保全拆迁房屋时，要写明与该房屋有关的所有权人或使用权人、代管人等。
（5）物品难以长期保存的，在结论中应写明保存期限。已采取变通保存措施的，结论中也应一并写明。
（6）公证书的正本和副本。

(7) 附件。

中华人民共和国××省××（市/县）××公证处
公证员（签名或盖章）
（公章）
××××年×月×日

（二）保全证据公证书实例

证据保全公证书

〔202×〕××证××号

申请人：××市××电器制造有限公司，营业执照注册号：×××××××。

住所地：××市××新区××工业园53-6号。

法定代表人：曹×明，总经理。

委托代理人：刘×，××律师事务所律师。

公证事项：网络证据保全。

申请人××市××电器制造有限公司为防止日后证据灭失，于二〇二×年四月十三日向本处申请对"辽宁××机电有限公司"网站相关"产品展示"中"通机系列"的产品名称、产品类别、产品信息进行网络证据保全。

根据《中华人民共和国公证法》的有关规定，本处公证员何成宇和公证员赵晓东于二〇一×年四月十三日十五时三十分来到××律师事务所律师办公室，由刘骋律师进行公证操作。律师通过互联网打开"辽宁××机电有限公司"网站，点击"产品展示"，分别查找"通机系列"网页相关产品名称、产品类别、产品信息，对上述网页及相关链接进行了实时打印，共打印书面文档15页，操作时间自十五时三十五分开始至十六时三十分结束。

兹证明与本公证书相粘连的复印件与上述实时打印所得的书面文档内容相符。该书面文档原件保存于我处。

附件：复印件共15页。

中华人民共和国辽宁省××市××公证处
公证员　何×宇
公证员　赵×东
（公章）
二〇二×年四月二十四日

第六节　合同（协议）公证书

一、合同（协议）公证书的概念和适用

合同（或协议）公证书是公证机构根据法律的规定和当事人的申请，依法证明当事人之间签订合同的行为真实、合法所出具的一种公证文书。

合同（或协议）公证书是一项常用的重要公证文书，具体适用于《民法典》规定的 19 类有名合同和其他法律规定的有名合同（协议）、无名合同（协议）、混合合同（协议）。

目前，合同（协议）公证书在格式上分为三种：适用于一般合同或协议的通用合同格式；适用于对土地使用权出让或者转让合同的格式；适用于商品房买卖合同的格式。

二、合同（协议）公证书的内容和制作要求

合同（协议）公证书由首部、正文、尾部三部分构成。

（一）首部

首部写明文书名称（公证书）、被证明的合同协议的具体名称或类别。

（二）正文

正文即证词部分，由必备要素和选择要素构成。因合同类别、主体、内容、签订时间、地点、方式及适用法律的不同，在具体表述中有所不同：

(1) 将被证明的合同（协议）及其附件装订在公证书证词页之前，体现公证文书的完整性、规范性。

(2) 涉及担保的公证书应列明担保人名称或姓名、担保方式、担保的范围和承诺的时间、地点等。

(3) 公证机构可以依法赋予强制执行效力的合同（协议），必须在公证书中注明。

（三）尾部

尾部的写法同其他要素式公证书。

三、合同（协议）公证书的格式与实例

（一）合同（协议）公证书的格式

公 证 书

〔　　〕××证××号

申请人：甲（基本情况）
　　　　乙（基本情况）
　　　　丙（基本情况）
公证事项：××合同（协议）

证词内容

一、必备要素

(1) 申请人全称或姓名、申请日期及申请事项。

(2) 公证处审查（查明）的事实。包括：

1) 当事人的身份、资格及签订合同（协议）的民事权利能力和行为能力。

2) 代理人的身份及代理权限。

3) 担保人的身份、资格及担保能力。

4) 当事人签订合同（协议）的意思表示是否真实，是否对合同（协议）的主要条款取得了一致意见。

5) 合同（协议）条款是否完备，内容是否明确、具体。

6）是否履行了法律规定的批准或许可手续。
（3）公证结论：
1）当事人签订合同（协议）的日期、地点、方式等。
2）当事人签订合同（协议）行为的合法性。
3）合同（协议）内容的合法性。
4）当事人在合同（协议）上的签字、盖章的真实性。

二、选择要素
（1）合同（协议）标的物的权属情况及相关权利人的意思表示。
（2）当事人对合同（协议）内容的重要解释或说明。
（3）当事人是否了解了合同（协议）的全部内容。
（4）合同（协议）生效日期及条件等。
（5）公证员认为需要说明的其他事实或情节。
（6）附件。

中华人民共和国××省××市（县）××公证处

公证员（签名或盖章）

（公章）

××××年×月×日

（二）合同（协议）公证书实例

婚前财产约定协议公证书

〔202×〕××证×××号

申请人（立协议人）：马×辉（月收入：5 000元），单位：沈阳市××管理局，年龄：34，身份证号码：21010219860209××××。户籍所在地：沈阳市××区××东路×× 号。

申请人（立协议人）：谢×月（月收入：3 000元），单位：沈阳市××路小学，年龄：29，身份证号码：21010419911208××××。户籍所在地：沈阳市××区××北街××－×× 号。

申请人根据《中华人民共和国民法典》第一千零六十五条的规定："男女双方可以约定婚姻关系存续期间所得的财产以及婚前财产归各自所有、共同所有或部分各自所有、部分共同所有"，对婚前双方财产归属进行以下约定：

第一，双方婚前及婚后各自名下的财产（包括动产、不动产、有形资产等）永久归各自所有。

1. 男方婚前财产
（1）银行存款32万元；
（2）福特福克斯2.0T标准版家用轿车1辆（价值24.58万元）。
上述财产属于男方个人婚前财产，永久归男方所有。
2. 女方婚前财产
（1）婚前女方及其父母所买一套150平方米的按揭房（见房屋买卖合同文书）93万元（首付25万元，婚后月供每月2 000元，已经完成3年计7.2万元，合计32.2万元），已付款32.2万元属于女方婚前个人财产，永久归女方及其父母所有；婚后按揭房余下月供款 60.8 万由夫妻共同承担债务，归夫妻共同所有。

（2）婚前女方父母所买电冰箱 1 台 4 800 元、彩电 1 台 1.2 万元、柜式空调机 1 台 5 500 元、1.5 匹壁挂机 3 台 7 500 元、微波炉 1 个 1 200 元、组合音响 1 部 3 500 元、摄像机 1 台 15 000 元，合计 4.95 万元属于女方婚前个人财产，永久归女方及其父母所有。

（3）婚前女方与男方所买床、柜、电风扇等计 5 400 元属于夫妻婚前共同财产。

第二，由于各自名下财产因增值、转让等产生的利益亦归各自所有，与对方无关。

第三，各自名下的债权、债务由各自享有及独立承担，与对方无涉。

第四，夫或妻一方对外所负的债务，第三人知道该约定的，以夫或妻一方的财产清偿。逃避债务的，视为无效。

第五，根据国家法律，一方所有的婚前财产，因一方身体受到伤害获得的医疗费、残疾人生活补助、遗嘱或赠与合同中指明归一方的财产，以及一方专用的生活用品等属个人特有财产。如果不经约定，夫妻任何一方都可以拥有个人财产。

男方和女方无其他财产争议。

马×辉、谢×月签订婚前财产协议时具有法律规定的民事权利和民事行为能力，协议内容系双方真实意思表示，协议内容具体、明确。

依据上述事实，兹证明申请人马×辉、谢×月于 2021 年 1 月 25 日在本处、本公证员面前签订了前面的《婚前财产约定协议》。申请人的上述行为和合同内容符合《中华人民共和国民法典》第一千零四十三条之规定，合同上马×辉、谢×月的签字、印章均属实。

中华人民共和国辽宁省沈阳市××公证处

公证员　李×燕

公证员　曲×妮

（公章）

二〇二×年一月二十五日

第七节　继承公证书

一、继承公证书的概念和适用

继承公证书是公证机构依法证明继承人的继承行为真实、合法所出具的公证文书。继承公证书分为法定继承公证书、遗嘱继承公证书、接受遗赠公证书、涉外及涉港澳台继承公证书等。

二、继承公证书的内容和制作要求

继承公证书由首部、正文（证词）、尾部三部分构成。

（一）首部

首部逐一列明继承人（受遗赠人）、被继承人（遗赠人）的姓名、性别等基本情况。

（二）正文

正文即证词。它因继承的种类、内容的不同而不同：

（1）法定继承公证书的证词："查×××（被继承人）于××××年×月×日在××

×（地名）死亡，死亡后在×××（地名）留有×××、×××（遗产名称、数量）。死者生前无遗嘱。根据《中华人民共和国民法典》的规定，死者×××、×××（遗产名称、数量），应由其妻子×××、儿子×××继承。"

（2）遗嘱继承公证书的证词："查×××（被继承人）于××××年×月×日在×××（地名）死亡，死亡后在×××（地名）留有×××、×××（遗产名称、数量）。死者生前立有公证（或自书、代书等）遗嘱。根据《中华人民共和国民法典》和死者遗嘱，死者×××、×××（遗产名称、数量），应由×××（遗嘱继承人姓名）继承。"

（3）接受遗赠公证书的证词："查×××（遗赠人）于××××年×月×日在×××（地名）死亡，死亡后在×××（地名）留有×××、×××（遗产名称、数量）。死者生前立有公证（或自书、代书等）遗嘱。根据《中华人民共和国民法典》和死者遗嘱，死者将×××、×××（遗产名称、数量）赠给×××（受遗赠人姓名），×××（受遗赠人姓名）同意接受死者的上述遗产。"

（4）写清遗产名称、继承人与被继承人的关系，有无放弃继承权的情况，有无代位继承、转继承的情况。法律依据可直接引用《民法典》的有关条文。

（5）涉及遗产分割的可另纸公证，也可在继承公证书中一并写清楚。

(三) 尾部

尾部的写法同其他要素式公证书。

三、继承公证书的格式与实例

(一) 继承公证书的格式

公 证 书

〔　〕××证××号

继承人×××，男（女），××××年×月×日出生，现住××省××市××街××号。

被继承人×××，男（女），生前住××省××市××街××号。

查×××于××××年×月×日在×××（地名）死亡，死亡后在×××（地名）留有遗产。

死者生前立有遗嘱。根据死者的遗嘱，死者×××的遗产应由×××继承。

中华人民共和国××省××市××公证处
公证员（签名）
（公章）
××××年×月×日

(二) 继承公证书实例

财产继承公证书

〔202×〕××证××号

申请人：何×东，男，1974年×月×日出生，现住辽宁省大连市××区××××，身份证号码：2102031974×××××××。

被继承人：何×国，男，1946年×月×日出生，生前住辽宁省大连市××区××桥路××号。

公证事项：继承权公证。

申请人何×东因继承被继承人何×国的遗产，于202×年3月26日向我处申请办理继承权公证。

根据《中华人民共和国公证法》的规定，我处对申请人提交的权利证明及相关证据材料进行了审查核实，并对申请人进行了询问，审核情况如下：

一、被继承人何×国于202×年7月30日死亡。

二、被继承人何×国死亡时在辽宁省大连市××区××桥路××号留有一处房产（房屋所有权证书编号为连房权证××号，建筑面积为75.43平方米），此房产是何×国的个人财产。

三、据申请人称，被继承人何×国生前无遗嘱，亦未与他人签订遗赠扶养协议。

四、被继承人何×国的妻子王×凤已于2011年死亡，二人是原配夫妻，只有一子一女，分别是儿子何×东和女儿何×雪。何×国自王×凤死亡后未再婚。何×国的父母均先于其死亡。

五、现何×雪表示放弃继承被继承人何×国的遗产，何×东表示要求继承被继承人何×国的遗产。

根据上述事实并依据《中华人民共和国民法典》第一千一百二十二条的规定，被继承人何×国的上述个人财产为何×国的遗产。根据《中华人民共和国民法典》第一千一百二十三条、第一千一百二十七条和第一千一百五十四条的规定，被继承人何×国的遗产应由其配偶、子女和父母共同继承。因被继承人何×国的父亲、母亲和妻子均先于其死亡，现其女儿何×雪表示放弃对上述遗产的继承权利，故被继承人何×国的上述遗产应由其儿子何×东一人继承。

中华人民共和国辽宁省××市××公证处

公证员　闫×梅

（公章）

二〇二×年三月二十九日

第八节　仲裁申请书

一、仲裁申请书的概念

仲裁申请书是平等主体的自然人、法人和非法人组织之间发生了合同纠纷或其他财产权益纠纷，当事人根据双方自愿达成的仲裁协议，向仲裁协议中所选定的仲裁委员会提出仲裁请求，要求该仲裁委员会通过仲裁解决纠纷的文书。

二、仲裁申请书的内容与制作要求

仲裁申请书由首部、正文、尾部构成。

（一）首部

(1) 文书名称（仲裁申请书）。

（2）申请人和被申请人的基本情况（当事人的姓名、性别、年龄、职业、工作单位、住所、法人或非法人组织的名称、住所和法定代表人或主要负责人的姓名、职务）。

（二）正文

（1）申请仲裁的依据，即申请仲裁所依据的仲裁协议的内容。

（2）仲裁请求及其依据的事实、理由。

仲裁请求事项应当一一列出，既要明确具体，又要言简意赅，不能模棱两可，也不能有所疏漏，否则仲裁请求将无法得到支持。

事实和理由部分应当做到表述清楚，言之有据，逻辑严谨。

（3）证据和证据来源、证人姓名和住所。

（三）尾部

（1）选定的申请仲裁的仲裁委员会的名称。

（2）申请人的姓名，申请的年月日。

（3）附录。注明仲裁申请书的份数，提交证据的名称、份数，并按编号顺序附于仲裁申请书之后。

三、仲裁申请书的格式与实例

（一）仲裁申请书的格式

仲裁申请书

申请人：

性别：　　　年龄：　　　身份证号码：　　　　　联系电话：

法定代表人/负责人（申请人为单位时填写）：

住所地：

委托代理人：

被申请人：

性别：　　　年龄：　　　身份证号码：　　　　　联系电话：

法定代表人/负责人（申请人为单位时填写）：

住所地：

请求事项

（1）……

（2）……

（3）……

事实与理由

……

此致

××××仲裁委员会

申请人（签名或盖章）
法定代表人（签名或盖章）

附件目录：（主要说明证据和证据来源、证人姓名和住所）

（1）……

(2) ……
(3) ……
(4) ……

(二) 仲裁申请书实例

劳动仲裁申请书

申请人：王××，男，1980年11月15日出生，汉族，住湖北省××市沿河大道35号
被申请人：武汉××通信有限公司
地址：武汉市××开发区××二路××号
负责人：赵××　　　联系电话：139×××××××

请求事项

(1) 请求确认被申请人与申请人之间的劳动合同关系已解除。
(2) 裁决被申请人向申请人支付解除合同经济补偿金4 291元。
(3) 裁决被申请人向申请人支付所欠工资和各项补贴9 600元。
(4) 裁决被申请人支付赔偿金6 480元。
(5) 裁决被申请人向申请人支付申请人加班费160元（2019年4月份加班费）。
(6) 裁决被申请人根据合同约定向申请人按比例发放年绩效工资6 066.67元。
(7) 裁决被申请人根据合同向申请人按比例发放第13个月工资2 211元。
(8) 裁决被申请人为申请人补缴2018年12月25日至2020年9月份社会保险费。
(9) 裁决被申请人承担申请人的律师代理费1 000元。

事实与理由

2018年12月25日，申请人到被申请人处正式工作，并于同日与被申请人签订了固定期限的劳动合同一份，双方在合同中明确约定：合同期限为2018年12月25日起至2021年12月24日止，其中约定试用期为3个月；工作内容为工程师；被申请人支付申请人工资报酬为年薪94 500元，支付方式：年薪中80%约定为年基本工资，共计75 600元，按13个月发放，第13个月工资参照当年业绩评定进行发放，约定月度基本工资为3 800元，试用期工资为每月3 240元，年薪中的20%约定为年绩效工资，共计18 900元，在财务年度发放。劳动合同还对其他事项进行了具体约定。合同签订后，由于申请人工作表现出色，被申请人于2019年1月5日提前转为正式工，并被提升为客服部经理。

申请人在被申请人处努力工作，但被申请人自申请人用工之日至今一直未予办理社会保险，且自202×年5月份起也未向申请人足额发放工资及支付福利待遇（每月200元交通及误餐补助，300元的电脑补助）；更令人气愤的是，被申请人未与申请人协商，于202×年6月25日擅自变更了申请人的工作岗位。

综上所述，申请人认为被申请人的行为严重违反《中华人民共和国劳动法》《中华人民共和国劳动合同法》及相关法律法规，为维护申请人的正当权益，特向劳动仲裁委员会提出申请，请求支持申请人的请求！

　　此致
武汉市东湖新技术开发区劳动仲裁委员会

申请人　王×
二〇二×年九月十八日

附件目录：
（1）申请人身份证和被申请人营业执照。
（2）劳动合同、调岗协议。
（3）工资条复印件。
（4）律师代理费收据。

第九节　仲裁答辩书

一、仲裁答辩书的概念
仲裁答辩书是仲裁案件的被申请人为维护自己的合法权益，针对申请人在仲裁申请书中提出的仲裁请求及所依据的事实、理由所作出的书面答复与反驳。

二、仲裁答辩书的内容和制作要求
仲裁答辩书由首部、正文和尾部三部分构成。
（一）首部
（1）文书名称（仲裁答辩书）。
（2）答辩人（被申请人）和被答辩人（申请人）的基本情况。
（二）正文
（1）案由。
（2）答辩意见。答辩人应当针对申请人的仲裁请求给予答复，清楚表明自己的态度，写明自己对案件的主张和理由。抗辩和反驳的观点要明确，论证要言之有理、言之有物、言之有序。
（3）请求。
（三）尾部
（1）受理仲裁申请的仲裁委员会的名称。
（2）答辩人的姓名、日期。
（3）附录。注明仲裁答辩书的份数，提交证据的名称、份数，并按编号顺序附于答辩书之后。

三、仲裁答辩书的格式与实例
（一）仲裁答辩书的格式

仲裁答辩书

答辩人：（被申请人姓名或名称）
地址：
邮编：
法定代表人：（姓名和职务）

委托代理人：（姓名、工作单位和职务）
通信方式：（包括电话、传真、邮寄地址和邮编）
被答辩人：（申请人姓名或名称）
地址：
邮编：
法定代表人：（姓名和职务）
委托代理人：（姓名、工作单位和职务）
通信方式：（包括电话、传真、邮寄地址和邮编）

我方就被答辩人×××因与我方之间发生的×××争议向你会提出的仲裁请求，提出答辩如下：
…………

此致
×××仲裁委员会

答辩人（签字或盖章）
××××年×月×日

附件目录：（主要说明证据和证据来源、证人姓名和住所）
（1）……
（2）……
（3）……
（4）……

(二) 仲裁答辩书实例

仲裁答辩书

答辩人：东莞××飞马制衣有限公司
法定代表人：高××　　　职务：董事长
地址：东莞市塘厦××××
委托代理人：周××，系广东××律师事务所律师

我方就被答辩人要求支付经济赔偿金、违法解除劳动合同赔偿金、加班工资、竞业限制赔偿金争议一案，提出答辩如下：

第一，申请人向我公司所主张的一次性经济赔偿金、竞业限制赔偿金、一次性支付加班费用的请求是完全没有事实和法律依据的。

（1）申请人与我公司成立劳动合同关系是2015年8月14日，该劳动关系跨越2016年1月1日，应当分阶段适用不同的劳动法律法规。2016年1月1日前，适用《中华人民共和国劳动法》，根据《中华人民共和国劳动法》的规定，我公司承认与保护事实劳动关系，且已按约定按时足额支付申请人工资、加班费等应得劳动报酬。对于申请人支付二倍工资和签订无固定期限劳动合同的要求，没有当时法律依据。在《中华人民共和国劳动合同法》实施之前，申请人与我公司于2015年12月24日已经签订了劳动合同，对于申请人要求支付2016年1月1日后的二倍工资，没有事实依据，故请求驳回申请人的该项请求。

(2) 申请人提出的支付竞业限制赔偿金缺乏事实和法律依据，依法亦应予以驳回。竞业限制赔偿金是约定的补偿金，前提是用人单位与劳动者约定的竞业限制，而申请人与我公司签订的劳动合同及约定补充条款中，并没有约定竞业限制。

(3) 从申请人提供的工资单和我公司提供的工资单上可以看到，申请人的工资都是5 880元左右，其工资是包含加班费的。申请人在工资单上签字，表示他确认加班工资已包含在内。我公司与申请人一直口头约定，每周工作六天，每天工作8小时，包括加班工资在内共发放5 500元。该约定在后来的书面合同中得到再次确认，且双方在补充协议第九条第五款也明确"双方对劳动关系存续期间涉及的劳动报酬、劳动保险等已明确结清"，我公司不需再向申请人支付任何报酬，且申请人的请求已超过法律规定的60天仲裁请求时效。

第二，2018年1月1日，申请人与我公司签订的补充条款明确公司的规章制度，该制度通过民主程序依法制定，且已告知或公示，该规章制度将"不服从工作安排三次以上（第五条第五项）"作为员工严重违反单位规章制度的情形，依据劳动合同法，单位依法可以解除劳动合同。申请人在2020年4月至5月工作期间，三次不能按时交班，影响生产进度，对其按辞退处理，无须支付经济补偿金。

综上，我公司认为，申请人要求按照现行劳动法规定溯及2016年1月1日前签订的劳动合同，显然是无理狡辩。我公司在签订与执行劳动合同方面完全是依法办事，没有任何违规之处。请求贵会能够明察秋毫，依法裁决。

此致
广东省东莞市仲裁委员会

答辩人：东莞××飞马制衣有限公司
（公章）
法定代表人：高××（签字）
二〇二〇年十二月五日

附件：(1) 本答辩书副本1份。
　　　(2) 书证3件。

【思考与练习】

一、简述公证文书的适用范围和分类方法。

二、根据所给案例制作一份公证书。

2022年8月1日，赵志毅与沈阳××医药有限责任公司就××大药房签订一份"经营承包协议书"。赵志毅承包沈阳××医药有限责任公司下属××大药房，按照协议约定，承包形式为包死基数；承包时间为四年，即从2023年1月1日到2026年12月31日；利润指标为××大药房回迁面积的结构差价款和新增面积款合计60余万元，由赵志毅垫付，沈阳××医药有限责任公司计划用三年时间陆续还清，还款方式为2025年1月末前还20万元，2025年1月末还20万元，第三年还清剩余部分。资金占用期间，沈阳××医药有限责任公司不支付赵志毅利息，视为赵志毅承包四年的上缴利润。另外还约定，沈阳××

医药有限责任公司一次性投入流动资金5万元，投入方式为赵志毅开业前从各经营单位借贷，由沈阳××医药有限责任公司偿还；赵志毅为发展企业新增固定资产、低值易耗用品需报请沈阳××医药有限责任公司批准，承包期满经审计，沈阳××医药有限责任公司按账面固定资产净值一次性有偿接收。沈阳××医药有限责任公司投入固定资产，承包期满后，赵志毅应完好归还给沈阳××医药有限责任公司；承包期满，赵志毅库存单品种不超过2 000元，沈阳××医药有限责任公司凭普通发票按进价接收。

协议签订后，双方到沈阳市第一公证处进行公证。

三、根据所给案例拟写一份仲裁申请书。

2021年10月，××市聚福大酒店向社会招标装修工程，先后有三家装修公司投标。××市红太阳装饰有限公司也参与了投标，在投标书上报价装修款一栏中提出："装修款不超过100万元"。后红太阳装饰有限公司中标。聚福大酒店、红太阳装饰有限公司于2022年2月初协商订约，并签订了一份工程承包合同书，约定：红太阳装饰有限公司（以下称乙方）对聚福大酒店（以下称甲方）的装修工程实行设计、施工、材料、质量、工期总承包，装修工程应于2019年8月底完成。合同第3条规定："装修款暂定100万元，具体预算由甲方提出后经乙方同意，并经市建设银行审核，一次性包死不变。"合同签订后，甲方向乙方支付了30万元预付款，乙方便开始购料施工。2022年3月初，乙方向甲方提出因为某些装修项目调整及材料涨价等原因，工程造价应提高至300万元。甲方予以拒绝，双方为此发生争议，乙方便中止了装修工程。同年4月底，双方达成协议，将装修款定为200万元，并请市建设银行进行了审核。甲乙双方及市建设银行在价款协议书上签字。

2022年10月底，乙方装修工程结束，经验收后，甲方同意接受。该酒店很快开业，但甲方拒绝支付170万元的工程款。其理由是装修款实际超出原投标书和合同规定的价款的一倍，由于该酒店属于国有，应当经审计部门对工程款进行审计。2022年11月初，该市审计局对该工程项目进行了审计，审计结论提出没有发现违反财经纪律的问题，但工程款按市价计算过高。甲方提出应当根据审计机关的意见降低工程款50万元，并认为乙方迟延完成工程，应当负赔偿责任。双方又发生争议，经长达一年的协商，未能达成一致，乙方便于2023年12月向××仲裁委员会申请仲裁。

请为乙方（××市红太阳装饰有限公司）代拟一份仲裁申请书。

四、试述继承公证书正文部分的内容要素。

第九章 律师实务文书

【学习目标】
1. 熟练掌握民事起诉状、民事答辩状、刑事自诉状、辩护词、代理词、申请书等常用律师实务文书的格式、内容和制作要求。
2. 了解其他律师实务文书的制作和使用。

第一节 律师实务文书概述

律师制度是中国特色社会主义司法制度的重要组成部分，是国家法治文明进步的重要标志。党的十八大以来，在习近平法治思想指引下，中国特色社会主义法治体系不断健全，全面依法治国不断开创新局面。为了更好地在法治轨道上全面建设社会主义现代化国家、更好地回应人民群众对法治公正的新需求、新期待，必须把法治建设融入法律服务工作全过程。

一、律师实务文书的概念

律师实务文书，是指律师在开展业务活动过程中，根据事实和法律规定，制作和使用的具有法律意义的各类文书的总称。

《中华人民共和国律师法》（以下简称《律师法》）规定，律师的职责是依据事实和法律为当事人提供法律服务，维护当事人的合法权益。因此律师实务文书的适用范围以法定的律师业务范围为限，主要指律师接受案件当事人的委托，担任辩护人、代理人参加诉讼活动及为当事人提供其他法律服务时依法制作的文书。

二、律师实务文书的种类

（一）按照制作主体分类

（1）以律师事务所名义出具的法律文书，包括刑事辩护委托协议、为犯罪嫌疑人提供法律帮助委托协议、民事代理委托合同、律师事务所函等。

（2）以律师名义出具的法律文书，包括辩护词、代理词、各类笔录等。

（3）根据当事人的委托，律师以委托人的名义出具的法律文书，包括起诉状、答辩状、申请书等。

(二) 按照文书性质分类

（1）诉讼文书，包括律师参与刑事诉讼、民事诉讼、行政诉讼及参与执行活动的法律文书，如辩护词、代理词、行政案件委托代理合同、强制执行申请书等。

（2）非诉讼文书，指律师参与非诉讼法律事务活动时制作并使用的法律文书，如律师意见书、代书遗嘱等。

第二节 民事起诉状

一、民事起诉状的概念和适用

民事起诉状是自然人、法人或者非法人组织认为自己的民事合法权益受到侵害时，向人民法院提起诉讼，请求人民法院依法作出维护自己合法权益的裁判而制作的法律文书。

按照法律规定，起诉必须符合下列条件：

（1）原告是与本案有直接利害关系的自然人、法人或非法人组织。

（2）有明确的被告。

（3）有具体的诉讼请求。

（4）属于人民法院受理的民事诉讼范围和受诉人民法院管辖。

根据《民事诉讼法》第一百二十条的规定，起诉应当向人民法院递交起诉状，并按照被告人数提出副本。该法第一百二十一条规定："起诉状应当记明下列事项：（一）原告的姓名、性别、年龄、民族、职业、工作单位、住所、联系方式，法人或者其他组织的名称、住所和法定代表人或者主要负责人的姓名、职务、联系方式；（二）被告的姓名、性别、工作单位、住所等信息，法人或者其他组织的名称、住所等信息；（三）诉讼请求和所根据的事实与理由；（四）证据和证据来源，证人姓名和住所。"这样就规范了民事起诉状的主要内容。

为适应我国经济社会高质量发展，满足人民群众对于诉讼便利以及提升司法质效的更高需求，针对金融借款、民间借贷、劳动争议等11类常见多发的民事案件，最高人民法院商司法部、中华全国律师协会研究制定了《民事起诉状、答辩状示范文本（试行）》。该示范文本自2024年3月4日起试行，试行期一年。该示范文本包括民间借贷纠纷起诉状、离婚纠纷起诉状、买卖合同纠纷起诉状、金融借款合同纠纷起诉状、物业服务合同纠纷起诉状、银行信用卡纠纷起诉状、机动车交通事故责任纠纷起诉状、劳动争议起诉状、融资租赁合同纠纷起诉状、保证保险合同纠纷起诉状、证券虚假陈述责任纠纷起诉状等11种。

二、民事起诉状的内容和制作要求

（1）当事人信息。分别写明原告和被告的姓名、性别、出生年月日、民族、职业、工作单位和住所，法人或非法人组织的名称、住所和法定代表人或者主要负责人的姓名、职务、联系方式。

（2）诉讼请求和依据。诉讼请求写明原告希望通过诉讼所要达到的目的，如"请求判令被告履行合同，并赔偿经济损失""请求判令原告与被告离婚，并将婚生子判归原告抚养"等。请求有多项的，在表格内打钩。

（3）约定管辖和诉讼保全。对于有无仲裁、法院管辖约定，是否申请财产保全措施等事项，在相应位置打钩。

三、制作民事起诉状应注意的问题

（1）主体适格，被告明确。

（2）诉讼请求要全面、具体、明确，不能含糊其词。不能笼统地写"请求人民法院依法处理""请求人民法院判处被告赔偿一切经济损失"，要写清请求法院解决什么问题、如何解决。文字要精练、概括，不能拖泥带水。

（3）叙述事实客观准确、条理分明。写事实既要全面又要重点突出，语言要简洁，要紧紧围绕诉讼请求来写事实。诉状制作质量的高低不在于篇幅的长短，重要的是要抓住关键，如债务案件的起诉状要写明被告欠债的证据和他有偿还的能力；离婚案件起诉状要写明双方感情确已破裂，已无和好可能等。

四、民事起诉状的格式与实例

（一）民事起诉状的格式

格式一

民事起诉状
（民间借贷纠纷）

说明：
为了方便您参加诉讼，保护您的合法权利，请填写本表。 1. 起诉时需向人民法院提交证明您身份的材料，如身份证复印件、营业执照复印件等。 2. 本表所列内容是您提起诉讼以及人民法院查明案件事实所需，请务必如实填写。 3. 本表所涉内容系针对民间借贷纠纷案件，有些内容可能与您的案件无关，您认为与案件无关的项目可以填"无"或不填；对于本表中勾选项可以在对应项打"√"；您认为另有重要内容需要列明的，可以在本表尾部或者另附页填写。 ★特别提示★ 《中华人民共和国民事诉讼法》第十三条第一款规定："民事诉讼应当遵循诚信原则。" 如果诉讼参加人违反上述规定，进行虚假诉讼、恶意诉讼，人民法院将视违法情形依法追究责任。

	当事人信息		
原告（自然人）	姓名： 性别：男□ 女□ 出生日期： 年 月 日 民族： 工作单位： 职务： 联系电话： 住所地（户籍所在地）： 经常居住地： 证件类型： 证件号码：		

续表

原告（法人、非法人组织）	名称： 住所地（主要办事机构所在地）： 注册地/登记地： 法定代表人/主要负责人：　　职务：　　联系电话： 统一社会信用代码： 类型：有限责任公司□　股份有限公司□　上市公司□　其他企业法人□　事业单位□　社会团体□　基金会□　社会服务机构□　机关法人□　农村集体经济组织法人□　城镇农村的合作经济组织法人□　基层群众性自治组织法人□ 个人独资企业□　合伙企业□　不具有法人资格的专业服务机构□　国有□（控股□　参股□）　民营□
委托诉讼代理人	有□ 　　姓名： 　　单位：　　　职务：　　　联系电话： 　　代理权限：一般授权□　特别授权□ 无□
送达地址（所填信息除书面特别声明更改外，适用于案件一审、二审、再审所有后续程序）及收件人、电话	地址： 收件人： 电话：
是否接受电子送达	是□　方式：短信____　微信____　传真____　邮箱____　其他____ 否□
被告（自然人）	姓名： 性别：男□　女□ 出生日期：　　年　　月　　日　　　民族： 工作单位：　　　职务：　　　联系电话： 住所地（户籍所在地）： 经常居住地：
被告（法人、非法人组织）	名称： 住所地（主要办事机构所在地）： 注册地/登记地： 法定代表人/主要负责人：　　职务：　　联系电话： 统一社会信用代码： 类型：有限责任公司□　股份有限公司□　上市公司□　其他企业法人□　事业单位□　社会团体□　基金会□　社会服务机构□　机关法人□　农村集体经济组织法人□　城镇农村的合作经济组织法人□　基层群众性自治组织法人□ 个人独资企业□　合伙企业□　不具有法人资格的专业服务机构□　国有□（控股□　参股□）　民营□

续表

第三人（自然人）	姓名： 性别：男□ 女□ 出生日期： 年 月 日 民族： 工作单位： 职务： 联系电话： 住所地（户籍所在地）： 经常居住地：
第三人（法人、非法人组织）	名称： 住所地（主要办事机构所在地）： 注册地/登记地： 法定代表人/主要负责人： 职务： 联系电话： 统一社会信用代码： 类型：有限责任公司□ 股份有限公司□ 上市公司□ 其他企业法人□ 事业单位□ 社会团体□ 基金会□ 社会服务机构□ 机关法人□ 农村集体经济组织法人□ 城镇农村的合作经济组织法人□ 基层群众性自治组织法人□ 个人独资企业□ 合伙企业□ 不具有法人资格的专业服务机构□ 国有□（控股□ 参股□） 民营□
诉讼请求和依据	
1. 本金	截至 年 月 日止，尚欠本金 元（人民币，下同；如外币需特别注明）：
2. 利息	截至 年 月 日止，欠利息 元；计算方式： 是否请求支付至实际清偿之日止：是□ 否□
3. 是否要求提前还款或解除合同	是□ 提前还款（加速到期）□/解除合同□ 否□
4. 是否主张担保权利	是□ 内容： 否□
5. 是否主张实现债权的费用	是□ 明细： 否□
6. 其他请求	
7. 标的总额	
8. 请求依据	合同约定： 法律规定：
约定管辖和诉讼保全	
1. 有无仲裁、法院管辖约定	有□ 合同条款及内容： 无□

续表

2. 是否申请财产保全措施	已经诉前保全：是□ 保全法院： 保全时间： 否□ 申请诉讼保全：是□ 否□
事实和理由	
1. 合同签订情况（名称、编号、签订时间、地点等）	
2. 签订主体	贷款人： 借款人：
3. 借款金额	约定： 实际提供：
4. 借款期限	是否到期：是□ 否□ 约定期限： 年 月 日起至 年 月 日止
5. 借款利率	利率□ ％/年（季/月）（合同条款：第 条）
6. 借款提供时间	年 月 日， 元
7. 还款方式	等额本息□ 等额本金□ 到期一次性还本付息□ 按月计息、到期一次性还本□ 按季计息、到期一次性还本□ 按年计息、到期一次性还本□ 其他□
8. 还款情况	已还本金： 元 已还利息： 元，还息至 年 月 日
9. 是否存在逾期还款	是□ 逾期时间： 至今已逾期 否□
10. 是否签订物的担保（抵押、质押）合同	是□ 签订时间： 否□
11. 担保人、担保物	担保人： 担保物：
12. 是否最高额担保（抵押、质押）	是□ 否□ 担保债权的确定时间： 担保额度：
13. 是否办理抵押、质押登记	是□ 正式登记□ 　　 预告登记□ 否□

续表

14. 是否签订保证合同	是□ 签订时间： 保证人： 　　　 主要内容： 否□
15. 保证方式	一般保证□ 连带责任保证□
16. 其他担保方式	是□　　形式：　　签订时间： 否□
17. 其他需要说明的内容（可另附页）	
18. 证据清单（可另附页）	

具状人（签字、盖章）：
日期：

格式二

民事起诉状
（离婚纠纷）

说明：
为了方便您更好地参加诉讼，保护您的合法权利，请填写本表。 1. 起诉时需向人民法院提交证明您身份的材料，如身份证复印件、营业执照复印件等。 2. 本表所列内容是您提起诉讼以及人民法院查明案件事实所需，请务必如实填写。 3. 本表所涉内容系针对一般离婚纠纷案件，有些内容可能与您的案件无关，您认为与案件无关的项目可以填"无"或不填；对于本表中勾选项可以在对应项打"√"；您认为另有重要内容需要列明的，可以在本表尾部或者另附页填写。 ★特别提示★ 《中华人民共和国民事诉讼法》第十三条第一款规定："民事诉讼应当遵循诚信原则。" 如果诉讼参加人违反上述规定，进行虚假诉讼、恶意诉讼，人民法院将视违法情形依法追究责任。

当事人信息

原告	姓名： 性别：男□　女□ 出生日期：　　年　　月　　日 民族： 工作单位：　　职务：　　联系电话： 住所地（户籍所在地）： 经常居住地：

续表

委托诉讼代理人	有□ 姓名： 单位：　　　　　职务：　　　　　联系电话： 代理权限：一般授权□　特别授权□ 无□
送达地址（所填信息除书面特别声明更改外，适用于案件一审、二审、再审所有后续程序）及收件人、电话	地址： 收件人： 电话：
是否接受电子送达	是□　方式：短信＿＿＿＿　微信＿＿＿＿　传真＿＿＿＿　邮箱＿＿＿＿　其他＿＿＿＿ 否□
被告	姓名： 性别：男□　女□ 出生日期：　　年　月　日 民族： 工作单位：　　　　　职务：　　　　　联系电话： 住所地（户籍所在地）： 经常居住地：
诉讼请求和依据	
1. 解除婚姻关系	（具体主张）
2. 夫妻共同财产	无财产□ 有财产□ 　（1）房屋明细：归属：原告□/被告□/其他□（　　）； 　（2）汽车明细：归属：原告□/被告□/其他□（　　）； 　（3）存款明细：归属：原告□/被告□/其他□（　　）； 　（4）其他（按照上述样式列明） 　……
3. 夫妻共同债务	无债务□ 有债务□ 　（1）债务1：　　承担主体：原告□/被告□/其他□（　　）； 　（2）债务2：　　承担主体：原告□/被告□/其他□（　　）； 　……
4. 子女直接抚养	无此问题□ 有此问题□ 　子女1：　　归属：原告□/被告□ 　子女2：　　归属：原告□/被告□ 　……

续表

5. 子女抚养费	无此问题□ 有此问题□ 　抚养费承担主体：原告□/被告□ 　金额及明细： 　支付方式：
6. 探望权	无此问题□ 有此问题□ 　探望权行使主体：原告□/被告□ 　行使方式：
7. 离婚损害赔偿/离婚经济补偿/离婚经济帮助	无此问题□ 有此问题□ 　离婚损害赔偿□ 　金额： 　离婚经济补偿☑ 　金额： 　离婚经济帮助□ 　金额：
8. 诉讼费用	（金额明细）
9. 本表未列明的其他请求	

约定管辖和诉讼保全	
1. 有无仲裁、法院管辖约定	有□　　合同条款及内容： 无□
2. 是否申请财产保全措施	已经诉前保全：是□　　保全法院：　　保全时间： 　　　　　　　　否□ 申请诉讼保全：是□ 　　　　　　　　否□

事实和理由	
1. 婚姻关系基本情况	结婚时间： 生育子女情况： 双方生活情况： 离婚事由： 之前有无提起过离婚诉讼：
2. 夫妻共同财产情况	事实和理由
3. 夫妻共同债务情况	事实和理由
4. 子女直接抚养情况	子女应归原告或者被告直接抚养的事由
5. 子女抚养费情况	原告或者被告应支付抚养费及相应金额、支付方式的事由

续表

6. 子女探望权情况	不直接抚养子女一方应否享有探望权以及具体行使方式的事由
7. 赔偿/补偿/经济帮助相关情况	符合离婚损害赔偿、离婚经济补偿或离婚经济帮助的相关事实等
8. 其他	
9. 诉请依据	法律及司法解释的规定，要写明具体条文
10. 证据清单（可另附页）	附页

具状人（签字、盖章）：

日期：

（二）民事起诉状实例

格式一

民事起诉状

（民间借贷纠纷）

说明：

为了方便您参加诉讼，保护您的合法权利，请填写本表。

1. 起诉时需向人民法院提交证明您身份的材料，如身份证复印件、营业执照复印件等。

2. 本表所列内容是您提起诉讼以及人民法院查明案件事实所需，请务必如实填写。

3. 本表所涉内容系针对一般民间借贷纠纷案件，有些内容可能与您的案件无关，您认为与案件无关的项目可以填"无"或不填；对于本表中勾选项可以在对应项打"√"；您认为另有重要内容需要列明的，可以在本表尾部或者另附页填写。

★特别提示★

《中华人民共和国民事诉讼法》第十三条第一款规定："民事诉讼应当遵循诚信原则。"

如果诉讼参加人违反上述规定，进行虚假诉讼、恶意诉讼，人民法院将视违法情形依法追究责任。

当事人信息	
原告（自然人）	姓名：沈×× 性别：男□　女☑ 出生日期：1985年5月25日　　民族：汉族 工作单位：无　职务：无　联系电话：××××××× 住所地（户籍所在地）：福建省惠安县螺阳镇村下村×组
委托诉讼代理人	有☑ 　姓名：李×× 　单位：福建省惠安县×法律服务所　职务：法律服务工作者 　联系电话：×××××××× 　代理权限：一般授权☑　特别授权□ 无□

续表

送达地址（所填信息除书面特别声明更改外，适用于案件一审、二审、再审所有后续程序）及收件人、联系电话	地址：惠安县×××路1号 收件人：李×× 联系电话：×××××××××
是否接受电子送达	是☑　方式：短信＿＿＿＿　微信＿＿＿＿　传真＿＿＿＿ 　　　　　　电子邮箱＿×××@qq.com＿　其他＿＿＿＿ 否□
被告（自然人）	姓名：董×× 性别：男☑　女□ 出生日期：1955年5月25日　　　民族：汉族 工作单位：无　职务：无　联系电话：××××××××× 住所地（户籍所在地）：福建省惠安县×××××× 住所地：福建省惠安县螺阳镇村下村×组
诉讼请求和依据	
1. 本金	截至2023年2月10日止，尚欠本金590 065元（人民币，下同）
2. 利息	截至2023年2月10日止，欠利息46 261.85元； 是否请求支付至实际清偿之日止：是☑　否□
3. 是否要求提前还款或解除合同	是□　提前还款（加速到期）□/解除合同□ 否☑
4. 是否主张担保权利	是☑　内容： 否□
5. 是否主张实现债权的费用	是☑　费用明细：律师费、财产保全费（以实际发生为准） 否□
6. 其他请求	本案诉讼费用由被告承担。
7. 标的总额	636 327元（暂计至2023年2月10日）
8. 请求依据	合同约定：《借款合同》第3条、第8条等 法律规定：《最高人民法院关于适用〈中华人民共和国民法典〉时间效力的若干规定》第一条第二款，《中华人民共和国合同法》第一百零七条、第二百零五条、第二百零六条，《中华人民共和国担保法》第十八条、第二十一条
约定管辖和诉讼保全	
1. 有无仲裁、法院管辖约定	有☑　合同条款及内容：第15条　发生争议由被告所在地人民法院管辖 无□

续表

2. 是否申请财产保全措施	已经诉前保全：是□　　保全法院：　　保全时间： 否☑ 申请诉讼保全：是☑ 否□
事实和理由	
1. 合同签订情况（名称、编号、签订时间、地点等）	2019年7月16日，在原告所在地签订《借款合同》
2. 签订主体	出借人：沈× 借款人：董×
3. 借款金额	约定：10万元整 实际提供：10万元
4. 借款期限	是否到期：是☑　否□ 约定期限：2019年7月16日起至2020年7月15日止
5. 借款利率	利率☑　10%/年（季/月）（合同条款：第3条）
6. 借款发放时间	2019年7月16日，银行转账10万元
7. 还款方式	等额本息□ 等额本金□ 到期一次性还本付息□ 到期一次性还本☑ 按季计息、到期一次性还本□ 按年计息、到期一次性还本□ 其他□
8. 还款情况	已还本金：0元 已还利息：0元，还息至　　年　月　日
9. 是否存在逾期还款	是☑逾期时间：2020年7月16日至起诉时已逾期100天 否□
10. 是否签订物的担保（抵押、质押）合同	是□　签订时间： 否☑
11. 担保人、担保物	担保人： 担保物：
12. 是否最高额担保（抵押、质押）	是□ 否☑ 担保债权的确定时间： 担保额度：

续表

13. 是否办理抵押、质押登记	是□　正式登记□ 　　　预告登记□ 否☑
14. 是否签订保证合同	是□ 否☑
15. 保证方式	一般保证　　□ 连带责任保证☑
16. 其他担保方式	是□　　形式：　　签订时间： 否☑
17. 其他需要说明的内容（可另附页）	
18. 证据清单（可另附页）	

具状人（签字、盖章）：沈×

日期：2023年2月10日

格式二

民事起诉状

（离婚纠纷）

说明：
　　为了方便您更好地参加诉讼，保护您的合法权利，请填写本表。
　　1. 起诉时需向人民法院提交证明您身份的材料，如身份证复印件、营业执照复印件等。
　　2. 本表所列内容是您提起诉讼以及人民法院查明案件事实所需，请务必如实填写。
　　3. 本表所涉内容系针对一般离婚纠纷案件，有些内容可能与您的案件无关，您认为与案件无关的项目可以填"无"或不填；对于本表中勾选项可以在对应项打"√"；您认为另有重要内容需要列明的，可以在本表尾部或者另附页填写。
　　★特别提示★
　　《中华人民共和国民事诉讼法》第十三条第一款规定："民事诉讼应当遵循诚信原则。"
　　如果诉讼参加人违反上述规定，进行虚假诉讼、恶意诉讼，人民法院将视违法情形依法追究责任。

当事人信息	
原告	姓名：王×× 性别：男□　女☑ 出生日期：1982年××月××日 民族：汉族 工作单位：××公司　　职务：职员　　联系电话：××××× 住所地（户籍所在地）：北京市××区×××街道×××小区×××号 经常居住地：北京市××区××街道×××小区×××号

续表

委托诉讼代理人	有☑ 姓名：简×× 单位：××律师事务所　　职务：律师　　联系电话：××××× 代理权限：一般授权□　特别授权☑ 无☑
送达地址（所填信息除书面特别声明更改外，适用于案件一审、二审、再审所有后续程序）及收件人、电话	地址：北京市××区××大厦××室 收件人：简×× 电话：×××××
是否接受电子送达	是☑　方式：短信×××××　微信_____　传真_____　邮箱_____ 　　　　其他_____ 否□
被告	姓名：江×× 性别：男☑　女□ 出生日期：1980年××月××日 民族：汉族 工作单位：××公司　　职务：职员　　联系电话：××××× 住所地（户籍所在地）：河北省××市××区××街道××小区×××号 经常居住地：北京市××区××街道×××小区×××号
诉讼请求和依据	
1. 解除婚姻关系	（具体主张）请求准予王××与江××离婚
2. 夫妻共同财产	无财产□ 有财产☑： （1）房屋明细：归属：原告☑/被告□/其他□（坐落于北京市丰台区××小区××号房屋一处）； （2）汽车明细：归属：原告□/被告☑/其他□（××牌，牌照号码京×××××小汽车一辆）； （3）存款明细：归属：原告□/被告□/其他☑（双方存款归各自所有）； （4）其他（按照上述样式列明） ……
3. 夫妻共同债务	无债务☑ 有债务□ （1）债务1：　　承担主体：原告□/被告□/其他□（　　）； （2）债务2：　　承担主体：原告□/被告□/其他□（　　）； ……

续表

4. 子女直接抚养	无此问题□ 有此问题☑ 子女1：江×　　归属：原告☑/被告□ 子女2：　　　归属：原告□/被告□
5. 子女抚养费	无此问题□ 有此问题☑ 抚养费承担主体：原告□/被告☑ 金额及明细：每月2 000元抚养费 支付方式：按月向王××转账
6. 探望权	无此问题□ 有此问题☑ 探望权行使主体：原告□/被告☑ 行使方式：江××每两周探望江×一次，时间、地点可由双方协商
7. 离婚损害赔偿/离婚经济补偿/离婚经济帮助	无此问题□ 离婚损害赔偿☑ 金额：50 000元 离婚经济补偿□ 金额： 离婚经济帮助□ 金额：
8. 诉讼费用	（金额明细）全部诉讼费用由被告承担
9. 本表未列明的其他请求	
约定管辖和诉讼保全	
1. 有无仲裁、法院管辖约定	有□　合同条款及内容： 无□
2. 是否申请财产保全措施	已经诉前保全：是□　保全法院：　　保全时间： 　　　　　　　否□ 申请诉讼保全：是□ 　　　　　　　否□
事实和理由	
1. 婚姻关系基本情况	结婚时间：2016年××月××日 生育子女情况：2019年××月××日生育女儿江× 双方生活情况：已经分居1年 离婚事由：江××对王××实施家庭暴力存在重大过错，双方感情确已破裂 之前有无提起过离婚诉讼：无

续表

2. 夫妻共同财产情况	王××除与江××婚后共同购买的位于北京市丰台区××小区××号房屋外，无其他房屋居住，需要稳定的生活环境抚养女儿。被告江××另有住房，位于北京市朝阳区×小区××号
3. 夫妻共同债务情况	无
4. 子女直接抚养情况	女儿江×年幼，自出生一直由王××照顾，江××存在实施家庭暴力行为，不利于江×的健康成长
5. 子女抚养费情况	根据江×入学、医疗、生活等方面的日常支出情况，原告、被告各自承担抚养费的一半，由被告承担2 000元/月
6. 子女探望权情况	从利于孩子成长的角度考虑，江××每两周探望江×一次，时间、地点可由双方协商
7. 赔偿/补偿/经济帮助情况	江××酗酒，对王××实施家庭暴力，经常因为生活琐事对原告拳脚相加，有公安机关报警记录、王××就医记录、向妇联报案记录等证据证实。符合离婚损害赔偿的情形
8. 其他	无
9. 诉请依据	解除婚姻关系：《中华人民共和国民法典》第1079条 子女直接抚养以及抚养费：《中华人民共和国民法典》第1084条、第1085条、第1086条 夫妻共同财产处理：《中华人民共和国民法典》第1087条 离婚损害赔偿：《中华人民共和国民法典》第1091条
10. 证据清单（可另附页）	附页

具状人（签字、盖章）：王××

日期：2024年××月××日

第三节　民事答辩状

一、民事答辩状的概念和适用

民事答辩状是指民事案件的被告或被上诉人在收到起诉状或上诉状副本后，在法定限期内，针对起诉或上诉的事实、理由和请求，进行回答和辩驳时制作的法律文书。

《民事诉讼法》第一百二十八条规定："人民法院应当在立案之日起五日内将起诉状副本发送被告，被告应当在收到之日起十五日内提出答辩状。答辩状应当记明被告的姓名、性别、年龄、民族、职业、工作单位、住所、联系方式；法人或者其他组织的名称、住所和法定代表人或者主要负责人的姓名、职务、联系方式。人民法院应当在收到答辩状之日起五日内将答辩状副本发送原告。被告不提出答辩状的，不影响人民法院审理。"第一百七十四条规定："原审人民法院收到上诉状，应当在五日内将上诉状副本送达对方当事人，对方当事人在收到之日起十五日内提出答辩状。人民法院应当在收到答辩状之日起五日内将副本送达上诉人。对方当事人不提出答辩状的，不影响人民法院审理。"

二、民事答辩状的内容和制作要求

（1）当事人信息。答辩人是自然人的，写明其姓名、性别、出生年月日、出生地、单位职务或职业、住址。答辩人是法人或非法人组织的，写明单位名称、单位地址、法定代表人姓名、职务、电话号码。

（2）答辩事项和依据。在相应位置打钩。

答辩是针对起诉状或上诉状提出的事实理由而进行的，因此要根据具体的诉状叙述的事实和阐述的理由，抓住其中的错误进行驳斥，从而说明对方的诉讼请求全部不成立或者部分不成立，请求人民法院作出正确的裁判。

三、制作民事答辩状应注意的问题

（1）要有针对性。即必须针对原告方（或上诉方）的指控，指出起诉状中的事实、理由或诉讼请求的错误或不当。

（2）要具有一定的反驳性。反驳必须做到据理反驳，加强说理性，不能为反驳而反驳。

四、民事答辩状的格式与实例

（一）民事答辩状的格式

格式一

民事答辩状

（民间借贷纠纷）

说明：

为了方便您参加诉讼，保护您的合法权利，请填写本表。

1. 应诉时需向人民法院提交证明您身份的材料，如身份证复印件、营业执照复印件等。
2. 本表所列内容是您参加诉讼以及人民法院查明案件事实所需，请务必如实填写。
3. 本表所涉内容系针对一般民间借贷纠纷案件，有些内容可能与您的案件无关，您认为与案件无关的项目可以填"无"或不填；对于本表中勾选项可以在对应项打"√"；您认为另有重要内容需要列明的，可以在本表尾部或者另附页填写。

★特别提示★

《中华人民共和国民事诉讼法》第十三条第一款规定："民事诉讼应当遵循诚信原则。"

如果诉讼参加人违反上述规定，进行虚假诉讼、恶意诉讼，人民法院将视违法情形依法追究责任。

案号		案由	
当事人信息			

续表

答辩人（自然人）	姓名： 性别：男□ 女□ 出生日期： 年 月 日 民族： 工作单位： 职务： 联系电话： 住所地（户籍所在地）： 经常居住地；
答辩人（法人、非法人组织）	名称： 住所地（主要办事机构所在地）： 注册地/登记地： 法定代表人/主要负责人： 职务： 联系电话： 统一社会信用代码： 类型：有限责任公司□ 股份有限公司□ 上市公司□ 其他企业法人□ 事业单位□ 社会团体□ 基金会□ 社会服务机构□ 机关法人□ 农村集体经济组织法人□ 城镇农村的合作经济组织法人□ 基层群众性自治组织法人□ 个人独资企业□ 合伙企业□ 不具有法人资格的专业服务机构□ 国有□（控股□ 参股□） 民营□
委托诉讼代理人	有□ 　　姓名： 　　单位： 职务： 联系电话： 　　代理权限：一般授权□ 特别授权□ 无□
送达地址（所填信息除书面特别声明更改外，适用于案件一审、二审、再审所有后续程序）及收件人、联系电话	地址： 收件人： 联系电话：
是否接受电子送达	是□ 方式：短信____ 微信____ 传真____ 邮箱____ 其他____ 否□
答辩事项和依据 **（对原告诉讼请求的确认或者异议）**	
1. 对本金有无异议	无□ 有☑ 事实和理由：
2. 对利息有无异议	无□ 有□ 事实和理由：
3. 对提前还款或解除合同有无异议	无□ 有□ 事实和理由：
4. 对担保权利诉请有无异议	无□ 有□ 事实和理由：

续表

5. 对实现债权的费用有无异议	无□ 有□　事实和理由：
6. 对其他请求有无异议	无□ 有□　事实和理由：
7. 对标的总额有无异议	无□ 有□　事实和理由：
8. 答辩依据	合同约定： 法律规定：
事实和理由 （对起诉状事实和理由的确认或者异议）	
1. 对合同签订情况（名称、编号、签订时间、地点等）有无异议	无□ 有□　事实和理由：
2. 对签订主体有无异议	无□ 有□　事实和理由：
3. 对借款金额有无异议	无□ 有□　事实和理由：
4. 对借款期限有无异议	无□ 有□　事实和理由：
5. 对借款利率有无异议	无□ 有□　事实和理由：
6. 对借款提供时间有无异议	无□ 有□　事实和理由：
7. 对还款方式有无异议	无□ 有□　事实和理由：
8. 对还款情况有无异议	无□ 有□　事实和理由：
9. 对是否逾期还款有无异议	无□ 有□　事实和理由：
10. 对是否签订物的担保合同有无异议	无□ 有□　事实和理由：
11. 对担保人、担保物有无异议	无□ 有□　事实和理由：
12. 对最高额抵押担保有无异议	无□ 有□　事实和理由：
13. 对是否办理抵押/质押登记有无异议	无□ 有□　事实和理由：

续表

14. 对是否签订保证合同有无异议	无□
	有□ 事实和理由：
15. 对保证方式有无异议	无□
	有□ 事实和理由：
16. 对其他担保方式有无异议	无□
	有□ 事实和理由：
17. 有无其他免责/减责事由	无□
	有□ 事实和理由：
18. 其他需要说明的内容（可另附页）	无□
	有□ 内容：
19. 证据清单（可另附页）	

答辩人（签字、盖章）：
日期：

格式二

民事答辩状
（离婚纠纷）

说明：
为了方便您更好地参加诉讼，保护您的合法权利，请填写本表。 1. 应诉时需向人民法院提交证明您身份的材料，如身份证复印件、营业执照复印件等。 2. 本表所列内容是您参加诉讼以及人民法院查明案件事实所需，请务必如实填写。 3. 本表所涉内容系针对一般离婚纠纷案件，有些内容可能与您的案件无关，您认为与案件无关的项目可以填"无"或不填；对于本表中勾选项可以在对应项打"√"；您认为另有重要内容需要列明的，可以在本表尾部或者另附页填写。 ★特别提示★ 《中华人民共和国民事诉讼法》第十三条第一款规定："民事诉讼应当遵循诚信原则。" 如果诉讼参加人违反上述规定，进行虚假诉讼、恶意诉讼，人民法院将视违法情形依法追究责任。

案号		案由	
当事人信息			
答辩人	姓名： 性别：男□ 女□ 出生日期： 年 月 日 民族： 工作单位： 职务： 联系电话： 住所地（户籍所在地）： 经常居住地：		

续表

委托诉讼代理人	有□ 　　姓名： 　　单位：　　　　　职务：　　　　　联系电话： 　　代理权限：一般授权□　　特别授权□ 无□
送达地址（所填信息除书面特别声明更改外，适用于案件一审、二审、再审所有后续程序）及收件人、电话	地址： 收件人： 电话：
是否接受电子送达	是□　方式：短信＿＿＿　微信＿＿＿　传真＿＿＿　邮箱＿＿＿　其他＿＿＿ 否□
答辩事项和依据 **（对原告诉讼请求的确认或者异议）**	
1. 对解除婚姻关系的确认和异议	确认□　　异议□ 事由：
2. 对夫妻共同财产诉请的确认和异议	确认□　　异议□ 事由：
3. 对夫妻共同债务诉请的确认和异议	确认□　　异议□ 事由：
4. 对子女直接抚养诉请的确认和异议	确认□　　异议□ 事由：
5. 对子女抚养费诉请的确认和异议	确认□　　异议□ 事由：
6. 对子女探望权诉请的确认和异议	确认□　　异议□ 事由：
7. 对赔偿/补偿/经济帮助的确认和异议	确认□　　异议□ 事由：
8. 其他事由	
9. 答辩的依据	法律及司法解释的规定，要写明具体条文
10. 证据清单（可另附页）	附页

　　　　　　　　　　　　　　　　　　　　　　　答辩人（签字、盖章）：
　　　　　　　　　　　　　　　　　　　　　　　　日期：

（二）民事答辩状实例

<u>格式一</u>

民事答辩状
（民间借贷纠纷）

说明：
为了方便您更好地参加诉讼，保护您的合法权利，请填写本表。 1. 应诉时需向人民法院提交证明您身份的材料，如身份证复印件、营业执照复印件等。 2. 本表所列内容是您参加诉讼以及人民法院查明案件事实所需，请务必如实填写。 3. 本表所涉内容系针对一般民间借贷纠纷案件，有些内容可能与您的案件无关，您认为与案件无关的项目可以填"无"或不填；对于本表中勾选项可以在对应项打"√"；您认为另有重要内容需要列明的，可以在本表尾部或者另附页填写。 ★特别提示★ 《中华人民共和国民事诉讼法》第十三条第一款规定："民事诉讼应当遵循诚信原则。" 如果诉讼参加人违反上述规定，进行虚假诉讼、恶意诉讼，人民法院将视违法情形依法追究责任。

案号	（2023）闽×××民初×××号	案由	民间借贷纠纷
当事人信息			

答辩人（自然人）	姓名：董×× 性别：男☑ 女☐ 出生日期：1955 年 5 月 25 日　民族：汉族 工作单位：无　　职务：无　　联系电话：××××××× 住所地（户籍所在地）：福建省惠安县
委托诉讼代理人	有☑ 　　姓名：杨××　单位：福建省泉州市××律师事务所　职务：律师 　　联系电话：136×××××× 　　代理权限：一般授权☑　特别授权☐ 无☐
送达地址（所填信息除书面特别声明更改外，适用于案件一审、二审、再审所有后续程序）及收件人、电话	地址：福建省惠安县螺阳镇村下村×组 收件人：董× 电话：136×××××
是否接受电子送达	是☑　方式：短信＿＿＿　微信＿＿＿　传真＿＿＿　邮箱×××@qq.com 　　　　　其他＿＿＿ 否☐
答辩事项和依据 **（对原告诉讼请求的确认或者异议）**	

续表

1. 对本金有无异议	无☐ 有☐　事实和理由：
2. 对利息（复利、罚息）有无异议	无☐ 有☐　事实和理由：合同未约定复利，不应支付复利
3. 对提前还款或解除合同有无异议	无☐ 有☐　事实和理由：
4. 对担保权利诉请有无异议	无☐ 有☐　事实和理由：
5. 对实现债权的费用有无异议	无☐ 有☐　事实和理由：
6. 对其他请求有无异议	无☐ 有☑　事实和理由：诉讼费用由法院判决
7. 对标的总额有无异议	无☐ 有☑　事实和理由：
8. 答辩依据	合同约定：《民间借贷合同》 法律规定：《最高人民法院关于适用〈中华人民共和国民法典〉时间效力若干法律规定》第一条第二款，《中华人民共和国合同法》第三十九条、第四十条、第二百零六条，《中华人民共和国担保法》第十八条、第二十一条
事实和理由 **（对起诉状事实和理由的确认或者异议）**	
1. 对合同签订情况（名称、编号、签订时间、地点）有无异议	无☑ 行☐
2. 对签订主体有无异议	无☑ 有☐
3. 对借款金额有无异议	无☑ 有☐　事实和理由：
4. 对借款期限有无异议	无☑ 有☐　事实和理由：
5. 对借款利率有无异议	无☑ 有☐　事实和理由：

续表

6. 对借款提供时间有无异议	无 ☑ 有 □ 事实和理由：	
7. 对还款方式有无异议	无 ☑ 有 □ 事实和理由：	
8. 对还款情况有无异议	无 ☑ 有 □ 事实和理由：	
9. 对是否逾期还款有无异议	无 ☑ 有 □	
10. 对是否签订物的担保合同有无异议	无 ☑ 有 □	
11. 对担保人、担保物有无异议	无 □ 有 □ 事实和理由：	
12. 对最高额抵押担保有无异议	无 □ 有 □ 事实和理由：	
13. 对是否办理抵押/质押登记有无异议	无 □ 有 □ 事实和理由：	
14. 对是否签订保证合同有无异议	无 ☑ 有 □ 事实和理由：	
15. 对保证方式有无异议	无 ☑ 有 □ 事实和理由：	
16. 对其他担保方式有无异议	无 □ 有 □ 事实和理由：	
17. 有无其他免责/减责事由	无 □ 有 □ 内容：	
18. 其他需要说明的内容（可另附页）	本人暂时经济困难，请求宽限还款	
19. 证据清单（可另附页）		

答辩人（签字、盖章）： 董××

日期： ××××年××月××日

格式二

民事答辩状
（离婚纠纷）

说明：
为了方便您更好地参加诉讼，保护您的合法权利，请填写本表。 1. 应诉时需向人民法院提交证明您身份的材料，如身份证复印件、营业执照复印件等。 2. 本表所列内容是您参加诉讼以及人民法院查明案件事实所需，请务必如实填写。 3. 本表所涉内容系针对一般离婚纠纷案件，有些内容可能与您的案件无关，您认为与案件无关的项目可以填"无"或不填；对于本表中勾选项可以在对应项打"√"；您认为另有重要内容需要列明的，可以在本表尾部或者另附页填写。 ★特别提示★ 《中华人民共和国民事诉讼法》第十三条第一款规定："民事诉讼应当遵循诚信原则。" 如果诉讼参加人违反上述规定，进行虚假诉讼、恶意诉讼，人民法院将视违法情形依法追究责任。

案号	（2024）京××××民初××号	案由	离婚纠纷

当事人信息		
答辩人	姓名：江×× 性别：男☑ 女☐ 出生日期：1980年××月××日 民族：汉族 工作单位：××公司 职务：职员 联系电话：××××× 住所地（户籍所在地）：河北省××市××区×××街道××小区×××号 经常居住地：北京市××区××街道×××小区×××号	
委托诉讼代理人	有☑ 　姓名：李×× 　单位：××律师事务所 职务：律师 联系电话：××××× 　代理权限：一般授权☐ 特别授权☑ 无☐	
送达地址（所填信息除书面特别声明更改外，适用于案件所有后续程序）及收件人、电话	地址：北京市××区××街道×××小区×××号 收件人：江×× 电话：×××××	
是否接受电子送达	是☐ 方式：短信＿＿＿ 微信＿＿＿ 传真＿＿＿ 邮箱＿＿＿ 其他＿＿＿ 否☑	
答辩事项和依据 （对原告诉讼请求的确认或者异议）		

续表

1. 对解除婚姻关系的确认和异议	确认☑ 异议□ 事由：
2. 对夫妻共同财产诉请的确认和异议	确认□ 异议☑ 事由：北京市丰台区××小区××号房屋是双方婚后共同购买，登记在双方名下，应当均分，其他同意原告诉请
3. 对夫妻共同债务诉请的确认和异议	确认☑ 异议□ 事由：
4. 对子女直接抚养诉请的确认和异议	确认☑ 异议□ 事由：同意江×由王××直接抚养
5. 对子女抚养费诉请的确认和异议	确认□ 异议☑ 事由：王××提出的抚养费数额不实，应当调整为每月1 500元，按月支付
6. 对子女探望权诉请的确认和异议	确认☑ 异议□ 事由：
7. 赔偿/补偿/经济帮助情况的确认和异议	确认□ 异议☑ 事由：王××关于家庭暴力的陈述不实
8. 其他事由	无
9. 答辩的依据	解除婚姻关系：《中华人民共和国民法典》第1079条 子女直接抚养以及抚养费：《中华人民共和国民法典》第1084条、第1085条、第1086条 夫妻共同财产处理：《中华人民共和国民法典》第1087条 离婚损害赔偿：《中华人民共和国民法典》第1091条
10. 证据清单（可另附页）	附页

答辩人（签字、盖章）：江××
日期：2024年××月××日

第四节 民事反诉状

一、民事反诉状的概念和适用

民事反诉状是指民事案件的被告针对原告指控的同一纠纷事实或行为事实，提出相反的独立指控内容的法律文书。

民事答辩状是针对原告起诉的事实理由和诉讼请求进行回答或辩驳，而反诉是针对原告指控的同一事实提出相反、独立的诉讼请求。如果该请求能够得到人民法院的支持，可以抵消甚至吞并本诉的诉讼请求。这是反诉与答辩的根本区别。

反诉是法律赋予民事案件被告方的一项诉讼权利。提起反诉应该在收到原告起诉状副本后法定时间内提出。根据《民事诉讼法》第一百四十三条的规定，被告提出反诉可以与本诉合并审理。

二、民事反诉状的内容和制作要求

民事反诉状与民事起诉状的结构和内容基本相同。

（一）首部

（1）标题。居中写明"民事反诉状"。

（2）当事人基本情况。分别写明反诉人与被反诉人的基本情况，并用括号注明各自在原审中的地位。具体写法同民事起诉状。

（二）正文

（1）反诉请求。写明反诉人请求人民法院依法解决的本案有关民事权利与义务实体纠纷的具体要求和主张。

（2）事实与理由。事实与理由是民事反诉状叙写的重点内容，写法要求同民事起诉状。应当注意根据法律规定，反诉与本诉必须具有内在联系，以达到合并审理和相互抵消的目的。因此，事实记叙应重点写明反诉与本诉同一的和相关的事实，写明事实的起因、经过、结果，并重点交代清楚被反诉人的侵权行为。反诉理由应当根据事实和有关的法律规定，充分阐述案件的性质、被反诉人的责任、如何解决纠纷的意见等。

（3）证据与证据来源、证人姓名和住址。主要写明反诉请求的证据名称、件数、来源，证人的姓名和住址等。

（三）尾部

（1）致送机关。写明文书主送的人民法院的名称。

（2）反诉人署名并注明反诉状制作日期。

（3）附项。写明反诉状副本的份数及所附证据情况。

三、制作民事反诉状应注意的问题

（1）刑事案件反诉和民事案件反诉的区别。除案件性质不同外，从反诉结果看，刑事案件反诉可以使本诉的自诉人也受到刑事处罚，但不能抵消反诉人应受到的刑事处罚；民事案件反诉可以抵消、排斥、并吞原告所主张的权利，也可使本诉原告的请求部分或全部失去实际意义，甚至超出本诉原告所主张的权利范围。

（2）反诉与本诉的相关性。刑事案件反诉的内容是与本诉有关的犯罪行为；民事案件反诉与本诉在诉讼标的上互有牵连，反诉与本诉是两个可以合并审理的案件，而不是两个互不相关的独立之诉。

（3）如果在反诉状中提出了新的事实，则反诉人有举证的责任。证据应列在反诉的事实与理由之后，并说明证据的来源、证人的姓名和住址等。

四、民事反诉状的格式与实例

（一）民事反诉状的格式

民事反诉状

（民事被告或刑事自诉案件被告人提起反诉用）

反诉原告（本诉被告）：……

被反被告（本诉原告）：……

诉讼请求

…………

事实与理由

…………

证据和证据来源，证人姓名和住址

…………

此致
×××人民法院

附件：本反诉状副本×份。

反诉原告：×××
××××年×月×日

（二）民事反诉状实例

民事反诉状

反诉原告（本诉被告）：××市××精细化工厂，地址××市××经济开发区××路××号。

法定代表人：李宏文，系该厂厂长。

委托代理人：梁晨波，××市××律师事务所律师。

反诉被告（本诉原告）：××市××风机厂，地址××市××省××县城关镇××大街××号。

法定代表人：胡×英，系该厂厂长。

诉讼请求

(1) 请人民法院依法驳回被反诉人给付货款之诉。

(2) 判令被反诉人自行拉回冷却水塔，并赔偿反诉人经济损失 1 105 725 元。

(3) 被反诉人承担本案全部诉讼费用及反诉人聘请律师的费用等。

事实与理由

2019 年 11 月 17 日，反诉人与被反诉人签订购销合同。合同约定：被反诉人向反诉人供应 TSP100T 冷却水塔一座，并负责于 2020 年 5 月 31 日前安装调试完毕；反诉人于 2019 年 12 月 31 日前支付定金 25 万元，安装调试后正常使用满 2 个月，将剩余货款 28.5 万元给付被反诉人。

合同订立后，反诉人如期支付全部定金。但冷却水塔安装后，在使用过程中，发现存在设计不合理、冷却效果差、运转不正常等多方面质量问题。虽经反诉人多次交涉，被反诉人多次派人前来修理并更换零部件，仍然达不到正常使用的要求，由此给反诉人造成重大经济损失。

2020年10月，反诉人不得已将该冷却水塔拆卸存放，并于当月27日函告被反诉人速派人前来协商处理相关事宜。但被反诉人除了当月29日电话答复派人外，一直无人前来协商处理。接贵院通知后，我厂深感意外。因为本纠纷属于被反诉人提供不合格产品，已经给反诉人造成经济损失。被反诉人违约在先，理应承担本纠纷的全部责任。为此，特向贵院提出反诉请求，请查明本案事实，依法公正判决。

证据和证据来源，证人姓名和住址：
（1）原、被告于2019年11月17日签订的购销合同一份。
（2）冷却水塔使用说明书，被反诉人履行合同时提供。
（3）冷却水塔使用资料，我厂技术设备科技术人员提供。
（4）冷却水塔使用说明书中数据与使用记载数据对照表，我厂技术设备科技术人员提供。
（5）冷却水塔修理记录及制冷配件购置单据，被反诉人维修时提供。
（6）双方往来函件9份。

此致
××市××人民法院

附件：本反诉状副本2份。

反诉原告：××市××精细化工厂
（公章）
二〇二×年二月二十七日

第五节　民事上诉状

一、民事上诉状的概念与适用

民事上诉状是指民事案件当事人不服地方人民法院第一审民事判决、裁定，在法定的期限内向上一级人民法院提出上诉，要求撤销、变更原审裁判的法律文书。

根据《民事诉讼法》第一百七十一条的规定，当事人不服地方人民法院第一审判决的，有权在判决书送达之日起十五日内向上一级人民法院提起上诉。当事人不服地方人民法院第一审裁定的，有权在裁定书送达之日起十日内向上一级人民法院提起上诉。该法第一百七十二条规定，上诉应当递交上诉状，并对上诉状的内容作了明确规定。

二、民事上诉状的内容和制作要求

（一）首部

（1）标题。居中写明"民事上诉状"。
（2）当事人基本情况。依次写明上诉人和被上诉人的姓名、性别、出生年月日、民族、出生地、工作单位及职务、现住址等情况，并用括号注明上诉人、被上诉人在原审中的地位。

（3）案由。写明上诉人不服原审判决或裁定的事由。如："上诉人因××一案，不服××人民法院〔20××〕×民初×号民事判决（或裁定），现提出上诉，上诉的请求和理由如下：……"

（二）正文

（1）上诉请求。上诉请求写清楚上诉人不服原审判决或裁定，要求人民法院撤销、变更原审判决或请求重新审判。

（2）上诉理由。上诉理由写明不服原审裁判，提出上诉请求的依据。

（三）尾部

（1）致送机关。写明上诉状致送的人民法院名称。

（2）附项。说明上诉状副本的份数及上诉人提供的新的证据情况。

（3）上诉人签名，并注明文书的制作日期。

三、制作民事上诉状应注意的问题

（1）详略要得当。对于一般的案情，即一审裁判认定事实没有错误的，不要重述。对于原审裁判中遗漏的重要事实，应补充新的事实，并举出确实、充分的证据。如果原审裁判中对事实的认定有错误，应指出其错误之所在，并列举出正确的事实和确凿的证据。

（2）理由要充分。上诉的理由，应足以推翻或者变更原审裁判。理由要写得简明扼要，同时要有事实和法律上的根据，使上诉理由具有较强的驳辩力和说服力。

（3）表达方法要恰当。上诉理由的表述一般采用反驳法。要坚持实事求是的态度，不强词夺理。不应抱侥幸心理，企图把事实真相蒙混过去。具体使用反驳方法时，应分三步进行：第一，抓住原审裁判中的错误之处，列出需要反驳的论点；第二，针对需要进行反驳的论点，摆出能证明原审裁判错误的事实、证据以及法律上的依据；第三，经过分析归纳，得出上诉请求正确的结论。

在使用反驳方法时，除直接反驳论题外，还有反驳论据和反驳论证，可视具体情况结合运用，以增强反驳的逻辑力量。

四、民事上诉状的格式与实例

（一）民事上诉状的格式

格式一

民事上诉状
（自然人提起上诉用）

上诉人（一审被告）：……

被上诉人（一审原告）：……

上诉人与被上诉人＿＿＿＿＿＿一案，不服＿＿＿＿＿＿人民法院＿＿＿年＿＿月＿＿日〔　　〕字第＿＿号＿＿，现提出上诉。

上诉请求

…………

上诉理由

…………

此致
×××人民法院

附件：本上诉状副本×份。

上诉人 ×××
××××年×月×日

格式二

民事上诉状

（法人或非法人组织提起上诉用）

上诉人名称：……
所在地址：……
法定代表人（或代表人）：姓名：…… 职务：…… 电话：……
企业性质：…… 企业登记核准号：……
经营范围和方式：……
开户银行账号：……
被上诉人名称：……
所在地址：……
法定代表人（或代表人）姓名：…… 职务：…… 电话：……
上诉人与被上诉人_____一案，不服_____人民法院_____年____月____日〔 〕____号_____，现提出上诉。

上诉请求

…………

上诉理由

…………

此致
×××人民法院

附件：本上诉状副本×份。

上诉人 ×××
××××年×月×日

(二)民事上诉状实例

民事上诉状

上诉人(一审被告):徐××,女,1981年5月22日出生,汉族,××市人,××市××公司副经理,住××市××区××路××号。

被上诉人(一审原告):赵××,男,1977年7月1日出生,汉族,××省××县人,××市××工厂销售经理,住××市××区××路××号。

上诉人与被上诉人因离婚一案,不服××市××区人民法院202×年11月20日〔202×〕××民初××××号民事判决,现提出上诉。

上诉请求

依法撤销××市××区人民法院〔202×〕××民初××××号民事判决中的第二项,改判婚生女孩赵×(13岁)由上诉人抚养。

上诉理由

原判决认定:"鉴于原告收入丰厚,有足够的经济力量抚养孩子成人,因此本院认为孩子归原告抚养有利于下一代健康成长。"据此将婚生女赵×判归被上诉人抚养。上诉人认为此项判决不当,判决理由不能成立。理由是:

第一,上诉人一直照顾女儿的生活与学习,女儿与上诉人有深厚的母女情;而被上诉人近十年来在××工厂担任销售经理,经常出差在外,有时几个月不回家,对孩子生活、学习从不过问,与孩子也没有什么感情。因此上诉人认为女儿由被上诉人抚养不利于女儿成长,而由上诉人抚养则有益于孩子身心健康,有利于培养孩子成才。

第二,上诉人职业稳定,经济收入也不低,完全有能力抚养孩子成人。关键不在于谁经济条件更好,而在于孩子由谁抚养更有利于她的健康成长。被上诉人说,他有钱可以请保姆照顾孩子,法院也认为此种说法有道理,试问保姆照顾有母亲照顾得好吗?此种说法不合情理。

孩子判归谁抚养,应考虑孩子的意见。根据《民法典》第一千零八十四条的规定,已满两周岁的子女,父母双方对抚养问题协议不成的,由人民法院根据双方的具体情况,按照最有利于未成年子女的原则判决,子女已满八周岁的,应当尊重其真实意愿。原审法院根本没有征求孩子的意见,仅凭原告陈述就主观决定了抚养权的归属。孩子听说要随父亲生活后,哭了几天,说不愿意与父亲一起生活,愿意同母亲一起生活。请上诉审人民法院按照《民法典》办案,充分考虑本案的具体情况,考虑孩子的意见,将孩子改判归上诉人抚养。

此致
××省××市中级人民法院

附件:本上诉状副本2份。

上诉人 徐××
二〇二×年一月二十九日

第六节　民事再审申请书

一、民事再审申请书的概念和适用

民事再审申请书是民事案件的当事人认为已经发生法律效力的判决或裁定确有错误，依法向人民法院提交的申请再审的法律文书。

《民事诉讼法》第二百一十条规定，当事人对已经发生法律效力的判决、裁定，认为有错误的，可以向上一级人民法院申请再审；当事人一方人数众多或者当事人双方为公民的案件，也可以向原审人民法院申请再审。该法第二百一十二条规定，当事人对已经发生法律效力的调解书，提出证据证明调解违反自愿原则或者调解协议的内容违反法律的，可以申请再审。经人民法院审查属实的，应当再审。

民事再审申请书是当事人对已经发生法律效力的裁判申请再审的工具，也是人民法院适用审判监督程序对民事案件提起再审的依据。

二、民事再审申请书的内容和制作要求

（一）首部

（1）标题。居中写明"民事再审申请书"。

（2）当事人的基本情况。申请人是自然人的，应当写明申请人的姓名、性别、出生年月日、民族、籍贯或出生地、职业或工作单位及职务、住址；申请人是无诉讼行为能力人的，应写明其法定代理人的姓名、性别、出生年月日、职业或单位职务、住址，并注明法定代理人与申请人的关系；申请人是法人或非法人组织的，应写明法人全称、所在地址、法定代表人或代表人的姓名和职务。

（3）案由。写法为"申请人××对××××人民法院202×年×月×日〔202×〕××民初××号民事判决（或裁定）不服，申请再审"。

（二）正文

（1）请求事项。写明申请再审所要解决的问题，如要求人民法院撤销原判，进行再审改判；请求部分改判的，写明撤销原判决的哪一项或哪几项，进行改判；请求事项较多的，分项列写。

（2）事实与理由。以事实为基础，围绕证据阐明自己的观点，并依据法律规定说明原审判决的错误或不当之处，以支持自己的诉讼请求。根据《民事诉讼法》第二百一十一条的规定，当事人的申请符合下列情形之一的，人民法院应当再审：第一，有新的证据，足以推翻原判决、裁定的；第二，原判决、裁定认定的基本事实缺乏证据证明的；第三，原判决、裁定认定事实的主要证据是伪造的；第四，原判决、裁定认定事实的主要证据未经质证的；第五，对审理案件需要的主要证据，当事人因客观原因不能自行收集，书面申请人民法院调查收集，人民法院未调查收集的；第六，原判决、裁定适用法律确有错误的；第七，审判组织的组成不合法或者依法应当回避的审判人员没有回避的；第八，无诉讼行为能力人未经法定代理人代为诉讼或者应当参加诉讼的当事人，因不能归责于本人或者其诉讼代理人的事由，未参加诉讼的；第九，违反法律规定，剥夺当事人辩论权利的；第十，未经传票传唤，缺席判决的；第十一，原判决、裁定遗漏或者超出诉讼请求的；第十二，据以作出原判决、裁定的法律文书被撤销或者变更的；第十三，审判人员审理该案件

时有贪污受贿、徇私舞弊、枉法裁判行为的。再审申请书的事实和理由应当依据上述规定予以论证，做到事实清楚、理由充分、证据确凿。

（三）尾部
（1）致送机关。写明文书送交的人民法院全称。
（2）申请人署名，并写明时间。
（3）附项。写明"原审已经生效的判决书或裁定书抄件一份"。

三、制作民事再审申请书应注意的问题

（1）申请再审中所列的事实，必须是在案件审理时已经存在的。案件审理以后发生的事实，不能作为申请再审的理由。

（2）对调解结案的案件，当事人申请再审的，应注意符合以下三个条件：第一，调解书已经发生法律效力；第二，调解违反自愿原则；第三，调解协议的内容违反法律规定。只有具有《民事诉讼法》第二百一十二条所规定的情形时，当事人才可申请再审。

四、民事再审申请书的格式与实例

（一）民事再审申请书的格式

民事再审申请书

再审申请人（原审被告）：……
被申请人（原审原告）：……
再审申请人为与被申请人合同纠纷一案，认为××人民法院××××号民事判决书的判决确有错误，根据《民事诉讼法》第_____条的规定，特申请再审，再审申请人的再审请求和再审理由如下：

再审请求

…………

事实和理由

…………

　　此致
×××人民法院

申请人　×××
××××年×月×日

（二）民事再审申请书实例

民事再审申请书

再审申请人（原审被告）：×××，××市××电子技术开发公司，住所地××市××区三好大街乙63号，统一社会信用代码××××××。
法定代表人：郑刚，系该公司总经理。

委托代理人：刘××，××律师事务所律师。

被申请人（原审原告）：中国建设银行××市××支行

再审申请人为与被申请人因购销合同纠纷一案，认为××市中级人民法院〔2023〕××中经终×××号民事判决书的判决确有错误，根据《民事诉讼法》第×××条的规定，特申请再审，再审申请人的再审请求和再审理由如下：

再审请求

（1）请求依法再审，纠正原判决的错误。

（2）撤销〔2023〕××中经终×××号民事判决和〔2019〕××民终×××号民事判决。

（3）判令中国建设银行××市××支行赔偿申请人经济损失63.5万元，并给付至判决生效之日的利息损失。

事实与理由

本案一审、二审判决认定事实不正确，置真实证据于不顾，在无证据的情况下多处凭空捏造，歪曲事实，适用法律不当，判决不公正。具体理由如下：

第一，一、二审判决均认定："××市××电子技术开发公司在与他人进行的购销活动中，抵押转账结算支票是故意违反支票结算管理法规的行为。由违法行为引起的经济损失及后果，理应由自己及接受抵押支票划款的××市伟华公司承担，银行不负责任。在此纠纷中，××市××电子技术开发公司虽然已在中国建设银行××市××支行更换了支票预留印鉴，但未交回已抵押出的盖有原印章的结算支票，以致该支票仍被用以银行结算划款，对此××市××电子技术开发公司的责任不能推卸。"

第二，一、二审判决认定："××市××电子技术开发公司在得知××市伟华公司划走310万元后，未向银行提示，9个月后尚且认可银行结算正确，放弃通过银行结算复核手续追回被划款的机会，其损失后果亦应自负。"对此，申请人认为人民法院应当站在法律角度看待本案的事实，不能因为9个月未向原审被告提示，就否认原审被告错划款的法律责任。尽管我公司认识不到在9个月内就应该直接找银行索赔，但是作为法律裁判机关的人民法院应该认识到这一点：我国的法律并没有规定9个月"未向银行提示"就是放弃向银行追款，其后果就应该由我公司承担。不能因为我方不熟悉法律规定就可以免除原审被告的法律责任，否则，所有的当事人都必须通晓法律，所有的纠纷都可以由当事人自行依法解决，还有什么必要设立人民法院？

第三，一、二审判决认定："××市××电子技术开发公司曾以购销合同纠纷向法院起诉，向××市伟华公司追索货款。××市伟华公司被吊销营业执照以后，法院以扣押之物资抵债，已尽可能满足××市××电子技术开发公司的诉讼请求。在没有出现新的情况下，××市××电子技术开发公司又对中国建设银行××市××支行提起诉讼，要求赔偿尚未收回的63.5万元，理由及法律依据均不充足。"申请人曾经以购销合同纠纷起诉××市伟华公司确系事实，但申请人在一、二审过程中，均要求追加中国建设银行××市××支行为共同被告。一、二审法院均裁定另案起诉中国建设银行××市××支行。同时，从一审法院的立案根据看，本案系经济赔偿纠纷，并非购销合同纠纷。本案的事实不是购销合同的事实，本案的被告也不是××市伟华公司，据此怎么可以认定"依据同一事实对原审被告提起诉讼呢？"申请人认为造成我方经济损失，既有××市伟华公司的责任，也有中国建设银行××市××支行的责任，在不同案件中两个被告是互负连带责任的。因而当

××市伟华公司无力偿还申请人货款时，负有连带责任的中国建设银行××市××支行应对此承担责任。至于法律依据，申请人认为，根据民事诉讼法的规定，当事人只有举证责任，并没有提供法律依据的责任，法律依据应当是法院提供并遵守的。

第四，一、二审判决认定："中国建设银行××市××支行在此纠纷中，因工作疏忽，致使××市××电子技术开发公司银行存款310万元被轻易划走，系严重的工作失误。"这一认定同一、二审判决对其他事实的认定及认定被申请人不承担民事责任是相互矛盾的。一、二审判决实际上肯定了我方310万元被划走系中国建设银行××市××支行的工作疏忽，也就是说，如果没有中国建设银行××市××支行的工作疏忽，我方310万元不会被划走。据此申请人认为，既然申请人存款被划走系中国建设银行××市××支行的失误造成，那么被申请人必须承担责任。如果是单纯的抵押支票造成的经济损失，银行确实没有责任，其经济损失后果应该由抵押人与被抵押人承担。但是本案的经济损失后果并非抵押支票所造成，正如一、二审判决所承认的，我方已经在中国建设银行××市××支行处更换了预留印鉴，因而凡是盖有原印章的支票一概作废。本案正是中国建设银行××市××支行将我方的一张作废支票转账划款引起的。中国建设银行××市××支行没有理由因我方抵押支票或在更换印鉴后未收回盖有原印章的结算支票，就将作废支票结算划款。无论申请人是否抵押支票，无论申请人是否已经收回盖有原印章的支票，中国建设银行××市××支行均不得将作废支票转账划款。但在本案中原审被告这样做了，这说明原审被告对于造成本案的后果应负有主要责任，而不是不负责任。我方工作人员的行为与本案的后果没有因果关系，与银行工作疏忽也没有因果关系。因此对于本案的后果我方没有任何责任。

综上，申请人认为，无论是事实认定还是适用法律方面，一、二审判决均有明显不当之处，判决结果显失公平。为求得本案的公正处理，特依据《中华人民共和国民事诉讼法》第一百九十九条、第二百条的规定，向贵院提起民事再审申请。

此致
××省高级人民法院

附件：（1）本案一审、二审判决书各1份。
　　　（2）有关证据材料7份。

申请人　××市××电子技术开发公司
（公章）
二〇二×年一月十七日

第七节　刑事自诉状

一、刑事自诉状的概念和适用

刑事自诉状是被害人及其法定代理人为追究被告人的刑事责任和附带民事责任，而向人民法院直接提起诉讼时所制作的法律文书。

按照《刑事诉讼法》第二百一十条的规定，刑事自诉状适用范围包括如下几种案件：

(1) 告诉才处理的案件。
(2) 被害人有证据证明的轻微刑事案件。
(3) 被害人有证据证明对被告人侵犯自己人身、财产权利的行为应当依法追究刑事责任，而公安机关或者人民检察院不予追究被告人刑事责任的案件。

《最高人民法院关于适用〈中华人民共和国刑事诉讼法〉的解释（2021）》第三百一十九条规定，自诉状一般应当包括以下内容：自诉人（代为告诉人）、被告人的姓名、性别、年龄、民族、出生地、文化程度、职业、工作单位、住址、联系方式；被告人实施犯罪的时间、地点、手段、情节和危害后果等；具体的诉讼请求；致送的人民法院和具状时间；证据的名称、来源等；证人的姓名、住址、联系方式等。

二、刑事自诉状的内容和制作要求

（一）首部

(1) 标题。标题写明文书名称，即"刑事自诉状"。
(2) 当事人基本情况。写明自诉人、被告人的姓名、性别、出生年月日、民族、出生地、文化程度、职业或工作单位和职务、住址等。如果是被害人的法定代理人提起诉讼的，则写明法定代理人的情况，并注明与自诉人的关系。

（二）正文

(1) 案由和诉讼请求。该部分先写明被害人所控告的罪名，请求人民法院追究被告人的刑事责任，如有附带民事诉讼请求，在写明刑事诉讼请求后一并提出，写清楚请求法院判决被告人赔偿损失的项目及具体数额。如"被告人吴×和李×均犯重婚罪，请求人民法院依法惩处二被告人的犯罪行为"。

(2) 事实与理由。事实是指被告人的犯罪事实，应该实事求是地写清楚被告人侵犯被害人的时间、地点，侵犯行为的手段、过程、危害结果和所涉及的人和事。如果有附带民事诉讼内容的，则应在危害结果部分写清楚被告人的行为给被害人造成的具体的经济损失。理由部分可写明三层内容：第一，简要地分析被告人的行为性质、社会危害性以及应负的责任；第二，引用相关刑法条款，说明被告人已触犯刑法何条款，构成何罪；第三，引用《刑事诉讼法》和《民法典》有关条款，论证被告人应当承担的附带民事责任。

(3) 证据与证据来源，证人姓名和住址。写清楚证据的名称、种类、来源、数额及证人的具体情况。

（三）尾部

(1) 致送机关。写明致送的人民法院名称。
(2) 附项。写明文书的副本份数和其他证据材料情况。
(3) 自诉人署名及文书的写作日期。

三、制作刑事自诉状应注意的问题

(1) 必须属于法定的自诉案件范围。自诉案件只能是《刑事诉讼法》第二百一十条规定的三种案件。其他刑事案件，受害人不得以刑事自诉状直接向人民法院提起诉讼，但可以书写控告书、检举书，向有管辖权的司法机关控告、检举。

(2) 自诉状中叙写的事实，必须是构成犯罪的事实。要区别罪与非罪的界限，不能把被告人道德品质、思想意识、生活作风等非罪事实以及一般违法行为作为犯罪事实来记叙。

（3）附带民事诉讼，应制作"刑事附带民事自诉状"。刑事责任和民事责任与被告人的犯罪行为之间是一因两果的关系，应写明被告人的犯罪行为与受害人经济损失之间的因果关系。要求赔偿的具体数额，应写得有根有据。

四、刑事自诉状的格式与实例
（一）刑事自诉状的格式

刑事自诉状
（刑事自诉案件起诉用）

自诉人：……
被告人：……

案由和诉讼请求

…………

事实与理由

…………

证据及证据来源，证人姓名和住址

…………

此致
×××人民法院

附件：本诉状副本×份。

自诉人　×××
××××年×月×日

（二）刑事自诉状实例

刑事自诉状

自诉人：韩×娇，女，2003年9月18日出生，汉族，××市××小学学生，住××市××研究所宿舍楼××单元××号。

法定代理人：胡×蓉，女，1984年10月2日出生，汉族，大学文化程度，××市××公司职工，住××市××区××路××号。

被告人：梁×艳，女，1985年3月3日出生，汉族，高中文化程度，××市××商场营业员，住××市××研究所宿舍楼××单元××号。

案由和诉讼请求

被告人梁×艳犯虐待罪，请求依法追究其刑事责任。

事实及理由

自诉人与法定代理人系母女关系。2017年10月19日，胡×蓉与自诉人父亲因感情不和判决离婚，自诉人被判由父亲韩×军抚养。2018年9月，韩×军与梁×艳结婚，梁×艳带有一女孩。婚后,梁×艳对自诉人产生憎恨心理,多次对自诉人进行辱骂和殴打。2017年12月5日,因为自诉人与妹妹争夺衣服,被告人梁×艳用木棍殴打自诉人达20分钟,导致自诉人右侧肋骨青紫,被邻居发现后制止。当天被告人还命令自诉人不许吃饭。胡×蓉与被告人交涉理论,被告人梁×艳矢口否认,胡×蓉警告被告人如果再虐待自诉人,就向其单位揭发被告人的恶劣行为,被告人才有所收敛。2020年4月7日下午,被告人因为自诉人没有及时洗衣服,对自诉人大打出手,揪掉自诉人几绺头发,将自诉人嘴角打破,还骂自诉人是"拖油瓶"。

  被告人梁×艳多次殴打虐待自诉人,情节恶劣,对自诉人的身心健康造成极大损害。梁×艳的行为触犯了《中华人民共和国刑法》第二百六十条之规定,已构成虐待罪。根据《中华人民共和国刑事诉讼法》第二百一十条之规定,提起自诉,请依法追究被告人梁×艳虐待罪的刑事责任。

证据及证据来源,证人姓名和住所

(1)梁×艳多次殴打虐待自诉人,有邻居刘××、谷×的证言各1份。
(2)自诉人韩×娇先后在××市××医院、××医院治疗时的诊断证明书3份。

  此致
××市××区人民法院

  附件:(1)本诉状副本1份。
    (2)证据材料4份。

自诉人 韩×娇
202×年4月16日

第八节 刑事附带民事起诉状

一、刑事附带民事起诉状的概念和适用

  刑事附带民事起诉状是指刑事案件的自诉人向人民法院控告被告人犯罪行为的同时,要求对因被告人犯罪行为造成被害人经济损失予以赔偿的书面请求。

  在司法实践中,刑事附带民事诉讼并不是仅限于刑事自诉案件。在公诉案件中,被害人由于被告人的犯罪行为遭受物质损失的,也可以制作刑事附带民事起诉状,由人民法院将刑事公诉案件与附带民事诉讼合并审理。

二、刑事附带民事起诉状的内容和制作要求

刑事附带民事起诉状由首部、正文、尾部三部分组成。

(一)首部

(1)标题。在文书篇首标明"刑事附带民事起诉状"字样。
(2)当事人身份事项。按刑事附带民事诉讼原告人、被告人的先后顺序依次写明其姓名、性别、出生年月日、民族、出生地、工作单位、住址等内容。

（二）正文

（1）诉讼请求。刑事附带民事起诉状的诉讼请求主要写明两项内容：一是提出的要求依法追究被告人刑事责任的请求；二是提出要求依法予以民事赔偿的请求。

诉讼请求是自诉人提起诉讼所希望达到的结果，在表述上应精要明确。如：

1) 被告人×××犯故意伤害罪，请依法追究其刑事责任。

2) 要求被告人赔偿将我致伤的住院医疗费、误工费、护理费、交通费共计××××元。

（2）事实与理由。事实与理由是刑事附带民事起诉状写作的重点，应从犯罪的时间、地点、动机、目的、手段、情节及导致的后果等诸要素方面组织文字，将被告人的犯罪经过及由犯罪行为而造成的民事赔偿侵权行为层次清晰、有条不紊地叙述出来。这一点与刑事自诉状及民事起诉状具有很大的不同。刑事自诉状叙述的是有告诉才处理的或其他不需要进行侦查的轻微刑事案件犯罪事实，民事起诉状叙述的是由侵权行为而蒙受损害的权利义务争议事实，而刑事附带民事起诉状则叙述的是属于自诉案件范畴的犯罪事实及由犯罪行为造成民事赔偿的事实，由此，叙述时必须抓住这一特点，既要写清犯罪经过，又要从犯罪经过中反映出导致的损害赔偿这一民事法律后果。叙述过程中需要举证的，还应列出有关证人、证言、书证、物证等证据，以增强其可靠性。理由部分在用"综上事实，具状人认为："一语提起之后，用简明扼要的文字对犯罪事实进行文字概括，说明其行为已触犯的《刑法》条款，构成何罪，并阐明应予民事赔偿的事实根据及法律依据，最后写明"为此，特提起诉讼，请依法判决"。

（3）证据及证据来源，证人的姓名和住址。

（三）尾部

（1）写明致送文书的单位名称。

（2）原告署名，并注明制作日期。

三、刑事附带民事起诉状的格式与实例

（一）刑事附带民事起诉状的格式

刑事附带民事起诉状

刑事附带民事诉讼原告人：……

法定代理人或委托代理人：……

被告人：……

刑事附带民事被告：……

诉讼请求

…………

事实和理由

…………

  此致

×××人民法院

起诉人　×××
××××年×月×日

(二) 刑事附带民事起诉状实例

刑事附带民事起诉状

刑事附带民事诉讼原告人：刘×民，男，1994年7月19日出生，汉族，××市××建筑工程公司工人，住××省××市××区××北街××号。

委托代理人：梁×波，××市××律师事务所律师。

被告人：刘×兵，男，1970年1月2日出生，汉族，系××省××市××电力公司职工，住××市××区××西路××号。

诉讼请求：(1) 被告人刘×兵犯故意伤害罪，请求依法追究其刑事责任。

(2) 判令被告人刘×兵赔偿自诉人治疗费用人民币3 600元；误工损失6 400元；交通费475元；营养费1 000元，共计11 475元。

(3) 判令被告人刘×兵赔偿自诉人今后继续治疗费用6 000元。

事实和理由：2020年11月11日晚，自诉人按照公司安排在××市××大学施工过程中，不慎将××市××电力公司第七工程处为校方架设的照明线路接头处挂断。自诉人立即报告公司领导，请求派专业电工维修电路，并通知××市××电力公司现场施工负责人。

本来事件已经解决。但在第二天自诉人运土施工时，被告人刘×兵无故将自诉人驾驶的自卸卡车拦住，强令自诉人停工。当自诉人与被告人理论时，被告人蛮不讲理，强行把自诉人驾驶的汽车钥匙拔走。自诉人与单位领导找到被告人领导解决纠纷，但该单位领导对此态度消极。被告人刘×兵有恃无恐，对自诉人大打出手，造成自诉人"右耳鼓膜穿孔，传导性耳聋（中度）"的严重后果。经司法鉴定已经构成轻伤。被告人的行为不仅给自诉人身心造成极大损害，而且导致自诉人至今仍无法正常工作，给自诉人造成很大经济损失。

综上所述，多个单位在同一现场施工，发生矛盾在所难免。本来事件已经得到顺利解决，但被告人刘×兵事后无故寻衅滋事，对自诉人大打出手，严重损害了自诉人的身体健康，其行为已经触犯《中华人民共和国刑法》第二百三十四条之规定，构成故意伤害罪。为维护自诉人的人身权利和财产权利不受侵犯，根据《中华人民共和国民法典》第一千一百七十九条和《中华人民共和国刑事诉讼法》第一百零一条之规定，诉至贵院，请依法判决。

此致
××市××人民法院

起诉人　刘×民
二〇二×年一月十九日

第九节　行政起诉状

一、行政起诉状的概念和适用

行政起诉状是指自然人、法人或者非法人组织认为行政机关或者行政机关工作人员的行政行为侵犯其合法权益，向人民法院提起诉讼时所制作的法律文书。

《行政诉讼法》第二条第一款规定："公民、法人或者其他组织认为行政机关和行政机关工作人员的行政行为侵犯其合法权益，有权依照本法向人民法院提起诉讼。"

二、行政起诉状的内容和制作要求

行政起诉状的结构与民事起诉状相似，由首部、正文和尾部三部分组成。

（一）首部

（1）标题。居中写明"行政起诉状"。

（2）当事人基本情况。原告是自然人的，依次写明姓名、性别、出生年月日、民族、职业、工作单位和住址。原告是法人或非法人组织的，依次写明名称、所在地址、法定代表人或主要负责人的姓名、职务。被告写明行政机关的名称、所在地址、法定代表人姓名、职务。

（二）正文

（1）诉讼请求。诉讼请求应写清楚要求法院解决的问题，或者撤销行政行为，或者变更行政行为，或者要求法院责令行政机关在一定期限内履行职责，或者要求法院责令行政机关赔偿损失。

（2）事实与理由。事实与理由要紧紧围绕诉讼请求进行阐述，论述诉讼请求的正确性。如果是行政机关侵权的案件，应当针对行政处理决定的不当进行叙写和阐述，或者叙写行政决定所依据的事实不真实，与实际不相符合；或者叙写行政处理决定所依据的法律、法规、政策不正确，不适用于解决的问题；或者叙写行政机关作出的决定超越了权限；或者叙写行政机关的决定违反了法定程序；或者叙写行政机关处理决定畸重，是显失公平的等。

（3）证据及证据来源，证人和住址。证据及证据来源写明证据的种类和来源，证人和住址写明证人的姓名和家庭住址。

（三）尾部

（1）致送法院名称。写明受理案件的人民法院名称。

（2）起诉人签名或盖章，并写明起诉日期。

三、制作行政起诉状应注意的问题

（1）行政起诉状必须严格按照《行政诉讼法》第四十九条的规定叙写。不属于人民法院受案范围的行政案件不得起诉。

（2）提起诉讼以及诉状的递交必须按行政案件管辖范围进行。

（3）依法需要先经行政机关复议的，必须先申请复议。对复议决定不服的，方可提起诉讼。

（4）起诉必须是针对行政机关的行政行为进行，对行政立法行为不得提起诉讼。

四、行政起诉状的格式与实例

（一）行政起诉状的格式

行政起诉状

（自然人提起行政诉讼用）

原告：……

被告：……

第三人：……

诉讼请求

……………

事实和理由

……………

此致
×××人民法院

起诉人 ×××
202×年×月×日

（二）行政起诉状实例

行政起诉状

原告：赵×，男，1973年12月26日出生，汉族，××县××电机厂工人，住址××县××镇××街××号。

委托代理人：孙××，××市××律师事务所律师。

被告：××市公安局××区公安分局，地址××市××区××大街××号，法定代表人徐××，职务局长。

诉讼请求：（1）撤销××市公安局××区公安分局×公（治）决〔202×〕57号处罚决定书。（2）请求判令被告赔偿原告经济损失人民币2 000元。

事实和理由：202×年4月28日，原告与同事于×、郭××去张××家串门，饭后张××提出打麻将，于是四人一起玩麻将。由于四个人都喝了酒，加上打麻将过程中原告与张××言语不和，双方争吵起来。争执中张××不由分说打了原告几个耳光，原告忍无可忍，慌乱中用桌边的烟灰缸砸了张××一下。被告单位民警郑××在没有充分调查事实的情况下作出×公（治）决〔202×〕57号处罚决定，对原告行政拘留10天，罚款300元。后经原告了解，被告单位民警郑××是张××的表弟。原告认为郑××身为国家机关工作人员，在办理涉及自己亲属的案件时，不仅不申请回避，而且在处理过程中故意偏袒一方，处罚决定不公正，侵犯了原告的合法权益。

根据《中华人民共和国行政处罚法》的规定，国家行政机关作出处罚决定要经过立案、调查取证、说明理由、当事人陈述与申辩、作出处罚决定、送达等程序。被告单位民警郑××在没有进行充分调查取证、没有听取原告申辩的情况下，作出行政处罚决定是违反法律规定的。且郑××身为涉案人张××的表弟，理应回避此案，但郑××并未回避，使原告更有理由怀疑其作出行政行为的程序合法性。为此特诉至贵院，恳请人民法院依法判决，撤销××市公安局××区公安分局×公（治）决〔202×〕57号处罚决定书，以维护法律尊严及原告合法权益，并规范公安机关的行政行为。

此致
××市××区人民法院

起诉人 赵×
二〇二×年七月十九日

附件：（1）本诉状副本 2 份。
（2）证人证言 2 份。
（3）××市公安局××区公安分局×公（治）决〔202×〕57 号处罚决定书 1 份。
（4）原告收入证明 1 份。

第十节　行政上诉状

一、行政上诉状的概念和适用

行政上诉状是行政诉讼的当事人不服人民法院的第一审行政判决或裁定，在法定期限内，向上一级人民法院提出上诉，请求撤销或者变更第一审行政判决、裁定的法律文书。

《行政诉讼法》第八十五条规定，当事人不服人民法院第一审判决的，有权在判决书送达之日起十五日内向上一级人民法院提起上诉。当事人不服人民法院第一审裁定的，有权在裁定书送达之日起十日内向上一级人民法院提起上诉。逾期不提起上诉的，人民法院的第一审判决或者裁定发生法律效力。

行政上诉状是行政诉讼案件当事人声明上诉的法律文书，也是二审人民法院依法审理上诉案件的依据。

二、行政上诉状的内容和制作要求

（一）首部
（1）文书名称。居中写明"行政上诉状"。
（2）上诉人和被上诉人的姓名（名称）及基本情况。具体写法参照民事上诉状。

（二）正文
1. 上诉请求
写明上诉人请求第二审人民法院依法撤销或变更原审裁判，以及如何解决争议的具体要求。内容应明确、具体。

2. 上诉理由
（1）概括叙述案情及原审人民法院的处理经过和结果，为论证上诉理由做好铺垫。
（2）针对原审裁判中的错误和问题进行分析论证，阐明上诉的理由，为实现上诉请求提供事实和法律依据。阐述事实可以从以下三方面考虑：一是由于认定事实的错误造成的，应当列举证据，推翻原审裁判认定的部分或全部事实；二是由于适用法律、法规不当造成的，援引有关法律、法规条款批驳原审裁判的错误和不当之处；三是由于违反法定程序造成的裁判错误，应当具体引述法律法规，阐述其程序错误及由此造成的裁判结果错误。

（三）尾部
尾部包括致送的人民法院名称、上诉人的姓名或名称、时间以及附项。写法均参照民事上诉状。

三、制作行政上诉状应当注意的问题

（1）全面掌握情况，抓住案件关键。上诉主要是为了变更、撤销原审裁判。所以，在制作上诉状之前,必须抓住案情本质特征,双方当事人之间争议的焦点和法律、法规的精神,一审判决、裁定的错误所在,从而达到上诉的目的。

(2) 要实事求是,就事论事,无论是反驳原审裁判,还是驳斥被上诉人的错误主张,都应当就事论事,恰如其分地进行分析论证。切忌主观臆断、捕风捉影,搞人身攻击。

(3) 上诉人必须是一审中的当事人。除原告、被告、第三人外,其他人无权提起上诉。在提交上诉状的同时,必须按照被上诉人的人数提交上诉状副本。

四、行政上诉状的格式与实例

(一) 行政上诉状的格式

行政上诉状
(行政案件自然人当事人提出上诉用)

上诉人(原审原告):……

被上诉人(原审被告):……

上诉人因_____一案,不服人民法院____年__月__日〔20××〕××____号行政判决(或裁定),现提出上诉。

上诉请求

…………

事实与理由

…………

此致
×××人民法院

附件:(1) 本上诉状副本×份。
　　　(2) 证据材料×份。

上诉人　×××
××××年×月×日

(二) 行政上诉状实例

行政上诉状

上诉人:李××,男,1965年××月××日出生,汉族,××市第×××中学教师,住×××市×××区教师公寓×××号。

被上诉人:××市公安交通管理局高速交警支队,法定代表人×××,系该支队支队长。

上诉人因请求确认××省××市公安交通管理局高速公路支队不履行法定职责行为违法一案,不服××市中级人民法院(202×)××行初50号行政判决,现提出上诉。

上诉请求

(1) 撤销××市中级人民法院（202×)××行初50号行政判决，依法改判。
(2) 确认被上诉人行政不作为。
(3) 判令被上诉人赔偿上诉人经济损失50万元。

上诉理由

202×年11月9日，上诉人之子李×志乘坐王德全驾驶的辽A××××号出租车在京沈高速公路上行20公里处发生交通事故，造成李×志当场死亡。202×年12月1日，××市公安交通管理局高速交警支队调查后作出《交通事故责任认定书》，确认王×全负事故全部责任。202×年12月3日，王×全到高速交警支队领取事故责任认定书时逃跑，后交警支队又多次通知王×全到交警支队领取事故责任认定书，王×全均推脱，××市公安交通管理局未对王×全采取任何强制措施。同年12月5日，××市公安交通管理局将案件移送××市××县公安局时，发现犯罪嫌疑人王×全潜逃。202×年12月20日，李××向××市中级人民法院提起行政诉讼，请求确认××市公安交通管理局高速交警支队不履行法定职责。202×年2月3日，××市中级人民法院作出一审判决，驳回原告的诉讼请求。

上诉人认为，××市中级人民法院一审判决适用法律错误，判决结果不公正，具体理由如下：

一、一审法院判决适用法律错误

一审判决认为，"被告只有对肇事司机王×全作出事故责任认定的义务，将该案向事故发生地的公安机关移送，由案发地的公安机关立案后，根据具体情况采取相应强制措施。在交通事故确定案件性质的责任书未作出之前，被告无权对没有证据证明涉嫌犯罪的行为人采取强制措施。"判决这样认定，没有法律依据。对涉嫌交通肇事的犯罪嫌疑人及时采取强制措施是被上诉人的法定义务。被上诉人是否具有对犯罪嫌疑人采取强制措施的义务，是公安机关的性质和法律法规规定所决定的。打击犯罪，使犯罪嫌疑人受到法律惩罚，是公安机关的法定职责和义务，交警支队是公安机关的职能部门之一，不能以内部分工不同的理由免除应负的法律责任和义务。公安部《道路交通事故处理程序规定》明确规定，公安机关交通管理部门在调查交通事故过程中，发现当事人有交通肇事犯罪嫌疑的，应当按照《公安机关办理刑事案件程序规定》立案侦查。公安部《道路交通事故处理工作规范》第42条规定，公安机关交通管理部门在调查道路交通事故过程中，认为当事人涉嫌交通肇事犯罪的，应当及时将道路交通事故处理程序转为办理刑事案件程序，按照《公安机关办理刑事案件程序规定》立案侦查。交通肇事犯罪嫌疑人逃逸的，公安机关交通管理部门应当在刑事案件立案之日起1个月内将逃逸嫌疑人信息录入全国在逃人员信息系统，抓获犯罪嫌疑人后，予以撤销。必要时，可以发布协查通报或者通缉令。公安机关交通管理部门发现当事人有其他违法犯罪嫌疑的，应当及时移送公安机关有关部门。上述条款规定了被上诉人在处理交通事故中的法定义务，明确了采取强制措施的义务主体是公安机关交通管理部门。明确了将交通事故处理程序转为刑事案件程序，并对犯罪嫌疑人采取强制措施的时间，是在调查事故过程中发现当事人涉嫌交通肇事犯罪时，而不是在处理结束将事故责任认定书送达犯罪嫌疑人之后。该判决无视法律、法规关于公安机关交通管理部门的法定义务而认定其无义务，毫无疑问是错误的。

二、一审判决以被上诉人没有证据证明可对犯罪嫌疑人采取强制措施为由，开脱被上诉人的法律责任，没有事实依据一审判决认定："在交通事故案件责任认定书尚未作出之前，被告××市公安交通管理局高速公路交警支队无权对没有证据证明涉嫌犯罪的行为人采取强制措施。"事实是，事故发生时间是202×年11月9日，交通管理部门作出事故责任认定书的时间为202×年12月1日，犯罪嫌疑人是在202×年12月3日到交警支队领取事故责任书时逃跑的。也就是说，肇事人是在被上诉人确认其有涉嫌犯罪的证据2~3天后逃跑的，在肇事人逃跑之前这几天时间里，被上诉人既没有对犯罪嫌疑人采取强制措施，也没有按其所说将案件及时转交有关部门。作为公安机关，应当预见犯罪嫌疑人犯罪后极有可能逃跑，但其并没有履行法定职责，导致犯罪嫌疑人逃跑的结果发生。而且被上诉人发现犯罪嫌疑人逃跑后，并没有采取抓捕措施，而是"再次通知其来领取事故责任书"。在犯罪嫌疑人逃跑后，在知道其下落并能通知到其本人的情况下，未采取任何措施。被上诉人无视上述事实，以所谓没有证据，没有作出事故责任认定书前无权采取强制措施、应移送公安机关为由，推脱责任。其理由显然是经不起推敲的。

综上所述，上诉人认为一审判决认定事实、适用法律均有错误，导致判决结果不公正、不合法。恳请二审法院撤销一审判决，依法改判。

此致
××省高级人民法院

附件：（1）本上诉状副本两份。
　　　（2）××市公安交通管理局高速公路交警支队交通事故责任认定书一份。

上诉人　李××
二〇二×年二月十日

第十一节　行政答辩状

一、行政答辩状的概念和适用

行政答辩状是指行政诉讼的被告或被上诉人根据行政起诉状或行政上诉状的内容，针对原告提出的诉讼请求或上诉人提出的上诉请求作出答复，并依据事实与理由进行辩驳的法律文书。

《行政诉讼法》第六十七条规定："人民法院应当在立案之日起五日内，将起诉状副本发送被告。被告应当在收到起诉状副本之日起十五日内向人民法院提交作出行政行为的证据和所依据的规范性文件，并提出答辩状。人民法院应当在收到答辩状之日起五日内，将答辩状副本发送原告。被告不提出答辩状的，不影响人民法院审理。"

行政答辩状是作为行政案件被告或被上诉人的一种应诉意思表示，它的制作和提交，有利于准确传达应诉人的观点，也有利于人民法院了解案件情况，正确审理案件。

二、行政答辩状的内容和制作要求

行政答辩状由首部、正文和尾部三部分组成。

(一) 首部

(1) 标题。居中写明"行政答辩状"。

(2) 当事人的基本情况。根据法律规定，行政诉讼的被告只能是作出行政行为的行政机关或者法律、法规授权的组织以及改变原行政行为的复议机关。因此，行政答辩人只能是行政机关。答辩人的基本情况，应写明答辩人单位名称、住所地以及法定代表人或主要负责人的姓名、职务。

(3) 案由。

(二) 正文

正文即答辩理由，一般从以下几方面叙述：

(1) 针对案情说明行政机关或行政机关工作人员作出行政行为的事实和法律根据，通过列举证据阐述事实经过，批驳原告的不实之词。

(2) 针对适用法律进行答辩。根据《行政诉讼法》第三十四条的规定，被告对作出的行政行为负有举证责任。故答辩人除应提供作出该行政行为的证据外，还应举出所依据的规范性文件，说明被告作出的行政行为是正确、合法的。

(3) 针对法定程序进行答辩。

(4) 答辩主张。写明答辩人对案件最终处理的意见，如要求人民法院维持原行政行为等。

(三) 尾部

(1) 致送的人民法院名称。

(2) 写明答辩人的全称，加盖公章，注明年月日。

三、行政答辩状的格式与实例

(一) 行政答辩状的格式

行政答辩状

(被诉行政机关提出答辩用)

答辩人：……

法定代表人：姓名　　　　职务　　　　　　电话

答辩人为与原告_____行政行为一案，就原告的起诉，提出答辩意见如下：

…………

　　此致
×××人民法院

答辩人　×××
××××年×月×日

(二) 行政答辩状实例

行政答辩状

答辩人：××市公安局

所在地址：××市××大街84号

法定代表人：姓名　陈××　　职务　局长　　电话　××××××××

答辩人为与原告<u>××××××</u>行政行为一案，就原告的起诉，提出答辩意见如下：

1. 刘××等人具有违法事实

××学院学生刘××等7人自2016年入学后，经常聚集在一起躲在学生宿舍或无人上课的教室内赌博。当晚上学生宿舍熄灯后，他们就在楼道里或者学院内路灯下继续赌博，直至第二天凌晨。赌资也由最初的几元、十几元发展到数十元、上百元。据刘××在我局交代，最多的一次赌资达数千元，甚至将学习用品、衣物等押上。

对于刘××等人的赌博行为，其所在学院多次批评教育，但刘××等人不思悔改，直至发展到2019年4月26日晚刘××等5人闯入其班主任胡××老师的单身宿舍，对曾经批评、教育他们的胡××老师进行恐吓和威胁。刘××等人的行为违反了《中华人民共和国治安管理处罚法》第七十条、第四十二条第一项之规定，已构成违法行为。刘××等人在起诉状中称他们的行为"没有构成违法"，与法律规定和事实不符。

2. 对刘××等人予以行政拘留处罚，是公安机关的正当职权，符合法律规定

依法对违反《中华人民共和国治安管理处罚法》的违法者予以行政处罚，是法律赋予公安机关的权力，属于公安机关正当的职权范围。刘××等人的行为构成违法，并且在经该学院有关领导批评教育仍不能奏效的情况下，公安机关依据《中华人民共和国治安管理处罚法》的有关规定，对刘××等人分别给予行政拘留7～15天、罚款200～1 000元的处罚，既是正当行使国家法律赋予的权力，也是有法可依的。在对刘××等人的处罚过程中，公安机关并无半点滥用职权的表现。

3. 刘××等人被学院开除，与公安机关无关

刘××等人因违法行为被公安机关予以行政拘留。在此期间，刘××等人所在学院根据刘××等人行为的情节、性质和他们的一贯表现，作出开除学籍的处理。这是学院自身的职权，也是由学院自主决定的，公安机关并未发表意见。行政处罚与行政处分本是两个不同性质的问题，分别由两个不同的单位行使职权，却被刘××等人混淆，并在起诉状中指责"正是由于公安机关的错误处罚导致了学院作出错误的处理决定"。对于这种无理指责，公安机关是不能同意的。

综上所述，公安机关对刘××等人予以行政处罚具有事实和法律依据，并非滥用职权。请人民法院查清事实，驳回刘××等人无理的诉讼请求。

此致

××市人民法院

附件：(1) 本答辩状副本7份。

　　　(2) 刘××等违法证据材料11份。

　　　(3) 刘××等人交代材料9份。

答辩人　××市公安局

（公章）

二〇二×年五月二十五日

第十二节 辩护词

一、辩护词的概念和适用

辩护词是辩护人为维护被告人的合法权益,根据事实和法律,在法庭辩论阶段提出证明被告人无罪、罪轻或者从轻、减轻、免除其刑事责任的材料和意见。

辩护是我国刑事诉讼的一项重要制度。《刑事诉讼法》第三十三条规定:"犯罪嫌疑人、被告人除自己行使辩护权以外,还可委托一至二人作为辩护人。"第三十七条规定:"辩护人的责任是根据事实和法律,提出犯罪嫌疑人、被告人无罪、罪轻或者减轻、免除其刑事责任的材料和意见,维护犯罪嫌疑人、被告人的诉讼权利和其他合法权益。"该规定明确了辩护词制作的基本原则。

按照诉讼程序划分,辩护词可分为一审辩护词、二审辩护词和再审辩护词。

二、辩护词的内容和制作要求

(一) 首部

(1) 标题。标题居中写明"辩护词"或"关于被告人××(姓名)××(罪名)一案的辩护词"。

(2) 称谓。称谓也称呼告,是辩护人对审判人员的称谓,一般称"审判长""审判员(人民陪审员)";适用简易程序的称"审判员"。

(二) 正文

1. 前言

前言部分写明如下几项内容:

(1) 引用法律条文,说明自己接受指派参加诉讼和出庭的合法性。

(2) 叙述辩护人接受指派后履行职责的情况,即开庭前的准备情况,如会见被告人、查阅卷宗、调查取证等。

(3) 阐述对法庭调查及本案性质的基本看法。有的辩护词的前言不提对本案的基本看法,而只写"对本案发表如下几点辩护意见,供法庭参考"。总之,要从实际出发确定前言的内容,灵活多样,不要墨守成规。

2. 辩护理由

辩护理由主要针对起诉书或刑事自诉状的内容,一般可以考虑从以下几个方面进行辩护:

(1) 针对指控的事实进行辩护。

(2) 针对证据进行辩护。

(3) 针对适用刑法不当进行辩护。

(4) 针对被告人具有从轻、减轻或者免除处罚的情节进行辩护。

(5) 针对刑事附带民事诉讼的请求是否合理合法进行辩护。

(6) 针对鉴定结论进行辩护。

3. 结论

结论写明如下内容:

(1) 辩护人对自己的发言进行归纳总结,提出结论性意见,让法庭成员明了辩护词的基本观点。

（2）对被告人如何定罪量刑，适用《刑法》哪个条款，向法庭提出看法、要求和建议。

结论要言简意赅，观点明确，给人以明晰的印象，并且要与辩护理由相一致，是辩护理由的必然结论，这样才能容易为人们所接受。结论要对自己的发言进行归纳总结，重申辩护主旨。

（三）尾部

辩护人署名，并注明日期。

三、制作辩护词应注意的问题

（1）辩护词不应提出对被告人从重、加重的处理意见，不应写成对被告人进行检举揭发的材料。

（2）要站在忠于事实、协助法庭查清事实的立场上，以事实为根据，以法律为准绳，为被告人进行辩护，不能歪曲事实真相。

（3）提出的辩护理由要具体确切，紧扣辩护的中心思想，切忌在枝节问题上纠缠不休。

四、辩护词的格式与实例

（一）辩护词的格式

关于被告人×××（姓名）×××（罪名）一案的辩护词

审判长、审判员：

根据《中华人民共和国刑事诉讼法》第三十三条和《中华人民共和国律师法》第二十八条的规定，×××律师事务所接受被告人×××家属的委托，并取得被告人的同意，指派我担任被告人×××（姓名）×××（罪名）一案的辩护人，出庭为被告人辩护（或参与本案的诉讼活动）。

开庭前，我查阅了×××人民检察院移送×××人民法院有关本案的证据材料，多次会见了被告人×××，向他进行了详细的询问，了解本案的有关情况，并作了必要的调查，今天又认真听取了法庭调查。作为被告人的辩护人，就本案的×××，提出以下几点辩护意见，请法庭考虑：

…………（提出辩护观点，并运用事实、证据和法律理论，论证辩护观点的正确性）

…………（归纳辩护论点，就有关定罪和量刑向法庭提出建议）

辩护人　×××
×××律师事务所律师
二〇××年×月×日

（二）辩护词实例

刘××涉嫌故意杀人罪辩护词

审判长、审判员：

××律师事务所接受被告人刘××亲属的委托，指派我担任其一审阶段的辩护律师。

本案经过法庭调查、证据出示和质证，辩护人认为被告人的行为已经构成犯罪，应该受到法律的惩罚，但对本案的犯罪定性和被告人应予以从轻处罚等方面，提出如下辩护意见，请合议庭予以重视。

一、本案对被告人刘××以故意杀人罪定性有失准确，以故意伤害罪定性更符合犯罪行为的主客观要件

本案被告人是否构成故意杀人罪，应从《刑法》规定的犯罪的主客观要件进行分析。

（一）从被告人的主观意识来分析

从被告人当庭供述及在公安机关供述的情况来看，被告人刘××在主观上无杀害其父的故意。其真实想法只是想吓唬其父，让他能控制情绪，能采取理智的方式解决家庭问题，尤其在致伤被害人后，被告人表现出的更是一种后悔，害怕被人发现，渴望得到被害人原谅的心理。虽然在整个过程中，刘××对父亲进行了多次击打，但被告人只是希望能让被害人安静下来，不要喊，不要乱跑，使被告人能对现场的血迹进行清理后，再带其到医院进行治疗，在最后被告人用衬衣袖子勒被害人的脖子时，当被告人看到"被害人的脚尖向外绷直了"，发现情况不好就及时松了手，也说明他并不是想要置其父于死地。可见被告人自始至终并没有要杀人的想法，虽然最后出现了其父死亡的结果，是由于被告人过于年轻，面对突发的事件没有处理经验，又存在一定的畏罪心理，没有采取及时、合理的救治措施造成的。从上述情况分析，被告人在主观上并没有杀人的故意。

（二）从被告人实施伤害其父的客观行为来看

被告人与被害人交谈无果，拿出随身携带的铁锤想要吓唬被害人，而被害人对其进行了辱骂，在此情况下，被告人用铁锤打了被害人三下，等看到被害人流血后，被告人非常后悔，一直请求被害人的原谅，并要求擦完血带其去医院。之后很长的时间里，一直是被告人求被害人安静、别喊，在没有效果后，被告人才又用被害人办公室里放的菜刀朝被害人头部砍了几刀，最后被害人仍然在喊，被告人又用被害人衬衣袖子将其脖子勒住，在发现被害人的脚尖向外绷直了的时候，被告人发觉不好松了手。整个过程中，被告人虽然对被害人伤害的部位较多，但没有一处是对被害人致命的伤害。公诉人出示的被害人《法医学尸体检验鉴定书》的鉴定结论显示：被害人是失血性休克死亡，这说明被害人不是遭受重击而死，也不是因为窒息死亡，也印证了被告人不是想要致死被害人的事实。

（三）从案件发生持续的时间来看

本案犯罪过程的持续时间非常长，从凌晨一点一直到早上八九点钟，被告人如有杀人的故意，只需要几分钟的时间就能完成，不会需要整个晚上的时间。

综合上述情况来看，虽然本案最后出现了被害人死亡的结果，但被告人整个过程实施的是一种故意伤害的行为，故以故意伤害罪定性更符合犯罪的主客观构成要件，也更为准确。

二、被告人既是致死其父亲的加害者，又是其家庭矛盾长期积累愈演愈烈、不能得到有效解决的受害者。从本案事发的原因来看，被害人对于本案的发生有明显过错

被告人的犯罪行为的发生，看似偶然，却是必然。我们可以把被告人犯罪的原因，尤其是被告人所处的特殊的家庭背景情况来做个分析，会发现正是这些案外因素才助推了本案的发生。正确分析这些犯罪之因，可以帮助我们正确处理此案，以实现罪刑相适应，以实现能正确地对被告人定罪量刑，也使我们的刑罚能真正起到以教育为主、以惩罚为辅的作用。

(一) 长期不良的家庭环境，是本案发生的潜在原因

从法庭调查的情况可知，被告人生长的家庭环境不好，父母经常吵架打骂。被告人刘××和两名兄弟从小便生活在一个充满争吵和家庭暴力的环境中，在这样的环境中生长，使他们从小就承受了其年龄不应该有的压力，也正是这些压力，使他们养成了忍辱负重的性格。作为一个子女，他们无力去改变父母的关系，他们能做的也许就是通过自己的努力，通过自己的优秀表现来换取家庭的和睦和幸福。正是因为这样，被告人等兄弟付出了比常人更多的努力，先后考取了大学。但是他们的表现并没有改变整个家庭的状况，尤其是被告人父亲的家庭暴力行为，给被告人造成严重的心理阴影，这样的家庭环境也使得被告人的精神始终处于高压之下，在被告人的压力到了无法承受之时，就会爆发，就会释放。

(二) 被告人的父母离婚后，家庭关系不但没有缓和，反而愈加紧张，而被告人的母亲又因家庭纠纷被抓，被告人多次求其父亲，但无法解决，严重影响了被告人对亲情的需求，是本案发生的直接诱因

2014年被告人的父母离婚，这个家庭的矛盾本应到此终止了。然而令人没有想到的是，父母离婚并不是家庭矛盾的结束，父母之间又因离婚的财产问题而陷入了新的矛盾和纠纷中。如果说以前还仅仅是被告人父母二人之间的感情问题，那么现在变成了包括三个孩子在内的经济纠纷。2015年因被告人母亲与被告人爷爷发生纠纷，双方均被打伤，被告人的母亲因此被抓。被告人兄弟曾经多次向作为父亲的被害人请求，要求被害人能对他们的母亲网开一面，而被害人却以被告人的母亲被关押作为条件，要求被告人同意让他母亲出具欠钱的证明，即使被告人兄弟对被害人下跪仍无济于事。面对此情此景，被告人的身心无疑会受到巨大伤害。

(三) 被害人暴躁、多疑的性格及疑似精神障碍的表现和对兄弟三人无休止的骚扰，是造成本案发生的重要因素

从法庭调查及辩护人出示的证据来看，被害人存在家庭暴力行为，其性格暴躁、多疑。从其写给家人的信件及医院治疗的病历情况来看，被害人也存在精神方面的障碍，被害人的所作所言已经超出了一个正常人的范围，尤其是被害人经常因家庭纠纷不停地对三个孩子进行骚扰，曾经屡次找到他们的学校、宿舍，不但严重影响了被告人的正常生活和学习，也严重伤害了他们的自尊心。在长达数年的时间里，被告人刘××和两名兄弟曾与被害人进行过无数次的谈话，也达成了多次的约定，但是最后都没有结果。这样无休止的骚扰，无疑给被告人造成巨大的精神压力，使得被告人不能专心于学业，不得不每周回家去处理在他的年龄无法面对和承受的事情，日积月累，却无以解脱。

(四) 案发当天晚上久谈无果，被害人对被告人及其母亲的辱骂，是导致本案发生的导火索

案发前一天，被告人与被害人从下午四点就开始了谈话，被告人也多次哭着请求被害人放过被告人的妈妈，但一直没有结果。双方吃过晚饭后，又谈到了凌晨一点，还是和往常一样没有任何结果。在双方谈到激动之处，被害人大骂被告人和其他家人（控方证据卷P12）。在此情况下，被告人积累多年的怨气突然爆发，实施了打击被害人的行为，最终导致了本案的发生。

从上面的分析可见，本案的发生是内外因结合、家庭矛盾和被告人的感情压抑不断积累的结果。被告人的犯罪不是他一个人的错误，也不是他一个人的犯罪，而是他整个大家

庭的错误，是整个饱受诟病的家庭为此而付出的代价。看似偶然，实则必然。在整个过程中，作为被害人的刘××的父亲，不是一个合格的父亲和丈夫，没有能给他的亲人一个和睦完整的家，在案发时也没有能理智地控制自己的言行，对于本案的发生负有一定责任。

三、被告人的行为主观恶性较轻，社会危害性较小

被告人的犯罪行为，是被告人长期受到家庭不良环境的压抑，是在被害人无休止的骚扰严重影响了其正常的生活、学习，是在被告人的亲情渴求无法满足的情况下被动而为的行为。被告人的行为是以解决家庭矛盾和纠纷为目的的，其针对的是家庭成员中的父亲。其行为与那些主观恶性较强、单纯以杀人为目的的暴力故意犯罪行为是截然不同的，其社会危害性也明显较低。请求合议庭对此事实予以重视。

四、被告人刘××的行为应认定为自首，对其应予以减轻处罚

根据被告人刘××当庭陈述的情况及律师向当时的在场人成×、许×调查的证言可证实，事发后，被告人刘××一直在案发现场，没有逃跑，而且还配合警察开展调查工作，在警察询问被告人被害人去向时，被告人就承认"是我干的""我认罪"。辩护人认为，案发后公安机关接到报警后出警，当时对于本案来说，案情不明，尚不能确定谁是犯罪嫌疑人，公安机关也没有对被告人进行讯问或采取强制措施，在此情况下，被告人主动承认了自己的犯罪行为。

根据最高人民法院《关于处理自首和立功具体应用法律若干问题的解释》的相关规定，自动投案，是指犯罪事实或者犯罪嫌疑人未被司法机关发觉，或者虽被发觉，但犯罪嫌疑人尚未受到讯问、未被采取强制措施时，主动、直接向公安机关、人民检察院或者人民法院投案。罪行尚未被司法机关发觉，仅因形迹可疑，被有关组织或者司法机关盘问、教育后，主动交代自己的罪行的，应当视为自动投案，并认定自首。被告人刘××的行为应属于自动投案。被告人在案发后，在公安机关和今天的庭审中都如实供述了自己的犯罪行为，对于被告人的行为应认定为自首。

五、被告人平时表现优秀，认罪态度好

被告人系初犯，案发后能诚心悔罪；被告人的兄弟及爷爷奶奶（即被害人之父母）对被告人的行为予以了谅解，也不要求进行民事赔偿。故对被告人应予以从轻或减轻处罚。

被告人刘××在案发后认罪态度较好，在律师会见时多次表达了他悔罪的心情。在今天的庭审中，被告人悔罪态度真诚，且被告人系初犯，其在生活中和学校里一直表现优秀，受到了老师、同学和邻居的一致好评。被告人的许多同学、教师及邻居自发组织书写了联名信，希望法院能对其从轻判决，给他一次重新开始的机会。

辩护律师认为，被告人平时表现优异，犯罪后悔罪态度较好，其犯罪的社会危害性较低，且被告人在家庭环境压力很大的情况下，通过自身的努力考取了重点大学，实属不易，其身尚年轻，其心尚可救，希望法院依法能减轻对被告人的处罚，在法律规定的幅度内给予其最低的量刑。因为我们知道：法律不仅仅是要惩罚一个犯罪的人，更是要拯救一个曾经迷失方向的人。

以上辩护意见，请合议庭予以重视并采纳。

辩护人　李××
××律师事务所律师
二〇二×年十一月二十四日

第十三节 代理词

一、代理词的概念和适用

代理词是案件当事人的诉讼代理人为维护被代理人的合法权益所制作的法律文书。代理词一般在法庭辩论阶段发表。

按诉讼程序划分,代理词可分为一审代理词、二审代理词和再审代理词;按案件性质划分,代理词可分为民事诉讼代理词、附带民事诉讼代理词、刑事自诉案件代理词和刑事被害人代理词。

二、代理词的内容和制作要求

(一) 首部

(1) 标题。标题直接写明"代理词",或"×××一案代理词"。

(2) 称谓。对审判人员的称谓,代理词与辩护词相同,即"审判长""审判员(或者人民陪审员)";适用简易程序的称"审判员"。

(二) 正文

1. 前言

前言写明如下几项内容:

(1) 引用有关法律条文,说明代理人参加诉讼出庭的合法性。

(2) 叙述代理人为履行职责开展的工作。

(3) 提出代理的基本观点。

2. 代理意见

代理人在代理权限内,根据事实和法律,明确地阐明自己的观点,客观公正地维护被代理人的合法权益。

原告方的代理词应着重论证原告诉讼请求的合理性和合法性,同时对被告答辩发表代理意见;被告方的代理词则要首先对程序中存在的问题发表意见,然后论证原告诉讼请求的不合理或不合法性,并提出自己的意见;二审上诉方或者被上诉方的代理词则应论证原裁判中的错误,从而说明被代理人诉讼请求的正确性。

3. 结论

结论总结归纳代理意见,提出代理观点或主张,提请法庭采纳。

(三) 尾部

代理人署名并注明日期。

三、制作代理词应注意的问题

(1) 所述事实必须有确凿的证据加以证明。诉讼代理人不应被当事人的意愿或无理要求所左右,谈事论理应遵循客观公正的原则。

(2) 明确权限,措辞得体。代理词应根据被代理人的授权范围制作,特别是对涉及实体问题的处理,不能越俎代庖。一定要讲究分寸,以免被动。

(3) 充分准备,及时补充。诉讼代理词一般都是在人民法院开庭审理之前就已准备好的书面材料。在庭审调查过程中,可能出现新的情况,发现新的问题,应注意随时作出修改补充,以便使代理人的发言更切合实际,更具有针对性。

四、代理词的格式与实例

(一)代理词的格式

代 理 词

审判长、审判员:

我依法接受原告××与被告××××纠纷一案中原(被)告的委托,担任原(被)告的诉讼代理人,出席法庭参与诉讼活动。(简要说明对本案的看法),现就本案发表如下代理意见:

……(依据案件事实和法律,详细深入地阐述具体的代理意见)

综上,本代理人认为,……(概括和总结代理意见,就案件的处理向法庭提出自己的建议)

××律师事务所律师 ××
二〇二×年×月×日

(二)代理词实例

实例一

代 理 词

审判长、审判员:

根据我国《民事诉讼法》《律师法》的相关规定,我受辽宁××律师事务所指派,作为本案原告蒋××的代理人,依法参加本案诉讼活动。接受委托后,我查阅了卷宗材料,认真细致地分析了相关证据,特别是通过刚才的法庭调查、质证,使我对本案事实有了全面的了解。现根据案件事实及法律规定对本案发表以下代理意见。

一、关于本案合同性质

原、被告双方签订的合同名为联营,实为租赁。

(1)从该份合同约定的主要权利、义务看,原告义务为提供场地,被告义务为给付费用。双方履行内容为租赁合同的典型内容。

(2)原告既不参与投资,也不参与经营,只是收取固定数额费用,并且与同地区房屋租赁费用相当。

(3)从合同内容也可以看出,双方在签订该合同时,是以租赁为合同目的和内容的意思表示。例如,该合同第二条第二款约定:"乙方使用的场地,不得以任何形式转租,一经发现,没收非法取得,甲方有权立即终止合同,并没收乙方所有设备及交付剩余租金。"第四条第三款约定:"合同期满,在甲方续租的前提下,乙方必须有有限续租权。"

二、关于被告欠原告租金问题

自合同签订后,被告共支付原告两次租金,一次61万元,一次60万元,比双方约定的每年65万元共少付9万元。在庭审中,被告对这一事实也予以认可。被告提出欠的9万元租金为电增容费,应在租金中折抵,但被告未能提供实际花费的数据,并经原告方认可。且合同约定,为增容所产生的费用不超过8万元,由甲方承担,超出部分由乙方承担。被告在不能提供相关花费证据的情况下不应私自拖欠租金,应按合同约定支付所欠租金。

三、关于撤销、变更合同第一条第六款和第二条第八款

以上两条存在重大误解、显失公平，所附条件为原告无法保证范围，应予以撤销。政府动迁、征收、征用，应属于不可抗力范围，原告无法保证，为无效保证范围。且一旦发生政府动迁征收征用，政府会依被告实际损失予以赔偿，被告不应再依此合同约定获得双份利益。双方签订合同时，动迁还未实际发生，被告在开业时原告才发现装修都达不到100万元。双方合同为租赁性质，故该动迁风险应由被告承担、由政府赔偿，转嫁到原告身上也与所得租金根本不成比例，显失公平。

综上所述，请求合议庭依法考虑代理人的代理意见，对原告的诉讼请求予以支持。

原告代理人　王×

二○二○年二月二十八日

实例二

刑事附带民事诉讼代理词

审判长、审判员：

江西××××律师事务所接受刑事附带民事上诉人王××的委托，指派我为其代理人，参加第二审诉讼。接受代理后，我仔细地询问了案情，研究了原审案卷材料，对本案有了一个比较全面、客观的认识。我认为，一审法院认定事实清楚，量刑恰当，二审法院应予维持；但对民事部分判决欠妥，应予改判。下面就这个观点，依法发表以下代理意见，诚望法庭采信。

一、强烈要求二审法院维持一审判决第一项，对被告黄××处以死刑，剥夺政治权利终身

1. 本案是以黄××为首的五被告人，假借讨要医疗费为名，携带凶器，行故意伤害之实，是典型的报复伤害

根据各被告人在公安机关的供述，之所以众被告人会来到受害人家，是因为被告人黄××告诉他们自己曾被受害人打了，为了挽回面子，纠集一起去"治治"受害人，并且为打击受害人，专门准备了凶器扳手。由此可见，黄××等人根本不是去要所谓的医疗费，而是经过商量专门去受害人家报复伤害受害人的。

2. 以黄××为首的五被告人，以欺骗手段骗开受害人家门，然后强行闯入，并进入受害人卧室对其拖拉施暴，故意挑起事端，激怒受害人，达到他们伤害受害人的目的

根据被告人黄××、支×、饶××在公安机关的供述，在到达受害人家门口时，是被告人邱××敲门，并喊："要买牛吧？"从而骗开受害人的家门（这点也可说明当时被告人并不是真正去要医疗费的），而在骗开受害人家门后，被告人就一起冲入受害人的卧室，向受害人挑衅，受害人当时还在床上。在双方言语相向后，被告人即对受害人施暴，甚至把受害人床上的横杠都弄断了，并且众多被告人一起动手殴打受害人。被告人明知受害人脾气暴躁，却故意激怒受害人。据黄××2019年10月8日在××公安局供述，众被告人"就围住章××打，我就看到支×用扳手（活动扳手，长约一尺）在章××头上打了一下，邱××也动手打他，支×也动了手，具体谁用凳子砸，我没看清，同时（我）也用拳、脚打章××。"这是被告人黄××在公安局的第一次供述，可信度应是最高的。受害人在自

己家中遭受众被告人的言语刺激和殴打，最后被打伤致死。难道为首的、亲手杀死受害人的被告人黄××罪不该杀吗？否则人们的生命安全如何得以保障？

3. 被告人黄××在受害人已处于绝对劣势的情况下，仍持刀凶残地连杀两刀，终致受害人死亡，其情节十分恶劣，应判处死刑，立即执行

据被告人黄××2019年10月8日在××公安局第一次交代时称："当时，我也伸手去凳子上拿另外一把刀，但没拿到。见邱××、支×捉住了章××拿刀的手，我就抢下他的刀，对着他的左腿捅了几刀。"另据该被告人2019年10月27日在××区看守二所的交代："我们听他说要去拿刀，支×就拿了一把扳手，邱××、支×拿了什么东西我不清楚。当时，我们也跟住章××，我也想拿刀跟他对打，但我没来得及拿刀，章××就拿了一把牛角尖刀，支×动作很快，就用扳手在他头上砸了一下，扳手掉在地上，邱××等三人抓住章××的手，抢他的刀，当时我没注意饶××在干什么，我很紧张，章××就是针对我打，怕被他杀到了，我也拼命抢刀，最后，我抢下刀，在章××大腿上捅了一刀。"从上面黄××的供述可以知道，当时受害人已经被被告人支×用扳手狠狠砸了一下（扳手都砸得握不住，掉地上了，其力度之大，可想而知），头部已受重伤，又被众被告人捉住，特别是刀还被黄××夺下，在这种情况下受害人应该说是毫无反抗之力了。可被告人黄××就是在自己已占绝对优势的情况下，仍凶残地持刀对着受害人的要害部位连杀两刀，终致受害人死亡的结果。

因此，被告人黄××纠集多人，以欺骗方式强闯受害人卧室并施暴，最后将其杀死，情节极其恶劣，社会影响极坏，依法应判处其死刑，剥夺政治权利终身。

二、变更一审判决第四项，对受害人民事赔偿部分，不应按农村居民的标准计算

受害人章××虽然是农村户口，但长年做生意，其可支配的纯收入、生活消费远远超过农村水平，因此不能按农村标准计算其死亡赔偿金，而应按城市居民可支配收入计算其赔偿金额。具体为丧葬费5 260.5元；死亡赔偿金（20年×2019年度城镇居民人均可支配收入31 195元）为623 900元；抚养费（按抚养人的户口确定标准）合计为112 971.43元；上述三项相加为742 131.93元。

三、一审对其他被告人的量刑，代理人认为是适当的，请求二审法院予以维持

审判长、审判员，被告人黄××伙同他人，事先经过商量，携带凶器骗开受害人家门，进而行凶，用刀将受害人章××残忍地杀死于自己家中，其情节十分恶劣，社会危害性极大。公民的生命权是最重要的权利，是不容任何人非法剥夺的，受害人在自己家中被被告人黄××纠集多人公然杀死，是对人的生命权、对国家法律的极度蔑视，一审判处被告人黄××死刑，剥夺政治权利终身是准确的、合乎法律规定的，对其他被告人的量刑也是适当的，只是在民事赔偿标准上有所欠缺。因此，代理人希望二审法院维持一审刑事部分的判决，改判民事赔偿部分。

以上代理意见，供合议庭合议时参考。

谢谢！

江西××××律师事务所　陶××律师
二〇二〇年七月十八日

第十四节 支付令申请书

一、支付令申请书的概念和适用

支付令申请书是指债权人以要求债务人给付金钱、有价证券为内容,请求有管辖权的基层人民法院向债务人发出督促其履行支付义务的法律文书。

当事人制作支付令申请书必须符合下列条件:

(1) 有权提起督促程序的,只能是债权人。依照法律规定,债权人有权向人民法院提起诉讼,请求人民法院通过普通程序进行审理和作出裁决,以保护自己的合法权利。此外,债权人还有权向人民法院申请发布支付令,通过督促程序促使债务人履行义务。

(2) 案件必须是给付之诉,即要求债务人履行一定的给付义务。确认之诉和变更之诉不适用督促程序。督促程序只适用于债权人要求债务人给付金钱、有价证券的案件,可以适用督促程序的给付之诉的案件包括借款、有效买卖欠款、赊销、代销欠款等。

(3) 债权人与债务人没有其他债务纠纷的,督促程序中的申请人必须是债权债务关系中的债权人,并且债务人不负有履行其他债务的义务。

(4) 请求给付的金钱或者有价证券已到期且数额确定,并已载明请求所依据的事实和根据。

(5) 支付令能够送达债务人的。这里所说的送达是指直接送达,支付令的送达不能适用公告送达的方式。在两种情况下,应视为支付令不能送达:一是债务人下落不明,需要采用公告方式才能送达的;二是债务人不在我国领域内居住的,不符合督促程序迅速简便地处理纠纷的立法原意,故视为不能送达。

(6) 债权人申请支付令,必须向有管辖权的人民法院提出申请。

(7) 债权人申请支付令,必须向人民法院提交书面申请,并附有债权文书。

人民法院发出的支付令,不需经过审判程序,在审查债权人提出的申请之后,直接进入履行或执行程序,其效力与判决书相同。

如果经审查,认为债权人的申请不能成立,则以裁定的方式予以驳回。

二、支付令申请书的内容和制作要求

(一) 首部

(1) 标题。居中写明文书名称"支付令申请书"。

(2) 申请人和被申请人的基本情况。写明申请人和被申请人的姓名、性别、出生年月日、民族、职业或单位职务、现住址。

有法定代理人、指定代理人或委托代理人的,应列项写明。

申请人或被申请人是法人的,应写明法人的名称、地址及法定代表人的姓名、职务。

(二) 正文

1. 请求事项

请求事项写明请求人民法院下达支付令,要求债务人具体支付的债款是多少,或者有价证券上标明的款额、物品数量是多少。这一项关键问题是要求法院下达支付令。

2. 事实和理由

事实和理由应分为两部分来写:

(1) 事实和证据。写明债权债务法律关系发生的时间、地点、原因、经过、结果,证

明债权债务关系确凿的证据。事实部分必须写得符合法定条件。履行过程中无异议及债务人履行义务不当的情况,也应写清楚、明确。除了说明申请支付的标的,即"金钱和有价证券"符合法定条件外,必须说清楚与对方当事人没有其他债务纠纷。叙述事实时可从以下几个方面来进行:第一,债权债务产生的原因,有什么证据证明。第二,债权债务发生的经过,然后写明债务人为什么不履行债务,债务人是否出具了证明欠债的文书,其内容是什么。第三,债权人的讨债经过。在这一层次中,应写明债权人在向债务人讨债过程中,是否有过允许延期支付的许诺。如果没有,则应将债务人拖延履行义务的情况写明。

债权人对自己提出的主张有责任提供证据,有债权文书和合同的,应提交证据的原件;提交原件确有困难的,可以提交复制件、照片、副本、节录本;有证人的,则应提供证人的姓名、住址。

(2)理由。理由部分主要从以下几方面论述:第一,双方当事人在债权债务关系中,主体资格方面无问题;第二,所签合同内容合法,没有隐瞒、欺诈、胁迫等行为;第三,债务人未对合同标的提出异议;第四,双方当事人之间无其他债务纠纷;第五,援引有关法律、法规,说明债务人欠债行为违法;第六,引用《民事诉讼法》的规定,说明人民法院应当下达支付令。

在论述理由的时候应简明扼要,不要重复已经写过的基本事实和证据,应统观全局,围绕着申请的目的来论述理由。

(三)尾部

(1)写明致送的人民法院名称。

(2)申请人签名或盖章,并注明制作本文书的时间。

(3)附项部分。法律无规定必须递交副本,因此支付令申请书的附项部分应写明:第一,债权文书复印件;第二,物证(名称、件数);第三,书证(名称、件数);第四,证人(姓名、住址)。

三、支付令申请书的格式与实例

(一)支付令申请书的格式

支付令申请书

申请人:……
被申请人:……

请求事项

……

事实与理由

……

此致
×××人民法院

申请人 ×××
××××年×月×日

附件:……

(二) 支付令申请书实例

支付令申请书

申请人：×××造纸厂

地址：××省××市××经济技术开发区××路59甲

法定代表人：曹×明，系该厂厂长

被申请人：××市建工印刷厂

地址：××省××市××新区南山路16号

法定代表人：范×海，系该厂厂长

请求事项

请求人民法院发出支付令，督促被申请人支付欠款人民币35万元，支付违约金3.5万元。

事实与理由

2019年5月9日，申请人与××市建工印刷厂签订一份购销合同（见附件合同原件）。合同约定：××市建工印刷厂购买申请人42克有光纸10 000令，每令单价35元，共计价款350 000元（叁拾伍万元整）。建工印刷厂自行到×××造纸厂验货装车，造纸厂负责运送，货到建工印刷厂住所地即时付款。货到建工印刷厂后，建工印刷厂法人代表范×海说，厂里暂时经济上有困难，要求宽限1个月付款，并亲自打了欠条，加盖了公章（见欠条）。1个月后，我厂派业务员去建工印刷厂催讨货款，建工印刷厂借口有些单位欠他们的款，而对我厂的催讨不予理睬。以后每隔一个月我厂都派人或电话催讨，建工印刷厂至今仍拒不付款。

综上所述，我厂与建工印刷厂都是经过正式登记注册的企业，所签合同均为有效合同。债权债务关系明确，无其他债务纠纷。债务履行期限为货到即时付款，后变更为延期一个月付款，经我方多次催讨，建工印刷厂一拖再拖，至今已近两年之久，应负违约责任。根据《中华人民共和国民法典》第五百零九条第一款及《中华人民共和国民事诉讼法》第二百二十五条之规定，特申请人民法院向债务人发出支付令。

此致

××市××区人民法院

附件：书证2件。

申请人　×××造纸厂
（公章）
二〇二×年三月二十五日

第十五节　强制执行申请书

一、强制执行申请书的概念和适用

强制执行申请书，是法律文书中确认享有权利的一方当事人，在应当履行义务的对方当事人拒绝履行义务时，向有管辖权的人民法院提出的申请采取强制执行措施的法律文书。

《民事诉讼法》第二百四十七条规定，一方当事人对已经发生法律效力的民事判决、裁定拒绝履行的，对方当事人可以向人民法院申请执行，也可以由审判员移送执行员执行。调解书和其他应当由人民法院执行的法律文书，当事人必须履行。一方拒绝履行的，对方当事人可以向人民法院申请执行。

强制执行申请书是生效法律文书中确认享有权利的当事人，向人民法院提出强制执行申请的工具，可以保障权利人的合法权益。

二、强制执行申请书的内容和写法

（一）首部

（1）标题。居中写明"强制执行申请书"。

（2）当事人的基本情况。写明申请人和被申请人的基本情况。写法与一般法律文书相同，包括当事人的姓名、性别、出生年月日、民族、出生地、职业或单位职务、住址等。

（二）正文

（1）申请事项。写明申请执行的生效法律文书的制作单位、文书标题、制作日期和文书编号，并向人民法院提出强制执行的申请。

（2）事实及理由。事实部分应该概括叙述双方当事人发生争议后，由人民法院或仲裁委员会或公证机构，以何种法律文书确认申请人享有的权利和被申请人应尽的义务。理由部分从事实上、法律上阐明被申请人拒不履行其法定义务是错误的，说理要有理有据、合理合法。

（3）请求事项。具体、明确地提出申请执行的事项。

（三）尾部

（1）致送的人民法院名称。

（2）申请人签名盖章，并注明申请日期。

（3）附项。写明生效法律文书的名称和份数，被申请人执行的财产所在地。

三、制作强制执行申请书应注意的问题

（1）申请强制执行所依据的生效法律文书的内容要阐述清楚。

（2）被申请人应履行义务的具体事项应阐明。

（3）被申请人拒不履行或拖延履行义务的情况，应阐述清楚、详细，以支持申请人提出的强制执行申请。

四、强制执行申请书的格式与实例

（一）强制执行申请书的格式

申请执行书

申请执行人：……

被执行人：……

执行标的：……

申请执行的理由和事项：申请执行人与被执行人因_____一案，××人民法院（或仲裁委员会）已作出〔　　〕____号民事判决（或裁决、调解），××人民法

院××号民事判决书已于_____年____月____日发生法定效力，被执行人未履行该判决确定的给付义务，根据《××××××法》第××条的规定，特向贵院申请执行。

被执行人可供执行的财产：……

此致
×××人民法院

申请执行人　×××
××××年×月×日

（二）强制执行申请书实例

申请执行书

申请执行人：王××，男，汉族，××××年×月×日出生，住××省××市×××××，身份证号码××××××。联系电话：×××××××。

被执行人：周××，男，汉族，××××年×月×日出生，住××省××市××××××，身份证号码××××××。联系电话：×××××××。

被执行人：向××，女，汉族，××××年×月×日出生，住××省××市××××××，身份证号码××××××。联系电话：×××××××。

执行标的：(1) 借款本金××××元；(2) 自××××年×月×日起至上述借款还清之日止按年利率15％计算的一般债务利息；(3) 上述借款本金从202×年6月15日起直至被执行人履行完毕之日止按日万分之一点七五计算的加倍部分债务利息。

申请执行的理由和事项：申请执行人与二被执行人因民间借贷纠纷一案，××县人民法院已作出××××号民事判决书、××市中级人民法院已作出××××号民事判决书。××市中级人民法院××××号民事判决书已于202×年5月15日发生法律效力，二被执行人未履行该判决确定的给付义务，根据《民事诉讼法》第二百四十七条第一款的规定，特向贵院申请执行。

被执行人可供执行的财产：银行存款、位于×××的房产等。

此致
××市××区人民法院

申请人　张××
二〇二×年九月十二日

附件：（202×）××民终×××号生效判决书一份。

第十六节　管辖异议申请书

一、管辖异议申请书的概念和适用

管辖异议申请书，也称管辖权异议书，是指当事人在人民法院受理案件后，对案件管辖权提出异议时依法制作的文书。

《民事诉讼法》第一百三十条规定："人民法院受理案件后，当事人对管辖权有异议的，应当在提交答辩状期间提出。人民法院对当事人提出的异议，应当审查。异议成立的，裁定将案件移送有管辖权的人民法院；异议不成立的，裁定驳回。"

管辖权异议是当事人所享有的一项重要的诉讼权利，当事人正确行使该项权利，有利于帮助人民法院正确确定对案件的管辖权。

管辖权异议应当具备以下几个条件：

（1）管辖权异议的主体。有权提出管辖权异议的，只能是本案的当事人，一般是被告和有独立请求权的第三人向受理该案的人民法院提出。

（2）管辖权异议提出的时间必须是在法院受理案件之后，并且是在提交答辩状期间提出，否则异议无效。当事人在此期间提出异议后又要求撤回的，法院应予允许。

（3）提出管辖权异议应当采取书面形式。管辖异议申请书既可以随答辩状一并提出，也可单独书写。

提出管辖异议申请是当事人的一项诉讼权利，其目的是便于人民法院公正审理，有利于克服地方保护主义，维护当事人的合法权利。

二、管辖异议申请书的内容和制作要求

（一）首部

（1）标题。即"管辖异议申请书"。

（2）当事人基本情况。本文书的当事人，法律没有作出严格的界定。应当说，原告、被告、有独立请求权的第三人以及他们的诉讼代理人都有异议权或者委托授权的异议权。

当事人是自然人的，写明其姓名、性别、年龄、民族、职业或工作单位和职务、经常居住地；当事人是法人的，写明法人名称和住所地，并另起一行写明法定代表人及其姓名和职务。

有法定代理人或指定代理人的，应分项写明其姓名、性别、职业或工作单位和职务、住所，并在姓名后用括号注明其与当事人的关系。有委托代理人的，应分项写明姓名、性别、职业或工作单位和职务、住所，如果委托人系律师，只写明其姓名、工作单位和职务。

（二）正文

（1）案由。系被告及第三人提出异议的，应写明何时何法院受理了何案件（即案由），通知异议人提出答辩。异议人在提出答辩的同时，提出对此案管辖权的异议。

（2）理由。这是管辖异议申请书的制作重点，分析说明现受理案件的人民法院对本案无权管辖，而应当移送管辖的理由。

应从下面几个方面分析管辖权：首先应确定该人民法院在级别管辖方面是否正确。其次应确定受理案件的人民法院在地域管辖上是否有管辖权。基层人民法院管辖的案件，除特别情况外，都属地域管辖。当事人在地域管辖方面提出异议时，应掌握以下几种情况：第一，在地域管辖中，专属管辖优先适用，当事人不得提出异议，也不得通过协议的方法加以改变。第二，协议管辖具有较大的优先权。第三，《民事诉讼法》规定了特殊地域管辖在适用上优先于一般地域管辖。第四，《民事诉讼法》第二十三条规定了四种例外情况，由原告住所地或经常居住地人民法院管辖。第五，一般地域管辖中实行"原告就被告"的

原则，在没有例外情况的规定时，普遍适用被告住所地人民法院管辖。

（三）尾部
（1）申请人签名盖章。
（2）注明制作文书的时间。

三、制作管辖异议申请书应注意的问题

（1）对案件事实的阐述要简明扼要，应着重阐述与确定管辖有关的事实，而无须陈述整个案件事实。

（2）管辖异议申请书是人民法院审查案件管辖，并裁定是否移送管辖或驳回当事人诉讼请求的重要依据，因而对管辖提出异议的理由一定要充分、确定，并且有法律依据。

四、管辖异议申请书的格式与实例

（一）管辖异议申请书的格式

管辖异议申请书

申请人：……

被申请人：……

申请事项

…………

事实和理由

…………

此致

×××人民法院

申请人 ×××
××××年×月×日

（二）管辖异议申请书实例

管辖异议申请书

申请人：刘×东，男，1974年2月12日出生，汉族，××市华天建筑有限责任公司总经理，现住××市××区朗园小区10号楼二单元202室。

被申请人：吕××，……

申请事项：请贵院将被申请人吕××诉申请人欠款纠纷一案移送××市××区人民法院管辖。

事实和理由：吕××以借款纠纷为由，向贵院起诉，贵院于202×年3月25日向申请人送达了起诉状副本。但是，该案应属合同纠纷，《中华人民共和国民事诉讼法》第二十四条规定："因合同纠纷提起的诉讼，由被告住所地或者合同履行地人民法院管辖。"本案中，据原告吕××所述：借款系××市华天建筑有限责任公司因履行建筑工程合同中发生，被告游××为借款业务的委托代理人，承担还款义务的主体应为××市华天建筑有限

责任公司、刘文东、游××和薛××。根据吕××所述，本案的法律关系发生在××市，合同履行地也在××市××区，四名承担义务的主体住所地均在××市，因此，本案应按《中华人民共和国民事诉讼法》第二十四条之规定，以原告就被告原则确定管辖。根据原告吕××所提交的证据，该民事关系发生在××市××区，且被告均在××市，由××市所属人民法院审理，便于当事人诉讼，也便于人民法院查明事实，提高审判效率，减少当事人的讼累。

另根据《中华人民共和国民事诉讼法》第一百二十二条第四项的规定，起诉必须符合的条件包括"属于人民法院受理民事诉讼的范围和受诉人民法院管辖"。《最高人民法院关于民事诉讼证据的若干规定》第一条规定："原告向人民法院起诉或者被告提出反诉，应当提供符合起诉条件的相应的证据。"因此，对于确定管辖权的案件事实，举证责任在原告，但现本案原告并未提供任何可以证明贵院对本案有管辖权的证据材料。

综上，本案应移送被告所在地即××市人民法院审理，特向你院提出管辖异议，请贵院依法作出公正裁定。

此致
××市××区人民法院

申请人　刘×东
二〇二×年四月十一日

第十七节　遗嘱

一、遗嘱的概念和适用

遗嘱是自然人生前处分自己的财产或其他事务，并于死亡时发生法律效力的法律行为。遗嘱可分为口头遗嘱和书面遗嘱，但通常以书面形式予以表述。

《民法典》第一千一百三十三条第一款规定："自然人可以依照本法规定立遗嘱处分个人财产，并可以指定遗嘱执行人。"

订立遗嘱有利于避免被继承人死后在财产继承等问题上产生纠纷与诉讼，有利于家庭成员团结和睦，有利于保持社会稳定。

二、遗嘱的内容和写法

(一) 首部

(1) 标题。居中写明"遗嘱"。

(2) 立遗嘱人基本情况。写明立遗嘱人的姓名、性别、出生年月日、民族、籍贯、住址等。

(二) 正文

(1) 立遗嘱的原因。

(2) 立遗嘱人所有财产的名称、数额及特征。

(3) 立遗嘱人对身后财产的具体处理意见。该内容是遗嘱的核心内容，应分别写明每个遗嘱继承人的基本情况、与立遗嘱人的关系以及各继承人继承遗产的名称、数额、处所等。立遗嘱人的遗产较多的，还应当附上详细的遗产分配清单。

（三）尾部

（1）所立遗嘱的份数。
（2）立遗嘱人署名或盖章。
（3）见证人署名或盖章。
（4）代书人署名或盖章。
（5）制作遗嘱的年月日。

三、制作遗嘱应注意的问题

（1）立遗嘱人应当具备民事行为能力。
（2）立遗嘱人仅能处分其个人财产。
（3）遗嘱形式必须合法，还应当为缺乏劳动能力又无生活来源的继承人留有必要的份额。

四、遗嘱的格式与实例

（一）遗嘱的格式

遗　嘱

立遗嘱人：……

为了××××，特请××和××作为见证人，并委托××律师事务所××律师代书遗嘱如下：

一、立遗嘱人所有的财产名称、数额、价值及特征

…………

二、立遗嘱人对所有财产的处理意见

…………

三、其他

…………

本遗嘱一式×份，由××、××、××保存。

立遗嘱地点：

立遗嘱时间：

立遗嘱人：

见证人：

代书人：××律师事务所××律师

××××年×月×日

（二）遗嘱实例

遗　嘱

立遗嘱人：王×歌，男，72岁，满族，沈阳市人，现住沈阳市××区××北大街×

×-××号。

为了解决子女继承遗产问题,避免纠纷,处理好自己的遗产,特邀请××市××管理局老干部处处长白×峰、侄子王×众为见证人,并委托××律师事务所曲×律师代书遗嘱如下:

一、立遗嘱人名下所有财产的名称、数额、价值及特征

1. 立遗嘱人王×歌银行存款为人民币39万元整,股票面值7.8万元,股票账户余额123 000元。

2. 坐落于沈阳市于洪区世纪龙源小区××号311室住房一套,面积137.75平方米,私家花园30平方米,为私有产权房屋,现自住。坐落于沈阳市铁西区建设大路××号××住房(建筑面积75平方米),为原住房回迁补偿房,现出租,月租金1500元。

3. 三星54英寸液晶电视机一台,山水家庭影院一套,其他红木家具、家电等财产共计约人民币25万元。

二、立遗嘱人对所有财产的处理意见

1. 长子王新×,男,47岁,沈阳市××局行政处干部。遗产中存款29万元、股票及股票账户余额共计49.1万元;坐落于沈阳市于洪区世纪龙源小区××号311室住房一套,面积137.75平方米,私家花园30平方米,由长子王新×继承。

2. 长女王重×,女,43岁,沈阳市机床一厂销售中心工人。遗产中坐落于沈阳市铁西区建设大路××号××住房(建筑面积75平方米),由长女王重×继承。

3. 长孙王建×,23岁,现为××大学生活服务中心职员,是立遗嘱人唯一嫡孙,和爷爷相处融洽。遗产中存款10万元、三星54英寸液晶电视机一台、山水家庭影院一套、其他红木家具、家电等财产由长孙王建×继承。

4. 我死后,丧事从简,不必搞告别仪式。遗体火化后运回祖籍河南南阳,葬入祖坟。

本遗嘱一式5份,由本人保留一份,××律师事务所曲×律师保存4份。待本人百年后交予各继承人为凭。

立遗嘱地点:沈阳市于洪区世纪龙源小区××号311室

立遗嘱时间:202×年4月5日

立遗嘱人:王×歌(签名、盖章)

见证人:白×峰　王×众

代书人:沈阳市××律师事务所曲×律师

二〇二×年四月五日

【思考与练习】

一、根据所给案例制作一份民事起诉状。

于×龙(男,住沈阳市铁西区×××路×××号,1967年10月25日生,汉族)是沈阳市×××出租汽车公司出租车司机。2019年10月18日,于×龙开车沿黄河大街自北向南行驶,行至黄河大街与岐山路交叉口时,无意中将雨后路边积水溅到外道骑电动车的赵×辉(沈阳市××机床厂工人,1984年2月1日生,住沈阳市于洪区×××小区×××号,汉族,男)身上,于×龙没注意,继续开车前行。赵×辉大怒,骑车追上于×龙,拦

在于×龙前面并示意停车。于×龙满头雾水下车想问问什么事，赵×辉二话不说，迎面一拳把于×龙打了个跟头。赵×辉还不解恨，又朝于×龙身上狠狠踢了几脚，幸好被过路行人拉开，于×龙才未受到更大伤害。于×龙受伤当天到沈阳市第四人民医院治疗，诊断为鼻骨骨折，胸腹部多发性软组织挫伤，住院治疗10天，出院后按医嘱全休1个月。经中国医科大学伤害法医鉴定中心鉴定，于×龙鼻骨骨折构成轻微伤。

于×龙共花去医疗费5 000元，鉴定费200元，此外，因养伤误工40天，经济损失4 000元。案发后，赵×辉因殴打他人被公安机关处以行政拘留7天、罚款200元的处罚。经公安机关就损害赔偿问题主持调解，于×龙与赵×辉未就赔偿问题达成一致意见。所以于×龙在2020年3月23日向沈阳市皇姑区人民法院起诉，要求赵×辉赔偿损失。

二、请根据刑事附带民事诉讼的法律规定和基本理论，从对执业律师法律文书规范化的角度，分析本刑事附带民事起诉状存在哪些问题，并简要说明理由。

案情：田×和苗×是前后院邻居，田×家盖的房子挡住了苗×家的采光，苗×多次交涉，田×不听，反将苗×打成重伤，田×被逮捕。在刑事诉讼过程中，苗×为提起附带民事诉讼，委托本市××律师事务所律师胡×为其诉讼代理人。胡律师接受委托后，为苗×写了如下诉状：

刑事附带民事起诉状

原告：苗×，男，34岁，汉族，××公司职员，家住本市四方区花家胡同20号。
诉讼代理人：胡×，本市××律师事务所律师。
被告：田×，男，36岁，汉族，××公司职员，家住本市四方区花家胡同21号。

请求事项

(1) 请求法院依法判处被告赔偿全部医疗费、误工损失费和伤残补助费。
(2) 请求法院判处被告拆除影响原告家采光的非法建筑。
(3) 请求法院判处被告赔偿原告精神损害费4万元。

事实与理由

被告田×和原告苗×系前后院邻居。今年3月，被告在房屋改建过程中，不顾邻里关系，新建的房屋后檐离原告家的前窗只有半米，严重影响了原告家房屋的采光。原告多次同被告交涉，被告均置之不理。今年4月1日，原告再次找被告交涉时，被告态度更为恶劣，不但不听原告交涉，反而拿起铁锹铲原告，原告躲闪不及，右脚跟肌腱被铲断，虽经住院治疗30余天，仍然留下残疾，行走不便，经鉴定为三级伤残。以上事实，有证人××的证言，××医院的诊断证明书，××司法鉴定所的鉴定报告为证。

被告的上述行为，严重侵害了原告的合法权益，给原告的身心健康造成了极大的伤害，现向贵院提起刑事附带民事诉讼，请求法院依法判处。

具状人　胡×
202×年5月4日

三、简述答辩状与反诉状的区别与联系。

四、根据所给案例制作一份申请书。

××钢铁股份（集团）公司因生产区要抽取大量地下水，造成邻近地区土层断裂，给

××村的生产和建筑用地、房屋等带来很大影响。2019年8月1日，××村以××钢铁股份（集团）公司抽取大量地下水，造成邻近地区土层断裂，影响本村的生产生活为由，向××市××区人民法院提起损害赔偿诉讼，要求××钢铁股份（集团）公司赔偿××村经济损失1 000万元。××市××区人民法院受理了此案。

此案在××市管辖范围内影响很大，有类似情况的××镇××村、××乡××村、××村等高度关注，跃跃欲试，准备在原告胜诉后起诉××钢铁股份（集团）公司。因为取用地下水导致土层断裂的问题论证困难，鉴定技术十分复杂，××钢铁股份（集团）公司考虑到本案的巨大数额、可能引起连锁反应的巨大影响力、判决结果可能给企业带来的严重影响，认为本案应该由××市中级人民法院一审。

五、根据下列案例制作一份辩护词（要求结构完整，辩护理由为提纲式）。

毛××是××县××乡××村村委会主任。该村有一处属于村集体的瓦窑，产品畅销，收入可观。村中有一李姓家族，倚仗人多势众，在村里无人敢惹。李家兄弟看中了这处瓦窑，不由分说据为己有，既不向村里交承包金，也不办理承包手续，群众意见很大。毛××多次上门做工作，要求李家退回瓦窑，通过正常竞标承包，或者向村里缴纳承包金，均遭到拒绝，甚至被李家兄弟辱骂和殴打。

毛××气愤之下，找到一枚雷管和两管炸药，在202×年10月10日午夜时分，来到位于村外旷野中的瓦窑，趁周围无人之机，把炸药安放在窑顶，点燃导火索后离开。炸药爆炸后，将窑顶炸开一个直径约1米的洞，窑内部分缸坯和罐坯被炸坏，经济损失将近2 000元。

案发后，毛××被公安机关抓获。检察机关以被告人毛××犯爆炸罪向人民法院提起公诉。

六、根据下列案情拟写一份行政起诉状。

东海县向阳乡砖瓦窑场是乡办集体企业。2019年，村民戴××与乡政府签订承包经营合同，合同规定：乡政府为甲方，将砖瓦窑发包给乙方，提供厂房场地、制砖机械；戴××为乙方，负责经营管理，承担企业应缴纳的税金，向甲方上缴承包金额6 000元；承包期1年，自当年1月至12月底止。戴××承包后，又以发包方的身份与金××签订制砖技术承包合同，承包期为1年，合同规定：金××为乙方，给甲方生产成品砖200万块，每块售价按0.05元计算，由甲方每块提取0.015元（含上缴税金、购置架子车和覆盖物费），乙方分取0.035元（含购置柴油费、工人工资、工具修理费用）。合同生效后，金××即进行生产。合同履行了8个月，金××生产成品砖68万块，折合人民币3.4万元，其中金××领取3 200元，其余由戴××收存。2019年11月，向阳乡税务所通知金××缴纳制砖产品税，金××当即申明按合同规定由戴××承担。税务所坚持让金××纳税，否则以砖折抵，并宣布冻结其生产的砖，不得出售。金××到县税务局上访，县税务局于2020年8月7日作出处罚决定：

(1) 金××是机砖生产者，应依法缴纳产品税3 500元。

(2) 金××没有按规定办理税务登记，罚款500元。

金××不服处罚决定，向××地区税务局申请复议，复议决定维持原处罚决定。金××向东海县人民法院提起行政诉讼。

原告：金××，1920年10月25日出生，汉族，××省东海县向阳乡农民。

被告：东海县税务局。

法定代表人：常××，税务局局长。

第十章 司法笔录

【学习目标】

熟练掌握几种常用笔录的制作方法和使用要求。

第一节 司法笔录概述

司法是维护社会公平正义的最后一道防线、定纷止争的最后一道防线、维护法治统一的最后一道防线。党的二十大报告明确指出："深化司法体制综合配套改革，全面准确落实司法责任制，加快建设公正高效权威的社会主义司法制度，努力让人民群众在每一个司法案件中感受到公平正义。"在诉讼活动和非诉讼活动中，笔录作为实录性文书，起着提供证据线索和固定、保存证据的作用。由于证据制度的日趋完善，在诉讼活动及公证和仲裁等非诉讼活动中需要制作笔录的情形越来越多，笔录制作的好坏，往往直接关系到各种主体参与的涉法事务的处理结果以及执法、司法工作的合法性和正当性。

一、笔录的概念

笔录是公安机关、司法机关、公证机关、仲裁机关、行政机关、律师以及司法行政机关依照法定程序，以文字形式如实记录诉讼活动或非诉讼活动的实录体法律文书。

笔录的制作主体较为广泛，公安机关、人民检察院、人民法院、公证机关、仲裁机关、行政机关、律师和司法行政机关均可制作。对于诉讼案件而言，笔录是案卷材料的重要组成部分，是法定诉讼证据之一。在各种非诉讼活动中，笔录也同样起着证明的作用。从外在表现形式来说，笔录是用规范的文字记录（包括电脑打印）相关事项于规范的笔录纸上，而不能采用图形、符号等方式进行记载。作为不同的证据种类，它们所起的作用各不相同，可以互相印证补充，但不能相互替代。

二、笔录的特征

（一）客观性

这是笔录最基本的特征。笔录的内容应当是对诉讼活动和非诉讼活动中记录客体的原始文字记载，是对其真实而客观的反映。笔录的制作者必须如实记录自己的所见所闻，既不能夸大，也不能缩小，更不得凭主观想象肆意编造，也不得事后加工整理。否则，笔录的作用无从发挥，笔录也就失去了存在的价值。

（二）合法性

作为一种法律文书，笔录必须符合法律的要求。笔录的合法性包括制作主体的合法、制作程序的合法和制作形式的合法。具体而言，笔录必须由法定的主体依照法定的程序，按照法律规定的形式来制作。只有这样，笔录所具有的法律效力和意义才能得以体现。

（三）及时性

这是从制作时间上对笔录的限定。笔录必须在记录客体呈现的当场制作，只有这样才能保证记录内容的准确，才能有效防止因记忆或者其他因素对笔录的客观性所产生的不利影响。不及时制作笔录会使其证明力和证据能力受到质疑。

三、笔录的分类

笔录适用的范围十分广泛，记录对象多种多样；笔录的种类繁多，可以根据不同的标准进行不同的分类。

（一）按记录对象的法律性质划分

按记录对象的法律性质，笔录可分为诉讼笔录和非诉讼笔录两大类。

（二）按制作主体划分

按制作主体，笔录可分为公安机关的立案侦查类笔录、人民检察院的审查起诉类笔录、人民法院的审判类笔录、公证机关的公证类笔录、仲裁机关的仲裁类笔录、司法行政机关的司法行政类笔录、行政机关的行政类笔录、律师的诉讼和非诉讼活动笔录等。

（三）按记录的客体划分

按记录的客体，笔录可分为记录问话经过的对话体笔录（如讯问笔录、询问笔录、庭审笔录、合议庭评议笔录、宣判笔录、调解笔录），记录行为经过的叙事体笔录（如现场勘查笔录、侦查实验笔录、执行笔录、搜查笔录），案卷摘记体笔录（如阅卷笔录）等。

四、笔录的制作要求

（一）如实记录

这是笔录的客观性对制作笔录的要求。对于所记载的内容，笔录的制作者不能任意取舍、歪曲，也不能随意推测、妄加分析，客观真实地进行记录是笔录制作的灵魂所在。但必须说明的是，这里的真实是针对记录者闻见的实际情况而言，至于闻见的内容本身是否真实则不需要考虑。

（二）书写清楚

在记录过程中，书写的字迹要清晰，应采用规范文字，不得使用繁体字，使用电脑打印，则须注意不能出现打印错误和错别字，且标点符号应运用正确。笔录中所写语句应当通顺、含义明确，以便于理解。记录纸面务求干净整洁，涉及的人名、地名、物品名以及科技用语等，应符合相应规范，对于专业术语的节略和缩写，要求遵从习惯，不得任意创造。

(三) 手续完备

这是笔录合法性的必备要件。笔录主体部分制作完成后，制作者应按规定向有关人员宣读或准其阅读，然后由其签名、盖章或捺指印。在记录过程中如有书写错误，不能事后自行涂改，应当场修改，并经相关人员认可后，由其在改正处签名、盖章或者捺手印。

(四) 逐页编号

笔录制作完成后，记录者应按照记录的顺序，在每一页纸上依次编号，以确定笔录内容的先后顺序。页号一律用阿拉伯数字编写，通常写在纸页正面的右下角，以与整个案件的诉讼文书材料的归档序号（根据《人民法院诉讼文书立卷归档办法》的规定，案卷的逐页编号写在有文字正面的右上角）相区别。

第二节　讯问笔录

一、讯问笔录的概念和适用

讯问笔录是公安机关侦查人员在讯问犯罪嫌疑人的活动中，依法制作的如实记载讯问情况的记录性文书。

制作讯问笔录的法律依据是《刑事诉讼法》第一百一十八条、第一百一十九条。

讯问笔录能够起到法定的证据作用，同时通过记录固定了犯罪嫌疑人对案件的供述或辩解的全部情况，可以帮助办案人员全面分析研究案情，考查犯罪嫌疑人的认罪态度。

讯问笔录必须真实地记录犯罪嫌疑人的原话原意，不能掺杂侦查人员的个人观点，因此讯问笔录具有客观性。

讯问笔录的内容必须符合法律的规定。讯问不能有诱供逼供现象，同时讯问结束后必须履行法律手续，因此讯问笔录又具有法律性的特点。

讯问笔录是面对面地制作，完成后必须经犯罪嫌疑人核对，并经其确认，才具有法定的效力，所以讯问笔录还具有公开性的特点。

二、讯问笔录的内容和制作要求

(一) 讯问的基本情况

讯问的基本情况，也称"笔录头"，包括讯问笔录的标题，讯问的次数，讯问的起止时间，讯问的地点，侦查员、记录员的姓名，犯罪嫌疑人的姓名。

(二) 讯问的内容

讯问的内容由两个方面构成：第一，侦查员问话的内容；第二，犯罪嫌疑人有罪的供述和无罪的辩解。第一次讯问，侦查人员应当问明犯罪嫌疑人有关身份、家庭及其违法犯罪的基本情况，即问明其姓名、别名、曾用名，出生地，民族，职业，文化程度，家庭情况，社会经历，是否受过刑事处罚、行政处分等情况，并如实记录。第二次讯问则可不予记录。

问明上述基本情况后，按照法律规定，侦查员应该向犯罪嫌疑人提问，即是否有犯罪行为，犯罪嫌疑人就这一提问作有罪的供述或无罪的辩解，讯问笔录都要如实记录。

(三) 履行法律手续的情况（笔录尾）

讯问结束后，将笔录交犯罪嫌疑人核对，或者向其宣读。如果笔录有差错或者遗漏，应该让犯罪嫌疑人更正或者补充，并捺指印。笔录经犯罪嫌疑人核对无误后，由犯罪嫌疑人逐页签名，并捺指印，然后在末页签署"以上笔录我看过（或者向我宣读过），与我说的相符"的意见。如有拒绝签名的，记录员应在笔录上注明。侦查员、记录员、翻译人员也应签名或盖章。

三、讯问笔录实例

讯问笔录（第一次）

时间：202×年4月6日23时30分至202×年4月7日0时23分

地点：××市公安局××分局第二讯问室

侦查员姓名：何×、王×　　单位：××市××公安分局刑警大队

记录员姓名：何×　　单位：××市××公安分局刑警大队

犯罪嫌疑人姓名：张×祥　　别名：无　　曾用名：无

绰号：无　　性别：男　　民族：汉　　出生时间：198×年7月7日

出生地：辽宁省××市　　身份证号码：211321198×0707041×

籍贯：辽宁省××县　　文化程度：初中　　政治面貌：无

户籍所在地：辽宁省朝阳市××区××街七道泉村××组××号

现住址：沈阳市××区××中路××号　　联系电话：×××××××××××

工作单位和职业：××建设集团××分公司××工区工人

问：我们是××市××公安局的民警（出示证件），现在依法对你讯问。向你强调一下，你应当如实回答我们提出的问题。说假话、作伪证你是要负法律责任的，但是对于与办案无关的问题，你可以拒绝回答，你听清楚了吗？

答：听清楚了。

问：这是《犯罪嫌疑人诉讼权利义务告知书》，你看一遍。……你看清楚了吗？是否完全理解告知书的内容？

答：看清楚了，我完全理解。

问：你是否申请我们回避？

答：不申请。

问：你以前受到过公安机关处理吗？

答：没有。

问：你的个人简历？

答：张×祥，1994年在××县××××二中初中毕业，1995年务工至今。

问：你的家庭成员？

答：父亲，张××，男，80岁，母亲，张××，女，72岁，务农。

问：你是因为什么事被民警带到公安局的？

答：我杀人后被民警当场抓获了。

问：你杀的是什么人？

答：她叫王×红，现在和我住在一起。

问：你和她是什么关系？

答：我和她是对象关系，我们已经处了三年。

问：你在什么时间、什么地点杀人的？

答：时间是202×年4月4日20时30分左右，在××区××中路1号工棚。

问：你因为什么杀人的？

答：我和她在外面的小吃部吃完饭后，回到住的工棚内，因为她嫌我赚钱赚得少，我们之间发生了口角，她骂我："滚，人家别人都能挣钱，就你挣得少"，骂完后她穿衣服就要走，我拦着不让她走，对她说："你走啥呀，这个点了干啥去呀？"她说："我乐意干啥就干啥，不用你管！"我伸手拽她，她就用脚踢我，我当时一生气，就说："今天不想好的话，咱们俩就都死了得了。"她不停地用脚踢我，我一怒之下就拿起了一根木方打她的头部。

问：你怎么用木方打的王×红？

答：我用木方连续打了王×红头部三下，她当时倒在床下就没动静了，然后我就报警了。

问：你当时为什么用木方打王×红头部？

答：我开始用木方打王×红头部的时候，她说："要不咱俩就一起死吧！"我说："那咱俩就一起死吧。"说完我就用木方接着打了她头部两下，这时王×红躺在地上已经没动静了，我就打电话报警了。

问：你打王×红的时候是怎么想的？

答：我当时想我打死她以后，我也就一起死吧。

问：当时王×红倒的方向？

答：王×红身体冲门的方向，头朝西，脚朝北斜躺在地上。

问：你击打王×红的木方是哪儿来的？

答：我随手从我住的工棚里的地上捡的。

问：什么样的木方？

答：长大约40厘米的一根木方。

问：当时你的衣着？

答：我当时上穿一件蓝灰色衬衣，下穿一条迷彩裤子，脚穿一双棕色运动便鞋。

问：你住的处所是什么样的？

答：是一个车库隔的三间临时工棚，我住在西边第三间工棚里。

问：你用木方击打王×红头部时还有其他人在场吗？

答：没有，当时屋里就只有我和王×红。

问：当时你有没有喝酒？

答：喝了四两白酒、一瓶啤酒。

问：你杀完王×红后，现在有什么想法？

答：我现在不后悔，我杀完人之后愿意认罪，陪她一起死。

问：你杀完王×红后，打过120吗？

答：没有，我只打了110报警。

问：你还有什么要交代的吗？

答：没有了。

问：以上你交代的都属实吗？

答：属实。

以上笔录我看过,和我说的相符。

张×祥(指印)
二〇二×年四月七日

第三节　调查笔录

一、调查笔录的概念和适用

调查笔录是司法机关办案人员在办理诉讼案件过程中,为查明案情和核实证据,向了解情况的人进行调查、询问时所作的文字记载。

调查询问类笔录用途广泛,公证机构、仲裁委员会和律师事务所的人员在办理法律事务过程中也经常使用这类笔录。

人民法院在办理刑事案件过程中,派员进行调查时制作的笔录,称调查笔录;公安机关依法向本案证人或被害人进行查询、了解案情时制作的笔录,称询问笔录。调查笔录与询问笔录是同一类文书,功能相同,只是在不同的司法机关中名称不同。这两种笔录检察机关也使用。

二、调查笔录的内容和制作要求

调查笔录由首部、正文和尾部三部分组成。

(一)首部

(1)标题。即"调查笔录"。

(2)调查的时间和地点。

(3)调查人和记录人的姓名、身份。

(4)被调查人的基本情况。各机关规定书写的项目不尽相同。人民法院调查笔录规定写明的项目有:被调查人的姓名、性别、出生年月日、民族、籍贯、文化程度、职业或单位、职务、现住址。如有其他人在场,应写明在场人的姓名、性别、职业或单位、职务。

(二)正文

记录被调查人陈述的内容。其中与案件有关的情况是记录的重点,一般情况可以省略记叙或不记。

(1)刑事案件,有关犯罪的时间、地点、动机、目的、手段、情节、危害结果、涉及的人和事应具体记录。

(2)民事案件,有关当事人的关系,发生纠纷的时间、地点、原因、情节、经过、结果、争议的焦点以及双方的具体意见应详细记录。

(3)行政案件记录的重点与民事案件大体相同,但应该写清诉讼的原因,如原告起诉是不服行政机关作出的行政行为,还是不满行政机关拒绝履行或拖延履行法定职责。

(三)尾部

经被调查人阅读并当场补正后,如果被调查人确认笔录内容与其讲述相符,由其在笔录末页注明"以上笔录我看过,与我说的相符",并签名(盖章)及捺指印,注明年月日。

被调查人拒绝签署意见、签名(盖章)或捺指印的,书记员应在笔录上注明。

最后由调查人和记录人签名或盖章。

三、调查笔录实例

调 查 笔 录

时间：202×年×月×日16时42分至17时57分
地点：××市××区人民法院205室
审判员：田××、韩××　　书记员：赵××
被调查人：张××　　性别：男　　年龄：45岁　　民族：汉族
工作单位及职业：××区××乡××中学教师
现住址：××区××乡××庄

问：你们学校上个月5号发生了什么事？

答：我们学校教导主任李×上个月5号上午与几个外校学生发生了争吵，后来那几个学生家长来学校把校门口堵住了，造成学校秩序混乱，无法上课了。

问：请你把详细经过讲一遍。

答：上个月5号上午大约9点40分的时候，我和李主任在教导处门前指挥初一学生拔草，李主任看见有三个学生模样的人站在花墙旁边，其中一个人脚蹬在矮花墙上，就过去说他们，我们学校有规定，任何人不准蹬踏花墙。当时我站在通道西侧，距李主任他们几个人大约有3米远。我只听见李主任对他们讲学校的规定什么的，教育那三个青年。这时，其中一名女青年说了一句："你管得着吗？"然后扭头就走。李主任追过去说："你现在不能走。"边说边用手揪住那个女青年后背上的双肩包。这时我就听到一个男青年破口大骂李主任，接着就和李主任扭打在一起了。我赶快跑过去，将个子最小的一个男青年拉到旁边，当时就都停手了。又过了5分钟左右就下课了。我们学校教政治的张×老师过来了，我才知道这三个学生模样的人是张×老师的亲戚。张×老师以为我们两个老师打了那三个孩子，就和我们辩理，那三个人见状又大吵了起来，其中一个高个子青年和李主任扭打起来，被李主任摔在地上，他就乘势倒在地上不起来了，嘴里还不停地骂人。这时一个男子和两个妇女从校门外跑了过来，与我们辩理，在争执的过程中，派出所民警王×进来了，他让双方到校长室去解决问题，不要影响学校上课。于是这三位家长就进了校长室，李主任找车准备送摔伤的学生去医院看病。我因为还有别的事，就没进去解决问题。李主任找车以后去没去校长室，我就不知道了。

问：那几个孩子大约多大年龄？

答：大约16岁，我听张×老师说他们是高中生，开学到别的学校报到的。

问：当时争吵时，三个孩子的家长怎么来得那么快？

答：当时他们几个家长在学校门口等着的，可能看见学校里争吵，他们就立刻跑进来了。

问：后来情况怎么样？

答：我中午11点45分左右吃完饭上厕所时，看见学校门口堵着两辆汽车，一辆是"212"，另一辆我没看清是什么车。这时学校团支部书记刘×对我说："别看了，回你屋里去吧。"她怕我再与那名家长发生冲突，于是我整个下午都待在宿舍里，以后又发生什么情况我就不清楚了。

问：学生家长进校后都做了些什么？

答：后来我听说那三个家长可能是那个个子最小的孩子跑出去叫进来的，那三位家长进来后，其中两位妇女闹得很凶，嘴里一直骂骂咧咧的，还要过来打我。那个男家长开始没作声，后来进校长室后说："你们罚钱，我有钱，打孩子不行，把孩子打伤了，我们告你们！"后来民警让学校派人先带被摔伤的孩子去看病。

问：你不是讲没进校长室吗，怎么知道这些情况的？

答：我刚才有些遗漏。几位家长进校长室时，是我进去将他们往里让的，只在校长室里待了很短的时间，我就走了。

问：那个摔在地上的孩子是怎么摔的？

答：我只见到那个高个子青年和李主任扭打起来，被李主任摔倒在地上，他在地上大骂李主任。

问：那个女青年怎么摔的？

答：我听见李主任批评她蹬花墙，讲学校的规定，她顶了一句："你管得着吗？"扭头就要走，李主任说："你现在不能走。"边说边用手揪她背上的双肩包，她用力挣脱，结果双肩包的一个带子被拉断，那女青年就猛地摔在了地上。女青年大叫，那高个子男青年就和李主任扭打起来了。

问：还有什么？

答：没有了。

以上内容我看过，与我说的一样。

张××（签字）
二〇二×年×月×日

第四节 法庭审理笔录

一、庭审笔录的概念和适用

庭审笔录也称法庭审理笔录，是指人民法院的书记人员依照法律规定，对开庭审理案件的全过程所作的书面记录。

无论是审理刑事案件，还是审理民事案件、行政案件，人民法院都需要制作庭审笔录。《刑事诉讼法》第二百零七条、《民事诉讼法》第一百五十条等都规定了庭审笔录制作的程序、内容和相关要求。

二、庭审笔录的内容和制作要求

（一）首部

（1）标题。注明"法庭审理笔录"。

（2）写明时间（包括起止时间）、地点，是否公开审理以及旁听人数，然后列出合议庭成员名单或者独任审判的审判员以及书记员的姓名，最后写明当事人姓名或名称及案由。

（二）正文

正文是庭审经过的完整记录。

1. 宣布开庭

先由书记员宣布法庭纪律。民事案件和行政案件由书记员查明当事人和其他诉讼参与人是否到庭，刑事案件由审判长查明当事人是否到庭。民事案件和行政案件由审判长核对当事人，宣布案由，然后统一由审判长宣布合议庭的组成人员、书记员、公诉人、辩护人、诉讼代理人、鉴定人和翻译人员的名单；告知当事人诉讼权利和义务，询问当事人是否申请回避。如果案件没有公开进行审理，应由审判长说明理由并记入笔录；如果当事人申请回避的，要记载申请的理由和法院就此作出的决定。

2. 法庭调查

法庭调查包括以下两点：

（1）刑事案件，公诉人宣读起诉书，再由被告人、被害人就起诉书指控的犯罪进行陈述。公诉人可以讯问被告人。被害人、附带民事诉讼的原告人和辩护人、诉讼代理人，经审判长许可，可以向被告人发问。审判人员可以讯问被告人。

（2）民事和行政案件先由当事人进行陈述，审判人员可以对当事人发问。进入举证质证阶段，询问证人、鉴定人之前，无论何种性质的案件，审判人员都要告知其诉讼权利和义务。经审判长许可，先由提供证人的一方对证人发问，再由相对方对证人提出问题，当事人和诉讼参加人可以对鉴定人发问，审判人员可以询问证人、鉴定人。当事人和诉讼参加人有权申请通知新的证人到庭，调取新的物证，申请重新鉴定或者勘验，是否准许由法庭决定。

3. 记录要点

在民事、行政案件的庭审笔录中，应加强有关证据问题的记录。对于举证、质证，要记清楚证据名称、来源、内容以及证据与待证事实的关系，双方当事人对证据的异议。记录时要体现出证据经过当庭出示，并由当事人相互质证；对不公开出示的证据，也经由双方当事人质证；人民法院依职权调取的证据，也在当庭出示，并经双方当事人质证；当事人质证，主要记录其针对证据的效力和证明力发表的意见。记录时应当体现出审判人员提问的意图及目的是否达到，否则会使合议庭评议阶段的认证失去依据。

4. 法庭辩论

法庭调查结束后，即进入法庭辩论阶段。经审判长许可，公诉人、当事人、辩护人和诉讼代理人可以对证据和案件情况发表意见，并且可以互相论辩。在这一阶段，由于你来我往，交锋激烈，通常语速较快、信息量大，因此书记员记录时要特别注意把握重点。对于民事、行政案件可依案件审理的实际经过，结合并围绕争议焦点予以记录；对于辩护人或诉讼代理人的发言，应敏锐地抓住其论点、论据，不能遗漏；至于论证过程，实在难以记录下来的，可记明要点。

5. 当事人最后陈述

对于刑事案件，审判长在宣布休庭前，被告人有最后陈述的权利。民事、行政案件的当事人可以发表对案件的最终看法。由于反映的是经过法庭调查和法庭辩论后当事人对案件的最后主张，因此应尽可能地记录原话，以求真实全面地体现出当事人的主观态度。然后由审判长宣布休庭，合议庭进行评议，根据已经查明的事实、证据和有关法律规定作出判决。

6. 宣告判决

合议庭评议结束后,继续开庭。当庭宣判的,宣判内容记入庭审笔录。要记明判决结果,公诉人、当事人对判决的意见和看法。定期宣判的,另行制作宣判笔录。

(三)尾部

庭审笔录要由有关人员进行签署。笔录中的证人证言部分,应当当庭宣读或者交给证人阅读。证人在承认没有错误后,应当签名或者盖章。庭审结束笔录应当交给当事人阅读或者向他宣读。当事人和其他诉讼参与人认为对自己的陈述记录有遗漏或者差错的,有权申请补正。如果不予补正,应当将申请记录在案。当事人承认没有错误后,应当签名或者盖章。其他诉讼参与人也应在笔录上签名或者盖章。最后,庭审笔录还要经审判长审阅后,由审判长和书记员签名。

三、制作庭审笔录应注意的事项

(1) 记录前要熟悉案情和相关法律。书记员在记录前除了要查阅案卷材料和弄懂案件所涉及的专业知识外,还应该对该案涉及的法律有一个大致的了解,否则在庭审中记录所提及的有关法律时,难免会出现错误。

(2) 记录形式应富于变化。庭审笔录要记录法庭审理的全过程,历时长、内容多,书记员可根据法律规定和实际情况的不同,对不同事项采取不同的表现方式。诸如起诉书、起诉状和答辩状等,在庭审之前已有文书在卷,可在说明之后略去具体内容。如:"原告×××(写明姓名)宣读起诉状(略)。"但如果当事人变更了诉讼请求,则不能省略。有时还可对提问进行综合,以节省记录的时间。

(3) 应区分清楚说话人。庭审时,法官、公诉人、当事人和其他诉讼参与人都要发言。由于人员众多,记录时一定要记明是谁提出的问题、谁回答的问题,必要时应记录说话人的语气、表情和动作。

(4) 出现的特别情况要记录清楚。案件审理过程中,倘若出现扰乱法庭秩序的情形,应记入笔录以为追究相关人员的法律责任提供依据。庭审笔录应由当事人和其他诉讼参与人签名或者盖章,拒绝签名或盖章的要记明情况,由见证人签名或盖章后作为附卷。

四、法庭审理笔录的格式与实例
(一)法庭审理笔录的格式

法庭审理笔录(第____次)

时间:_____年____月____日____时____分至____日____时____分
地点:
案号:
案由:
是否公开审理: 旁听人数:
审判人员:
书记员:
审判长(员)宣布开庭审理_____一案。
记录如下:

[开庭时,审判长(员)依照我国诉讼法规定,依次核对当事人是否到庭,宣布案由,宣布审判人员、书记员、公诉人、辩护人、鉴定人和翻译人员名单,告知当事人诉讼权利和义务,是否申请回避等也应记入笔录]

(二)法庭审理笔录实例

法庭审理笔录(第一次)

时间:202×年11月17日9时至10时50分

地点:××区人民法院307法庭

是否公开审理:公开 旁听人数:9

主审人:张×全

审判人员:审判长吴×波,审判员张×全,审判员马×慧

书记员:李×伟

审判长:××市××区人民法院依法组成合议庭,公开开庭审理原告何×涛诉被告于×慧、于×珍、于×明继承纠纷一案,现在宣布开庭。

核对身份

原告何×涛,女,1948年7月23日出生,汉族,无职业,住××市××区××东路××号。

委托代理人胡×青,××市××区××法律服务所法律工作者。

被告于×慧,男,1973年4月23日出生,汉族,无职业,住××市××区××街××号434室。

被告于×珍,女,1966年5月22日出生,汉族,××市××电梯厂工人,住××市××区××路57-39号。

被告于×明,男,1976年5月6日出生,汉族,××市××木工工具厂工人,住××市××区××台子街××号。

审:宣布法庭组成人员,本庭由××市××区人民法院民事审判庭审判员吴×波担任审判长,审判员张×全(主审人)、审判员马×慧组成合议庭,由书记员李×伟担任法庭记录。

交代权利和义务

(1)原、被告均有申请回避的权利。

(2)原告有增加、变更、撤回起诉权;被告有反驳反诉权。

(3)原、被告均有提供证人证据的权利。

(4)对有争议事实进行辩论的权利。

(5)有请求法庭调解的权利。

(6)有最后陈述的权利。

(7)有遵守法庭纪律、如实陈述的义务。

审:以上权利和义务原、被告是否听清?

原、被告:(均答)听清了。

审:是否申请回避?

原、被告:(均答)不申请。

法庭调查阶段

审：原告陈述来院的诉讼请求、事实以及理由。

原：请求判决原告继承两处住房遗产应得份额 279 857 元；原告继承被继承人交通肇事赔偿款应得份额 63 520 元。

事实理由详见起诉状。

审：被告于×慧进行答辩。

被告于×慧：××市××区××路××号住宅现已出租，××市××区××东街××号住房是我父亲单位分配住房，不属于夫妻共同财产。死亡赔偿金 29 万元，花去丧葬费、墓地购买费等，剩余 13 万元。详见答辩状。

审：被告于×珍进行答辩。

被告于×珍：与于×慧答辩意见一致。

审：被告于×明进行答辩。

被告于×明：与于×慧答辩意见一致。

审：原告，争议房屋的坐落地址在哪儿？

原：第一处位于××市××区××东街××号，建筑面积 73.75 平方米；第二处位于××市××区××路××号，建筑面积 51.2 平方米；第三处位于××市××区××东路××号，建筑面积 54.56 平方米。

审：原告请说明房屋的来源。

原：第一处是原告出卖前夫单位房改房的房款购买，购买时间是 2005 年 5 月 16 日，被继承人生前购买的；第二处是被继承人于×珍婚前购买单位自管房，2002 年 9 月 9 日购买；第三处是 2019 年 8 月 9 日原告自己购买的，房款 249 000 元。

审：原告，死亡赔偿金要求多少数额？

原：扶养费 86 520 元，赔偿金除去丧葬费，余额 261 120 元。除以 4，等于 65 280 元，加上 86 520 元，应得 151 800 元。

审：原告，被继承人什么时间去世的？

原：2019 年 10 月 23 日。

审：你什么时间与被继承人结婚？

原：2002 年 11 月 2 日。

审：讲一下具体诉讼请求。

原：要求依法继承第二处和第三处房产，还有交通肇事赔偿金应得的 151 800 元。

审：被告于×慧、于×珍、于×明，被继承人去世的时间对吗？

三被告：（均答）对。

审：三处房屋的坐落地址对不对？

三被告：（均答）对。

审：原告与被继承人结婚的时间对吗？

三被告：（均答）以结婚证为准。

审：于×慧，讲一下具体答辩意见。

被告于×慧：第一处房子属于夫妻共同财产，应当合理继承；第二处房子原属被继承人所有，原告应与我们平均继承；第三处房子属于婚后购买的共同财产，应当合理继承。

审：其他被告人有无异议？

被告于×珍：第二处住房系被继承人婚前财产，不属于继承范围。

审：死亡补偿金多少钱？

被告于×珍：29万元。

审：都包括哪些钱？

三被告：丧葬费、死亡赔偿、扶养费、误工费。

审：对这笔钱有什么意见：

三被告：（均答）按法律规定处理。

举证、质证阶段

审：通过以上的法庭调查，本案所争议的焦点为：被继承人所遗留的财产中哪些属于遗产？下面原、被告就本案所争议的问题进行举证和质证。首先由原告举证。

原：（1）出售公有住房协议书一份以及交款收据，说明原告在婚后将前夫所遗留的房屋通过房改购得私有产权，属于原告个人财产。

审：被告于×慧对原告提交的证据有无异议？

被告于×慧：真实性无异议，对证明力有异议。是婚后所购买，属于婚后夫妻共同财产。

审：其他被告有无异议？

被告于×珍、于×明：（均答）与于×慧意见一致。

审：原告继续举证。

原：（2）房屋买卖协议书及欠条各一张，证明原告将自来水公司的房子卖掉，以卖房款购得现争议的第一处房产。

审：被告于×慧对原告的证据有无异议？

被告于×慧：有异议。这两份证据都没有公章，没有证明力。房子是共同财产，不是原告个人财产。

审：其他被告有无异议？

被告于×珍、于×明：（均答）与于×慧意见一致。

审：原告继续举证。

原：（3）公证书一份及收条三张，证明第一处房产是原告个人财产。

审：被告于×慧对原告提供的证据有无异议？

被告于×慧：对证据证明力有异议。房子是共同财产，不是原告个人财产。

审：原告继续举证。

原：（4）××市房地产转让申请审批书一份，证明第三处房产属于夫妻共同财产。

审：被告于×慧对原告提供的证据有无异议？

被告于×慧：无异议。

审：其他被告有无异议？

被告于×珍、于×明：（均答）与于×慧意见一致。

审：原告举证。

原：（5）证人徐×光证言一份，证明第一处房产为原告个人财产。

审：被告于×慧有无异议？

被告于×慧：由法院认定是否有证明力。

审：其他被告有无异议？

被告于×明：真实性不可靠。虽然卖了自来水公司的房子，但是购房款应当是夫妻共同出资购买的，属于夫妻共同财产。

审：原告举证。

原：（6）收条一张，证明第三处房屋出租的租金被被告于×珍取走。

审：被告于×慧有无异议？

被告于×慧：无异议。

审：其他被告有无异议？

被告于×珍、于×明：（均答）与于×慧意见一致。

审：被告于×慧向法庭举证。

被告于×慧：（1）证明一份，证明被继承人生前一直在工作，每月有收入。

审：原告有无异议？

原：有异议。补差年限没有写清楚；补差工资应该出示被继承人签字的收条。

审：被告于×慧继续举证。

被告于×慧：（2）收据一张，证明原告将第三处争议住房的租金收取。

审：原告有无异议？

原：没有异议。

审：被告于×慧继续举证。

被告于×慧：（3）××市轻工设计研究院证明一份，证明被继承人每月退休金1 756元。

审：原告有无异议？

原：有异议，与事实不符，与被继承人单位给我出具的收入证明不符。

审：被告于×珍、于×明有无证据向本庭提供？

被告于×珍、于×明：与被告于×慧相同。

审：（出示房地产评估报告书）原、被告有无异议？

原、被告：（均答）没有。

审：出示依据原告申请，法院依职责调取的证据，即原告何×涛的储蓄存款数额，证明原告存取款和销户的时间。原、被告有无异议？

原、被告：（均答）没有。

法庭辩论

审：通过以上举证和质证，本庭对原、被告提供的证据待合议庭合议后决定是否认定。法庭调查到此结束。下面进行法庭辩论，首先由原告进行辩论发言。

原：（1）第一处房产是原告个人出资购买，属于原告个人财产；（2）第二处房屋应该按照遗产继承；（3）第三处住房是原告个人财产；（4）交通肇事赔偿款按照法律规定分配。

审：于×慧进行辩论发言。

被告于×慧：（1）第一处住房是夫妻共同财产，是婚后共同购买的；（2）第二处住房是被继承人个人财产，原告无权继承；（3）第三处住房属于夫妻共同财产，平均分割继承；（4）赔偿款29万元整，有证据。赔偿款应该扣除处理后事所花费用，其余平均分割。

审：被告于×珍、于×明发表辩论意见。

被告于×珍、于×明：（均答）与被告于×慧相同。

法庭调解阶段
审：原告有无调解意见？
原：不同意调解。
审：三被告有无调解意见？
三被告：（均答）不同意调解。
审：由于原、被告双方当事人分歧较大，本庭不再进行调解。
最后陈述
审：首先由原告最后陈述。
原：请法院依法判决。
审：三被告最后陈述。
三被告：请法院依法判决。
审：现在宣布休庭。待合议庭评议后另行宣判。双方当事人看完笔录无误后请签字。

审判长　吴×波
审判员　张×全
审判员　马×慧
书记员　李×伟
原告　何×涛
委托代理人　胡×青
被告　于×慧
被告　于×珍
被告　于×明
二〇二×年十一月十七日

第五节　合议庭评议笔录

一、合议庭评议笔录的概念和适用

合议庭评议笔录，是指合议庭的全体成员在法庭审理终结后，就定案证据和争议事实、法律适用以及如何裁判进行评议，由书记员对评议全过程所作的书面记录。

《刑事诉讼法》第二百条规定："在被告人最后陈述后，审判长宣布休庭，合议庭进行评议，根据已经查明的事实、证据和有关的法律规定，分别作出以下判决……"

《民事诉讼法》第四十五条规定："合议庭评议案件，实行少数服从多数的原则。评议应当制作笔录，由合议庭成员签名。评议中的不同意见，必须如实记入笔录。"

行政诉讼中同样必须制作合议庭评议笔录。

二、合议庭评议笔录的内容和制作要求

合议庭评议笔录由书记员制作，由合议庭的组成人员签名。上述要求，在制作合议庭评议笔录时必须严格遵循。

(一) 首部

(1) 标题。合议庭评议笔录属于人民法院内部文书，标题中无须写明制作机关，只需冠以文书种类名称"合议庭评议笔录"即可。

(2) 评议的起止时间、评议的地点、合议庭成员、案件承办人、书记员、案由。

(二) 正文

正文是对合议庭成员评议案件过程的全记录。合议庭评议笔录的内容主要包括以下几个方面：

(1) 评议案件的时间。合议庭评议案件应当在庭审结束后五个工作日内进行。

(2) 评议的经过。合议庭评议案件时，先由承办法官对认定案件事实、证据是否确实、充分以及适用法律等发表意见，审判长最后发表意见；审判长作为承办法官的，由审判长最后发表意见；对案件的裁判结果进行评议时，由审判长最后发表意见，审判长应当根据评议情况总结合议庭评议的结论性意见。

合议庭成员应当充分陈述意见，独立行使表决权，不得拒绝陈述意见或者仅作同意与否的简单表态；同意他人意见的，也应当提出事实根据和法律依据，进行分析论证；合议庭成员对评议结果的表决，以口头表决的形式进行。合议庭进行评议的时候，如果出现意见分歧，应当按多数人的意见作出决定，但是少数人的意见应当写入笔录。

合议庭评议通常分两步进行：第一步，评议证据、争议事实。一审案件一般先由审判长或者承办法官说明评议的方法、重点和要求。二审和再审案件通常首先介绍当事人的基本情况，接着由审判长或承办法官说明案件情况及相关证据，然后再由承办法官对认定案件事实、证据是否确实、充分等发表意见，接着合议庭其他成员依次发言进行评议，审判长最后发表意见。审判长作为承办法官的，由审判长最后发表意见。第二步，对争议事实形成决议后，再对案件的裁判结果进行评议。同样是先由其他成员先表明看法，审判长最后发表意见，审判长应当根据评议情况总结合议庭评议的结论性意见，最后按照少数服从多数的原则形成最终的处理结论。

合议庭评议笔录必须将上述所有内容明确、具体地记载下来。

(三) 尾部

(1) 合议庭全体成员以及书记员在笔录上签名或者盖章。

(2) 注明年月日。

三、制作合议庭评议笔录的注意事项

(1) 深入了解案情和通晓相关法律。合议庭评议笔录必须采用对话体来记录，但记录对象并非简单的一问一答的对话经过，而是一个激烈的且专业性极强的争议过程。如果书记员对所有涉及的情况和事项没有充分掌握，是不可能很好地记录合议庭评议笔录的。

(2) 记录内容全面而翔实。记录合议庭成员的发言，不但要记明论点和论据，而且要记载其论证过程。因为评议结论直接关系到案件的裁判结果，每一个成员的观点和看法通常都有充分的理由支持，笔录应当忠实反映。另外，一审的合议庭评议笔录还是上级法院二审或再审审查的对象，是审判人员对错案承担责任的依据之一，因此必须全面记录。

(3) 评议结果要清晰。评议结果就是案件的处理结果。判决结果的制作要求也就是评议结果的记录要求，即明确、具体、完整。对合议庭成员的不同处理意见，也应完整地记录，然后由其签名认可。

四、合议庭评议笔录的格式与实例

(一) 合议庭评议笔录的格式

合议庭评议笔录(第____次)

时间：_____年____月____日____时____分至____时____分
地点：
合议庭成员：审判长　　　　，审判员（人民陪审员）
案件主持人：
书记员：
评议……一案。
记录如下：
…………

审判人员（签名）
书记员（签名）

(二) 合议庭评议笔录实例

合议庭评议笔录

时间：202×年×月×日13时30分至16时20分
地点：本院刑一庭办公室
合议庭成员：审判长冯×慧，审判员唐×情、郭×新
案件主持人：冯×慧
书记员：刘×婷
评议被告人许×庆故意杀人一案。
记录如下：

冯×慧：现在合议被告人许×庆因家务琐事，与妻子于×敏发生冲突。于×敏之父领着于×敏哥哥来许家和解，谈话过程中再次发生争执。于×敏首先用木板凳打许×庆，并辱骂许×庆之父。被告人气愤中操起屋内割韭菜用的刀，朝于×敏腹部刺一刀。其兄于×信上前拉拽被告人，被告人又朝于×信胸部连刺两刀，刺破心脏，致其当场死亡。于×敏经医院手术抢救已经痊愈，属重伤。本案事实清楚，有现场3位证人佐证在卷，证据充分。考虑到被告人作案之后能主动到村委会自首，本案又是婚姻家庭问题引起，被害人于×敏首先动手打人并辱骂被告人父亲，有过错。我认为根据《刑法》第二百三十二条、第六十七条的规定，对被告人应定为故意杀人罪，判处死刑，缓期二年执行，剥夺政治权利终身。

唐×情：本案事实清楚，证据确凿，定故意杀人罪正确。但在量刑问题上我与冯×慧意见不同。被告人在刺杀于×信之前说："我要你命，我去自首，宁可蹲一辈子监狱。"这说明被告人犯罪后的自首不是出于悔罪，而是企图钻法律空子。他的行为与《刑法》规定的自首不相符，不具备接受审判和处罚的条件。况且被告人杀死一人，重伤一人，后果特别严重。尽管被害人有过错，但也不应该抵消被告人的刑事责任。我认为应该判处死刑立即执行。

郭×新：认定自首，要看是否具备构成自首的三个必备条件。至于动机如何不应该成为衡量是否构成自首的主要条件。被告人许×庆杀人后，主动去村委会自首，供认犯罪事实，并让村委会治保主任给乡派出所打电话，表示接受处理。这可以认定为自首。但不能凡是自首的一律从轻处罚。被告人杀死一人，杀伤一人，而且是重伤。犯罪前就明明知道犯罪是要受到法律制裁的，却以身试法。虽然具备自首的从轻处罚情节，但不应从轻。我认为定故意杀人罪，判处死刑，剥夺政治权利终身。

侯×慧：应该认定自首，但可以不从轻。我同意郭×新同志的意见。

唐×情：关于是否认定为自首的问题，我保留个人意见。但定罪量刑方面我们意见一致。

合议庭意见：

一、被告人许×庆作案后能够主动投案自首，但不应从轻处罚。

二、根据《刑法》第二百三十二条之规定，判决被告人许×庆犯故意杀人罪，判处死刑，剥夺政治权利终身。

审判长　侯×慧

审判员　唐×情

审判员　郭×新

书记员　刘×婷

二○二×年×月×日

【思考与练习】

一、讯问笔录主体部分的写作要求是什么？

二、制作法庭审理笔录应注意哪些问题？

三、指出下列笔录存在的问题并加以修改。

询问笔录

时间：202×年×月×日××时××分至202×年×月×日××时××分

地点：××区公安局刑事警察大队504房间

侦查员姓名：王××　　李××　　工作单位：××公安局刑警大队侦查员

记录员：李××　　工作单位：××公安局刑警大队侦查员

被询问人：袁××　性别：男　出生日期：1989年6月5日　工作单位：××市××工厂

住址：××省××市××区××路××号　联系电话：×××××××××

被询问人身份证件种类及号码：居民身份证××××××19890605××××

问：我们是××公安局××分局的民警，现依法向你进行调查核实，你要如实回答，对与案件无关的问题，你有拒绝回答的权利。听清楚没有？

答：我听清楚了。

问：你要如实回答提问，陈述事实，作伪证要负法律责任，明白吗？

答：明白。

问：12月7号那天，你和吴中立在一起吗？

答：7号下午，我和吴中立因为赶活晚走了一会儿。出门时天已经黑了。我俩骑着电动车回家。当时路上没几个人，我俩心里也一阵阵发慌。大概骑了半个点儿，突然从路边蹿出一个人，手里拿着刀子，眼露凶光，恶狠狠地对我们俩说："要钱还是要命？"当时我们俩被这突然出现的人给吓蒙了，半天说了句："要命。"正当那个人上来翻小吴的包时，两个人不知怎么就打了起来。我放下车子准备一起上，小吴让我赶紧去喊人，我把人喊来后，只见小吴躺在路边，满脸是血，我们就把他送医院了。

问：你看到犯罪嫌疑人是个什么样的人？

答：大概二十五六岁，比我高一点儿。长头发。

问：看清穿的什么衣服吗？

答：他的上身是深色的运动衣，应该是耐克的，我隐隐约约记得有那个图标。不过不敢肯定。别的没看清。

问：你讲的都是事实吗？

答：都是事实。

以上笔录我看过，与我说的相符。

（被询问人签名）：袁××（捺指印）

202×年××月××日

四、根据模拟法庭的庭审过程，制作一份庭审笔录。

参考文献

1. 卓朝君，邓晓静．法律文书学［M］．北京：北京大学出版社，2007．
2. 宁致远．法律文书教程［M］．2版．北京：中央广播电视大学出版社，2005．
3. 马宏俊．法律文书与司法改革［M］．北京：北京大学出版社，2005．
4. 李宗胜，王新余．最新律师文书范本·实例·精解：诉讼卷［M］．北京：中国法制出版社，2012．
5. 周道鸾．法律文书教程［M］．北京：法律出版社，2008．
6. 宁致远．法律文书与律师实务写作［M］．2版．北京：高等教育出版社，2000．
7. 周道鸾．法律文书格式及实例点评［M］．2版．北京：法律出版社，2008．
8. 彭丹云．法律文书学［M］．厦门：厦门大学出版社，2007．
9. 马宏俊．法律文书写作与训练［M］．4版．北京：中国人民大学出版社，2019．
10. 刘田玉，崔凯．公安法律文书范本及制作详解［M］．北京：中国法制出版社，2006．
11. 周水清，林杰．公安机关刑事法律文书制作与使用［M］．2版．北京：中国人民公安大学出版社，2006．
12. 童建明，万春．人民检察院刑事诉讼法律文书适用指南［M］．北京：中国检察出版社，2020．
13. 胡云腾．最新刑事诉讼文书样式：参考样本［M］．北京：人民法院出版社，2020．
14. 孙茂利．公安机关刑事文书制作指南与范例［M］．北京：中国长安出版社，2015．
15. 法律应用研究中心．最高人民法院行政诉讼文书样式制作规范与法律依据［M］．北京：中国法制出版社，2021．
16. 法律应用研究中心．最高人民法院民事诉讼文书样式制作规范与法律依据［M］．3版．北京：中国法制出版社，2023．
17. 法律应用研究中心．最高人民法院刑事诉讼文书样式制作规范与法律依据［M］．北京：中国法制出版社，2021．
18. 魏俊卿．律师常用法律文书范本及精细化写作精要［M］．北京：法律出版社，2024．